사랑의 레가토

사랑의 레가토
—

1판 1쇄 펴냄 2020년 1월 6일

지은이 김기석
펴낸이 한종호
디자인 임현주
인쇄·제작 블루앤

펴낸곳 꽃자리
출판등록 2012년 12월 13일
주소 경기도 의왕시 백운중앙로 45, 2단지 207동 503호(학의동, 효성해링턴플레이스)
전자우편 amabi@daum.net
블로그 http://fzari.com

Copyright ⓒ 김기석 2020

* 이 책은 저작권법에 따라 보호받는 저작물이므로 무단 전제와 복제를 금합니다.
* 저자와의 협의에 따라 인지를 생략합니다.
* 잘못된 책은 바꾸어 드립니다.
—

ISBN 979-11-86910-26-9 03230
값 22,000원

사랑의

레가토

꽃자리

목차 ────────

사랑의

레가토

6월 누리달

8월 타오름달

사랑의

레가토

영혼의 훈련

아주 오래 전 백범 김구 선생이 쓰신 편액을 보고 마음에 담아둔 시가 있다. "눈밭 위를 걸어갈 때 어지럽게 걷지 말라 踏雪野中去 不須胡亂行답설야중거 불수호란행 오늘 내가 걸어간 발자취는 뒷사람의 길이 될 터이니 今日我行跡 遂作後人程금일아행적 수작후인정 " 나중에 이 시가 서산대사가 쓴 것임을 알았지만, 그렇다고 하여 이 시가 주는 강렬한 도전이 스러진 것은 아니다.

사람은 누구나 길을 걷는다. 아장아장 걸음마를 배우던 순간부터 세상을 떠나는 날까지. 사람은 떠나도 흔적은 남는다. 그 흔적은 세월과 함께 지워지게 마련이지만 그렇다고 하여 영원히 사라지는 것은 아니다. 그 흔적들이 모여 이룬 길을 따라 누군가가 걷고 있다면 모든 것이 무로 돌아갔다 말할 수 없다. 오늘 내가 걸어간 발자취가 누군가의 길이 된다는 생각을 품을 때 삶이 조심스러워진다.

아무도 밟지 않은 설원 위에 발을 내디딜 때 묘한 감동

사랑의
레가토

이 있다. 함부로 날뛰지 못한다. 시간은 하나님으로부터 주어진 선물이다. 시간은 새들이나 짐승의 발자국조차 찍히지 않은 깨끗함 자체로 우리에게 다가온다. 그러나 깨끗함을 견디지 못하는 우리는 아직 도래하지 않은 시간까지도 염려와 근심으로 채운 후에 삶이 힘겹다고 말한다. 크로노스의 시간 속을 바장이는 사람이 언제나 시간을 영원에 잇대어 살지는 못한다. 그렇다 해도 가끔은 질주를 멈추고 걸어온 자취를 돌아보아야 한다. 어지럽게 찍힌 발자국들이 가리산지리산 정신이 없다. 우리는 어디를 향해 가는 것일까?

예수님은 "나는 내가 어디에서 와서 어디로 가는지"(요한복음 8:14) 안다 하셨다. 예수님의 아름다운 삶은 이 단호한 확신 속에 기초하여 있다. 자기의 근원과 목표를 안다는 것처럼 든든한 일이 또 있을까? 가야 할 길이 어디인지를 아는 사람은 절망하지 않는 법이다. 바다를 향하여 흐르는 강물은 잠시 지체할 수는 있지만 흐름을 멈추지 않는다. 예수님은 자신을 '보냄을 받은 자'로 인식하고 사셨다. 보냄을 받은 자가 할 일은 보내신 분의 뜻을 행하는 것이다. 한 치의 오차도 없이 그 일을 다 수행하는 것을 일러 주님은 영광이라 하셨다.

초대교회 성도들의 별명은 '그 길의 사람들'이었다. 길은 보기 위해서가 아니라, 걷기 위해 존재한다. 예수의 길을 걷지 않으면서 예수를 따른다고 말하는 것은 어불성설이다. 말은 쉽지만 그 예수를 따르는 일은 여간 어려운 게 아니다. 우리 욕망을 거스르는 길이기 때문이다. 그 길을 걷는 것이 어려운 일임에도 불구하고 그 길을 걸어야 하는 것은 그 길을 거쳐야만 영원한 생명에 이를 수 있기 때문이다.

그 길을 걷기 위해서는 훈련이 필요하다. 훈련은 형편이 좋을 때만 하는 것이 아니다. 운동선수들은 비가 오나 눈이 오나 정해진 절차에 따라 운동을 진행한다. 그래야 몸과 마음의 습관이 생기기 때문이다. 정신을 단련하는 이들도 마찬가지이다. 수도사들은 정확하게 정해진 시간에 기도와 묵상을 한다. 기도가 몸에 배게 하기 위해서이다.

개신교에 가장 부족한 것이 바로 이런 훈련이다. 스포츠 생리학을 연구하는 분이 한 말을 기억한다. 그는 평균적인 체력을 가진 사람이라면 팔굽혀펴기 10개 정도는 너끈히 해낼 수 있다면서 문제는 언제라도 할 수 있지만 대부분의 사람들이 하지 않는데 있다고 말했다. 10개가 무슨 운동이 되겠냐고 코웃음 칠 수도 있지만 일 년 365일 동안 매일 그 운동을 한 사람과 안 한 사람의 몸은 같지 않다는 것이다. 당연한 말이지만 그 말이 시사하는 바가 매우 크다. 정신이나 영혼의 훈련 또한 마찬가지이다. 작정하고 시작한 일을 꾸준히 지속하는 열정이 반짝이는 재능보다 더 큰 결과를

사랑의
레가토

가져올 때가 있다.

　매일매일 정해진 시간에 하나님의 말씀을 묵상하고 그 말씀을 바탕으로 기도를 바치는 습관이 중요하다. 이 책은 지난 일 년 동안 그런 취지에서 써나간 글이다. 이 묵상집이 '그 길'을 배우고 익히려는 이의 좋은 안내서가 될 수 있기를 바랄 뿐이다.

하나님, 살랑살랑 불어오는 바람이 얼굴을 스치면 행복해하다가도, 거친 바람을 만나면 마치 큰일이라도 난 것처럼 호들갑을 떠는 우리를 불쌍히 여겨 주십시오. 기쁨도 슬픔도 우리 삶의 일부임을 겸허히 받아들일 수 있게 해주시고, 사람들의 변덕스런 평판을 따라 춤추다가 삶의 리듬을 잃지 않게 해주십시오. 하나님의 뜻을 행하려다 어려움을 겪어도 투덜거리지 않게 해주시고, 사람들의 덧없는 칭찬에 마음을 빼앗기지 않게 해주십시오. 주님과 함께 주님을 향해 나아가는 순례자의 본분을 잃지 않게 해주십시오. 아멘.

5월

홀로 그리고 함께

5월 1일

> 혼자보다는 둘이 더 낫다. 두 사람이 함께 일할 때에, 더 좋은 결과를 얻을 수 있기 때문이다. 그 가운데 하나가 넘어지면, 다른 한 사람이 자기의 동무를 일으켜 줄 수 있다. 그러나 혼자 가다가 넘어지면, 딱하게도, 일으켜 줄 사람이 없다. 또 둘이 누우면 따뜻하지만, 혼자라면 어찌 따뜻하겠는가? 혼자 싸우면 지지만, 둘이 힘을 합하면 적에게 맞설 수 있다. 세 겹 줄은 쉽게 끊어지지 않는다(전도서 4:9-12).

서양의 정신사는 자유를 추구하는 과정이었다. 자유란 남들에게 아무 것도 강제당하지 않으면서 전적으로 자기의 자발성을 가지고 살 수 있는 상태를 의미한다. 이 경우 '타인'은 늘 우리의 자유에 걸림돌로 작용하기 일쑤이다. "타인은 나에게 있어서 지옥"이라고 말했던 사르트르의 말은 이런 배경에서 나온 것인지도 모르겠다. 홀로 자족적인 자유를 찾

사랑의
레가토

는 과정에서 우리가 경험하는 것은 외로움이다. 외로움을 잊기 위해 사람들은 술과 마약, 그리고 쾌락으로 도피한다. 때로는 배타적이 되고, 이웃에게 적대감을 드러내기도 한다. 그럼에도 불구하고 그 외로움은 쉬 사라지지 않는다. 소금물을 들이킨다고 갈증이 해소되지는 않는 법이다. 요즘 우울증이 늘어나는 것은 타자들과의 소통이 줄어들었기 때문이 아닐까?

전도서는 혼자보다는 함께 일하는 게 효율적이고, 혼자 걷는 것보다는 함께 걷는 게 좋고, 혼자 눕는 것보다는 함께 눕는 게 따뜻하고, 혼자 싸우기보다는 함께 싸우는 게 승산이 높다고 말한다. 어찌 보면 참 진부한 이야기이다. 하지만 진부하다고 해서 무가치한 것은 아니다.

예수님은 내 이웃이 누구냐고 묻는 율법교사에게 그 유명한 '선한 사마리아 사람' 이야기를 들려주셨다. 강도 만난 사람을 보고도 제사장과 레위 사람은 그를 피하여 지나갔고, 어떤 사마리아 사람은 측은한 마음이 들어서 그에게 다가가 상처에 올리브 기름과 포도주를 붓고 싸맨 다음에 자기 짐승에 태워 여관으로 데리고 가서 돌보아 주었다. 이 이야기 끝에 주님은 율법교사에게 물으셨다. "너는 이 세 사람 가운데서 누가 강도 만난 사람에게 이웃이 되어 주었다고 생각하느냐?"(누가복음 10:36) 주님은 '이웃'의 경계를 설정하거나 범주화하지 않았다. 다만 생각의 방향을 바꾸어 '이웃되어주기'를 사유하도록 하셨을 뿐이다. 종교, 문화, 피부색, 나라도 이웃의 경계일 수 없다. 측은히 여기는 마음, 바로 이것이 주님께서 이 세계에 회복시키려는 마음이다.

제랄드 메이는 『사랑의 각성』이라는 책에서 재미있는 이야기를 들려준다. 옆집에 사는 할아버지는 아주 괴팍한 노인이었다. 아이들이 뒷마당에서 놀기 시작하자 노인은 철조망을 치고 자기 집 마당에 접근하지 못하게 했다. 하루는 아들 폴의 고양이가 그 집 장미 덩굴 안으로 들어가자 노인은 고양이를 죽이겠다고 소리를 질렀다. 폴은 고양이가 그 집으로 넘어가지 못하도록 하기 위해 노심초사했지만, 며칠후 고양이의 주검을 발견하고 말았다. 노인이 쥐약을 먹였던 것이다. 가족들 모두가 분노해서 뭔가 복수하는 상상을 하고 있는데 폴은 아무 말이 없었다. 한참이 지난 후 아이가 입을 열었다. "할아버지는 매우 외로운 분일 거예요. 우리가 그분에게 생일 파티 같은 것을 해드렸으면 좋겠어요."

이 어린 천사는 우리에게 이웃 되어주기가 무엇인지를 가르쳐주고 있다. 누군가의 이웃이 되려 할 때 우리를 사로잡는 외로움 혹은 우울은 안개처럼 흩어진다.

사랑의
레가토

기도

하나님, 남에게 방해를 받지 않고, 누구의 눈치도 보지 않고 살고 싶을 때가 있습니다. 삶이 무겁다고 느낄 때마다 나를 아는 사람이 한 명도 없는 곳에 가고 싶다는 생각에 소스라치곤 합니다. 피부가 상한 자리에 스치는 모든 것들이 다 고통을 안겨주듯이 삶에 지친 우리들은 작은 일에도 비명부터 질러댑니다. 화를 내고, 짜증을 부리는 이들을 보면 저절로 눈살이 찌푸려집니다. 그러나 주님, 이제는 누군가의 이웃이 되기 위해 노력하겠습니다. 겉으로 드러난 모습보다는 다른 이들의 속 깊은 아픔을 헤아릴 줄 아는 사람이 되게 해주십시오. 아멘.

나그네로 산다는 것

> 이 사람들은 모두 믿음을 따라 살다가 죽었습니다. 그들은 약
> 속하신 것을 받지는 못했지만, 그것을 멀리서 바라보고 반겼으
> 며, 땅에서는 길손과 나그네 신세임을 고백하였습니다. 이런 말
> 을 하는 사람들은 자기네가 고향을 찾고 있다는 것을 나타내는
> 것입니다(히브리서 11:13-14).

한때 '도상의 실존'이라는 말에 붙들려 살았다. 어느 한곳에
머물지 않고 늘 홀가분하게 길을 떠날 준비를 갖추고 산다
는 것, 얼마나 좋은가. 그러나 길 위에서 산다는 것은 참 고
단한 일이다. 그럼에도 불구하고 가끔은 나그네가 되어 세
상을 떠돌고 싶다는 생각이 들 때도 있다. 삶이 지지부진을
면치 못한다고 느낄 때이다. 장 그르니에의 『섬』이라는 책
을 읽으면서 가슴 설레던 때가 있었다.

"혼자서, 아무 것도 가진 것 없이 낯선 도시에 도착하는

공상을 나는 몇 번씩이나 해보았다. 그리하여 나는 겸허하게, 아니 남루하게 살아 보았으면 싶었다. 그러나 무엇보다 그렇게 되면 나의 '비밀'을 고이 간직할 수 있을 것이다."

고이 간직할 비밀 같은 것은 없지만, 그래도 나를 아는 사람이 하나도 없는 어딘가에 간다면 세상이 내게 입혀준 허울들을 훌훌 벗고 살아갈 수 있을지도 모른다는 생각에 설렐 때도 있다. 남루한 삶에 대한 로망, 사람 속에는 그런 것도 있다. 하지만 생각해보면 우리의 실존 자체가 나그네이다. 잠시 여기 머물다가 돌아가야 하기 때문이다. 자기가 나그네임을 자각하고 사는 사람은 돌아갈 고향을 가슴에 품은 사람이다. 히브리서 기자는 아브라함을 비롯한 믿음의 사람들이 이 세상에서 '길손처럼, 나그네처럼' 사는 까닭은 '하늘 본향'을 찾고 있기 때문이라고 말한다.

나그네는 소속이 없는 사람이다. 그렇기에 나그네는 현실을 객관적으로 볼 수 있다. 어떤 이해관계에도 얽히지 않았기 때문이다. 자기 이해가 얽혀 있는 한 우리는 절대로 공정하게 상황을 판단할 수 없다. 나그네의 시선이 필요한 것은 그 때문이다. 한 공동체 안에 살면서도 여전히 나그네로 살아가는 사람은 소속이 없기에 현실의 부조리와 위선과 부족함을 누구보다 자유롭게 바라본다. 그 공동체 혹은 사회가 지향해야 할 방향도 제시할 수 있다. 그런 의미에서 예언자들은 나그네이다. 그 시대의 실상을 누구보다도 깊이 꿰뚫어본 사람들이니 말이다.

팔레스타인 작가인 갓산 카나파니$^{Ghassan\ Kanafani}$, 1936-1972는 떠도는 사람들에게 '조국'은 국경에 둘러싸인 영역이 아니라, '혈통'과 '문화'의 연속성이라는 관념으로 굳어버린 공동체가 아니라, 식민지배와 인종차별이 강요하는 모든 부조리가 일어나서는 안 되는 곳을 의미한다고 말한다. 나그네는 차별도, 미움도, 억압도, 착취도 없는 하늘 본향을 찾는 사람이다.

믿음의 사람들이야말로 나그네이다. 그는 인습과 전통에 매여 사는 사람이 아니라, 새로운 가치를 사람들에게 제시하는 사람이다. 무엇이 정말 좋은 삶이고, 인간다운 삶인지를 말이 아니라 삶으로 증언하는 사람들이야말로 본향 찾는 나그네라 할 수 있다.

사랑의
레가토

기도

하나님, 경쟁이 일상이 된 세상에 사는 동안 우리는 무능한 사람이라는 낙인이 찍힐까 두려워 전전긍긍하며 삽니다. 각자도생이 보편적 삶의 원리처럼 받아들여지는 이 무정한 세상에서 공포를 내면화하고 살기에 우리는 이웃들의 고통을 돌아볼 엄두를 내지 못합니다. 그런데 성경은 우리가 나그네임을 일깨워줍니다. 지금까지 우리가 하늘에 속한 존재임을 잊고 살았습니다. 새로운 세상을 시작하라고 우리를 불러주신 뜻도 잊고 살았습니다. 주님, 이제는 세상에 있으나 세상에 속한 사람이 아니라 하나님 나라의 시민이 되어 살겠습니다. 우리의 믿음 없음을 불쌍히 여겨주십시오. 아멘.

오, 복된 약함이여

형제자매 여러분, 내가 여러분과 같이 되었으니, 여러분도 나와 같이 되기를 바랍니다. 여러분이 내게 해를 입힌 일은 없습니다. 그리고 여러분이 아시는 바와 같이, 내가 여러분에게 처음으로 복음을 전하게 된 것은, 내 육체가 병든 것이 그 계기가 되었습니다. 그리고 내 몸에는 여러분에게 시험이 될 만한 것이 있는데도, 여러분은 나를 멸시하지도 않고, 외면하지도 않았습니다. 여러분은 나를 하나님의 천사와 같이, 그리스도 예수와 같이 영접해 주었습니다(갈라디아서 4:12-14).

바울 사도가 처음 갈라디아 지방에 도착했을 때 그의 몸은 만신창이가 되어 있었다. 수리아 안디옥 교회의 파송을 받아 첫 번째 선교 여행길에 올랐던 그는 지중해의 아름다운 섬 구브로(키프로스)에서 복음을 전하고, 소아시아 지방 즉 지금의 터키 지역으로 향했다. 바울 일행은 해안을 이용하지 않고 케스트루스 강을 거슬러 올라가서 그 지역의 번화한 도시인 버가에 상륙했다. 하지만 문제가 생겼다. 조력자로 따라 나섰던 요한이라고 불리는 마가가 예루살렘으로 돌아가 버렸던 것이다. 풍토병인 말라리아에 걸렸던 것 같다. 바울은 이 일로 상심했다. 그도 또한 건강이 여의치 못했다. 그는 버가 선교를 포기하고 곧장 소아시아의 내륙 지역인 비시디아 안디옥으로 향했다. 해안 풍토에서 빨리 벗어나야 한다는 생각 때문이었을 텐데, 그곳은 버가에서 약 160킬로미터 정도 떨어진 곳으로, 몸이 성치 못한 이들이 걷기에는 험난한 여정이었을 것이다.

갈라디아 지방의 수도라 할 수 있는 비시디아 안디옥에 도착한 바울은 안팎의 어려움에 처해 있었다. 낯선 곳이 주는 심리적 중압감과 더불어 건강도 매우 약화되었기 때문이다. 하지만 그 지역민들은 바울 일행을 따뜻한 사랑으로 맞아주었다. 바울은 "내 몸에는 여러분에게 시험이 될 만한 것이 있는데도, 여러분은 나를 멸시하지도 않고, 외면하지도 않았습니다"라고 회고한다. 복음 전도자인 바울이 누군가의 돌봄을 받아야 하는 이 역설적인 상황이 오히려 전화위복이 된 것이다. 바울의 약함은 오히려 사람들의 마음속에 있는 선의 본능을 깨웠던 것이다. 사람은 강자나 빈틈없고 똑똑한 사람에게는 저항감을 느끼지만 약자를 볼 때는 동정과 연민에 사로잡힌다.

사람은 누구나 강하고 똑똑해서 남에게 무시당하거나 이용당하지 않기를 바란다. 이런 충동과 경계심 때문에 세상은 경쟁의 마당이 되어 버렸다. 경쟁의 논리는 '너 죽고 나 살자'이다. 물론 모든 경쟁이 나쁜 것은 아니다. 경쟁의식이 사람들 속에 생기를 불어넣기도 한다는 사실을 모르지 않지만 경쟁은 순기능보다 역기능이 더 많다. 경쟁의 창날이 부딪치는 곳에서 하나님의 형상으로서의 인간성은 가뭇없이 사라진다. 거칠고 냉소적인 사람들은 강한 사람이 아니라, 두려움이 많은 사람들이다. 물론 연약한 사람이라고 해서 다 선하고 아름다운 것은 아니다. 화도 잘 내고, 욕심 사납고, 때로는 폭력적인 이들도 있다. 그럼에도 불구하고 우리의 사람됨은 연약한 사람들과의 관계맺음을 통해 형성된다고 말할 수 있다.

바울의 연약함은 갈라디아 사람들과 복음을 연결하는 고리가 되었다. 돌봄을 받은 자가 돌보아 준 이들에게 복음이라는 선물을 내놓았다. 연약함을 돌보는 일을 통해 부드러워진 사람들의 마음은 옥토가 되어 복음을 받아들였다. 바울의 증언을 들은 이들은 기뻐하며 주님의 말씀을 찬양하였고, 사도들을 통해 놀라운 기적과 표징이 나타났다.

사랑의
레가토

하나님, 우리는 할 수만 있으면 우리의 약한 모습을 사람들에게 드러내려 하지 않습니다. 무시당하거나 이용당할 수도 있다는 우려 때문입니다. 따뜻한 말 한 마디 듣고 싶어서 상처를 드러냈다가 그 상처가 더 깊어지기도 합니다. 냉혹한 세상입니다. 하지만 주님은 연약한 이들을 받아들이고 그들의 설 땅이 되어주라 이르십니다. 그런 이들의 벗이 되려고 마음을 낮출 때 주님의 은총이 우리 속에 유입됨을 잊지 않게 해주십시오. 아멘.

잃어버린 어린이성

> 그때에 예수께서 성령으로 기쁨에 차서 이렇게 아뢰었다. "하늘과 땅의 주님이신 아버지, 이 일을 지혜 있는 사람들과 똑똑한 사람들에게는 감추시고, 철부지 어린 아이들에게는 드러내 주셨으니, 감사합니다. 그렇습니다, 아버지! 이것이 아버지의 은혜로우신 뜻입니다"(누가복음 10:21).

어린아이들은 참 잘 논다. 놀이에 몰두하는 아이들의 눈에는 생동감이 가득 차 있다. 눈이 생동한다는 것은 아이들 속에서 뭔가 창조적인 역사가 나타나고 있다는 사실을 반증한다. 이때 놀이는 참다운 의미의 안식이 된다. 근심과 걱정이 그들을 사로잡을 수 없으니 말이다. 놀고 있는 아이들의 모습은 아름답다. 그 자체가 생명이기 때문이다. 타락이란 하나님이 우리에게 주신 창조력을 잃어버린 것이 아닐까? 어린이성의 상실로 인해 우리 삶은 무거워졌다.

우리 속의 어린이가 숨어버린 후 우리를 지배하는 감정은 낯선 것에 대한 두려움이다. 어린이들은 낯선 친구를 만나면 잠시 동안의 탐색 끝에 금방 친해진다. 또 자기가 경험해보지 못한 것에 대한 호기심이 많다. 그 호기심 때문에 어려움을 겪기도 하지만 그러면서 아이들은 성장한다. 어른들은 새로운 것보다는 익숙한 것을 좋아한다. 낯선 것은 무조건 위험한 것으로 생각하는 경향을 보인다. 하지만 생명의 특징은 떠남이다. 안락하고 익숙한 자리를 박차고 일어나 낯선 것을 향해 나아갈 때 삶의 지평은 넓어진다.

　우리 속의 어린이가 숨어버린 후 우리를 지배하는 것은 위계질서에 대한 숭배이다. 새들의 세계도 서열이 뚜렷해서 모이를 먹는 순서가 있다 한다. '페킹 오더pecking order'가 그것이다. 세상에 동화된 어른들, 그 중에서도 남성들은 타자를 만나면 자기도 모르는 사이에 마음속에 서열을 정한다. 대개 나이, 사회적 지위, 학벌, 체격 등이 중요한 척도가 된다. 서열에 따른 처신을 잘하는 이들은 사회성이 있다고 인정받지만, 그렇지 않은 사람은 불온한 사람으로 낙인찍힌다.

　우리 사회에 진정한 대화가 없는 까닭은 서열을 지키려는 무의식적인 동기 때문인지도 모르겠다. 제자가 스승의 견해나 글을 반박하면 배신자 취급을 받거나, 집단의 질서를 무너뜨린 사람이라 해서 왕따를 당하기도 한다. 그런 일을 반복적으로 겪다보면 발전적 대화 혹은 논쟁을 시도할 생각을 지레 포기하게 된다. 외로움은 깊어가고 정신은 생기를 잃는다. 존경할 만한 어른이 없다는 것, 이게 우리 사회의 가장 큰 위기이다.

이익 원리에 따라 행동하지 않고, 원칙에 따라서 살아가는 사람들은 어린이와 같은 사람이다. 세상은 그런 이들을 가리켜 세상 물정 모르는 사람이라 말한다. 하지만 그런 이가 있어 세상은 유지된다. 벌거벗은 임금님을 보면서 모두가 입에 침이 마르도록 아름다운 옷이라고 칭찬할 때, 오직 어린아이 하나만 깔깔 웃으면서 '임금님은 벌거숭이'라고 외쳤다지 않던가. 헛된 권위에 집착하는 사람은 참된 권위 앞에 무릎을 꿇지 못한다. 우리 속에 어린이성이 회복되어야 자유로워진다. 죄인들과도 잘 어울리고, 온 세상 만물 속에서 하나님의 약동하는 생명을 보고, 기존의 질서에 순응하기를 거부하는 어린이 예수, 그 예수는 추문거리였다. 그래도 예수님은 전혀 개의치 않으셨다. 진리를 붙든 사람의 자유를 누리고 계셨기 때문이다.

사랑의
레가토

하나님. 놀이터에서 신나게 노는 아이들을 보면 절로 행복한 미소가 지어집니다. 미끄럼틀과 그네. 정글짐을 오가면서 지칠 줄 모르고 노는 아이들은 생명이 약동이라는 사실을 일깨워줍니다. 그러나 어른들의 얼굴에는 그늘이 드리워 있습니다. 경계하고. 경쟁하는 일에 익숙해져서 천진하게 웃을 줄을 모릅니다. 그러하기에 이미 계시된 진리조차 발견하지 못합니다. 주님, 우리 속에서 잊혀진 어린아이가 깨어나게 해주십시오. 그래서 경탄하고 기뻐하며 살게 도와주십시오. 아멘.

어린이는
어른의 아버지

사람들이, 어린이들을 예수께 데리고 와서, 쓰다듬어 주시기를 바랐다. 그런데 제자들이 그들을 꾸짖었다. 그러나 예수께서는 이것을 보시고 노하셔서, 제자들에게 말씀하셨다. "어린이들이 내게 오는 것을 허락하고, 막지 말아라. 하나님 나라는 이런 사람들의 것이다. 내가 진정으로 너희에게 말한다. 누구든지 어린이와 같이 하나님 나라를 받아들이지 않는 사람은 거기에 들어가지 못할 것이다." 그리고 예수께서는 어린이들을 껴안으시고, 그들에게 손을 얹어서 축복하여 주셨다(마가복음 10:13-16).

어느 날 사람들이 아이들을 예수님께 데리고 와서 쓰다듬어 달라고 부탁했다. '쓰다듬다'는 단어의 사전적 의미는 '손으로 가볍게 쓸어 어루만지다', '마음을 달래어 가라앉히다'이다. '쓰다듬음' 혹은 '어루만짐'은 참 살가운 행동이다. 쓰다듬음은 상대에게 나의 사랑을 전달하거나 표현하는 행위이다. 슬픔을 주체하지 못하는 이의 등을 토닥여준다든지 어루만지는 행위는 얼마나 숭고한가? 그것은 일종의 치유이고, 보살핌이고, 연대의 몸짓이다. 주님이 자기 아이들을 쓰다듬어 주기를 바랐던 이들은 예수와의 접촉을 통해 아이들의 삶도 아름다워지기를 바랐을 것이다.

그런데 그들은 뜻밖의 장벽에 부딪혔다. 제자들이 그들을 가로막고 꾸짖었던 것이다. 제자들이 보기에는 아이들을 쓰다듬는 것은 시급한 일도 아니고 중요한 일도 아니었기 때문일 것이다. 예수님은 그런 제자들을 보고 노하셨다. 그리고 정색을 하고 제자들에게 말씀하셨다. "어린이들이 내게 오는 것을 허락하고, 막지 말아라. 하나님 나라는 이런 사람들의 것이다. 내가 진정으로 너희에게 말한다. 누구든지 어린이와 같이 하나님 나라를 받아들이지 않는 사람은 거기에 들어가지 못할 것이다"(마가복음 10:14). 어린이가 하나님 나라의 표징으로 제시되고 있다.

여기서 예수님이 말씀하시는 '어린이'가 문자 그대로 어린이이든, 사회적으로 보호받지 못하는 이들을 지칭하는 것이든, 예수님은 그들과의 접촉을 꺼리지 않으신다. 그들을 보듬어 안는 것을 시간 낭비라고 생각하지 않으실 뿐 아니라 '어린이들'이야말로 하나님 나라의 주인이라고 말씀하신다. 사람들은 이 대목에서 어린이의 어떤 점이 그러하냐고 묻는다. 몇 가지 단어가 떠오른다. 천진난만天眞爛漫, 경탄, 호기심…. 오늘 우리가 보는 현실 속의 아이들이 그러한가는 별개의 문제이다. '아이들'이라는 기호를 꾸밈없이 순수하고 참된 존재를 가리키는 말로 받아들이면 된다. 아이들은 근엄하지 않다. 젠체하지 않는다. 그들은 지켜야 할 자기가 없다. 그래서 늘 '지금 여기'의 삶에 충실하다. 우리는 지켜야 할 것이 많아 '어린이'를 잃어버린 채 산다. 삶이 무거운 것은 그 때문이다.

늘 자기 확신에 가득 차서 다른 이들의 말에 귀 기울일 생각이 없는 사람들, 배울 것은 없고 가르칠 것만 있는 사람들, 판단하고 정죄하는 일에 익숙한 이들은 하나님 나라에서 먼 사람들이다. 윌리엄 워즈워스는 어린이성의 아름다움을 이렇게 노래했다.

"하늘의 무지개를 볼 때마다/내 가슴 설레느니,/나 어린 시절에 그러했고/다 자란 오늘에도 매한가지,/쉰 예순에도 그러지 못하다면/차라리 죽음이 나으리라."

부드러움은 생명의 징조이고 경직됨은 죽음의 징조이다. 워즈워스가 역설적으로 "어린이는 어른의 아버지"라고 한 것은 그 때문이다.

사랑의
레가토

하나님, 딱딱하게 굳어버린 우리 마음을 하나님 앞에 내려놓습니다. 근심과 걱정이 더께처럼 내려앉아 우리 영혼을 짓누르고 있습니다. 하나님이 창조하신 세상을 바라보면서도 경탄할 줄 모르는 우리를 불쌍히 여겨주십시오. 아이들의 해맑은 웃음소리는 삶에 대한 신뢰를 잃지 않은 이들의 아름다움을 보여줍니다. 빈들에 마른 풀 같은 우리 영혼에 은혜의 단비를 내려주십시오. 묵은 땅을 갈아엎고 기쁨의 씨를 뿌리며 살게 해주십시오. 가슴 설레는 일들이 많아지게 해주십시오. 아멘.

누가 하나님의 사람인가?

> 의인은 집짐승의 생명도 돌보아 주지만, 악인은 자비를 베푼다
> 고 하여도 잔인하다(잠언 12:10).

누가 의인인가? 한 두 마디로 설명하기 어려운 질문이다. 그
러나 히브리의 지혜자는 단순화시켜 대답한다. 의인은 생
명을 아끼고 소중히 돌보는 사람이다. 의인은 생명의 주인
이신 하나님을 닮은 자이다. 하나님은 당신의 뜻대로 창조
된 모든 것들을 보고 기뻐하셨다. 의인은 그런 기쁨에 동참
하는 사람이다. 인간의 생명이 소중한 것과 마찬가지로 생
명을 가진 모든 것들이 다 소중하다. 그 모든 것들 속에 하
나님의 숨결이 머물고 있기 때문이다. 우리가 하나님을 생
명의 주인으로 고백한다면, 온 세상에 있는 뭇 생명들을 함
부로 대할 수 없다. 하나님은 생명을 잘 돌보는 사람을 보고
'옳다'고 하신다.

지금 우리의 생명 감수성은 둔감하기 이를 데 없다. 날마다 생명에 대한 폭력이 거침없이 자행되는 세상에 살면서 우리는 모든 생명이 '살고자 하는 욕망을 가진 존재'임을 망각하고 살아간다. 옛 사람들은 수령이 오래된 나무 한 그루를 벨 때도 죄스러워 했다. 먹고살기 위해 다른 생명을 취하면서도 그 생명과 하늘에 대한 감사의 마음을 잃지 않았다. 그러기에 먹는다는 행위는 하늘을 모시는 행위以天食天이천식천였다. 하지만 물건이 넘쳐나는 세상에 사는 동안 우리는 생명의 주인이신 하나님을 잊고 산다. 먹을거리를 생산하는 방식이 반생명적으로 변해버린 것은 어제오늘의 일이 아니고, 가축을 사육하고 도축하는 방식은 잔인하기 이를 데 없다. '악인은 자비를 베푼다고 하여도 잔인하다'는 잠언의 경고가 우리 시대처럼 들어맞는 때는 없는 것 같다.

불교 승려들이 여름 동안 한곳에 머물면서 수행에 전념하는 것을 일러 하안거夏安居라 한다. 그런데 이 하안거의 유래는 우리에게 시사 하는 바가 많다. 석가모니 당시 인도에는 이곳저곳으로 떠돌아다니는 출가 수행자가 많았는데, 비가 많이 내리는 우기가 되면 땅 속에서 기어 나오는 작은 동물들을 밟지 않기 위해 하안거의 전통을 만들었다고 한다. 생명의 하나님을 믿는 사람은 다른 생명에 대해서 잔인할 수는 없다. 누가 하나님의 사람인가? 자기 마음속에 있는 날

카로운 것들을 녹여낸 사람들이 아닐까?

김준태 시인은 자기도 모르게 무심코 어린 생명들을 짓눌러 죽일까봐서 날마다 손톱을 깎으며 더욱 사람이 되자고 마음속으로 외친다고 말한다. 그의 시 〈감꽃〉은 우리 현대사에 대한 기가 막힌 요약이다.

"어릴 적엔 떨어지는 감꽃을 셌지/전쟁통엔 죽은 병사들의 머리를 세고/지금은 엄지에 침 발라 돈을 세지/그런데 먼 훗날엔 무엇을 셀까 몰라."

전쟁 이후의 근대화는 우리에게 풍요로움을 안겨주었지만 순박하고 평화로운 마음을 앗아갔다. 생명에 대한 감수성을 회복하는 것이야말로 하나님 경외의 시작이 아닐까?

기도

하나님, 한가롭고 느긋한 평화를 누리는 것이 사치처럼 여겨지는 나날입니다. 도처에서 날선 말들이 오가고, 거칠고 위협적인 표정을 짓는 이들이 늘어나고 있습니다. 가슴에 쌓인 울화를 풀어낼 길 없는 이들이 무고한 여린 생명들에게 위해를 가하는 일도 종종 벌어집니다. 피조물의 신음 소리가 도처에서 들려옵니다. 약한 생명을 돌보려는 마음 없이 하나님을 믿는다고 고백하는 일은 얼마나 어리석은 일인지요? 주님, 세상의 모든 아픔을 당신 몸으로 감당하셨던 예수님의 마음을 우리 속에 심어주십시오. 아멘.

사랑의
레가토

성찰 없는 후회

이스라엘 백성이 도망쳤다는 소식이 이집트의 왕의 귀에 들어
갔다. 그러자 바로와 그의 신하들은 이 백성에 대한 생각을 바
꾸었다. "우리에게 종살이하던 이스라엘 백성을 이렇게 풀어
주어 놓아 보내다니, 어쩌자고 이렇게 하였는가?" 하고 후회하
였다. …… 바로가 다가오고 있었다. 이스라엘 자손이 고개를
들고 보니, 이집트 사람들이 그들을 추격하여 오고 있었다. 이
스라엘 자손은 크게 두려워하며, 주님께 부르짖었다. 그들은 모
세를 원망하며 말하였다. "이집트에는 묘 자리가 없어서, 우리
를 이 광야에다 끌어내어 죽이려는 것입니까? 우리를 이집트
에서 끌어내어, 여기서 이런 일을 당하게 하다니, 왜 우리를 이
렇게 만드십니까? 이집트에 있을 때에, 우리가 이미 당신에게
말하지 않았습니까? 광야에 나가서 죽는 것보다 이집트 사람
을 섬기는 것이 더 나으니, 우리가 이집트 사람을 섬기게 그대
로 내버려 두라고 하지 않았습니까?"(출애굽기 14:5, 10-12)

후회 없는 인생이 가능할까? 삶은 후회의 연속이다. 해야 할 일을 하지 못한 것에 대한 후회, 하지 말아야 할 일을 한 것에 대한 후회가 우리 삶을 무겁게 만든다. 창조적인 후회도 있지만 퇴행적인 후회도 있다. 후회 이후의 삶을 보면 알 수 있다. 출애굽기 14장은 후회하는 사람들을 보여준다.

첫째는 바로이다. 열 가지 재앙을 경험하면서 그는 신적인 공포에 사로잡혔다. 히브리인들이 광야로 나가는 것을 허용한 것은 그 때문이었다. 히브리인들이 썰물처럼 애굽을 떠나 광야로 향했을 때 뒤늦은 후회가 그를 사로잡았다. 대제국의 왕으로서 신적인 존재로 추앙 받기까지 하는 자기가 제대로 힘 한번 못 써보고 굴복했다는 사실을 도저히 받아들일 수가 없었던 것이다.

"우리에게 종살이하던 이스라엘 백성을 이렇게 풀어 주어 놓아 보내다니, 어쩌자고 이렇게 하였는가?"(출애굽기 14:5)

노예를 해방한다는 것은 이집트의 경제에도 막대한 영향을 끼치는 일대 사건이었다. 경제적 어려움은 곧바로 바로의 지도력에 대한 의혹으로 이어질 것이고, 민심은 급격히 이반될 것임을 알아차린 바로는 군사 동원령을 내린다. 그 자신도 특별 병거 육백 대로 편성된 정예부대와 이집트 병거부대를 이끌고 모두 이끌고 나섰다. 무장도 하지 않고, 군

사랑의
레가토

사 훈련도 받지 않은, 그리고 어린아이부터 노인까지 뒤섞여 있는 노예들을 붙잡기 위해 이런 군사력이 꼭 필요했을까? 아니다. 바로는 자기 힘을 과시하고 싶었던 것이다. 이집트 백성들에게, 히브리인들에게, 그리고 자기 자신에게 말이다.

둘째는 히브리인들의 후회이다. 소풍을 떠나듯 흥겹지는 않았겠지만, 젖과 꿀이 흐르는 땅으로 간다는 사실에 그들의 마음은 어지간히 설레었을 것이다. 갈대 바다 옆에 진을 치고, 좋은 꿈꾸라고 서로 축복하면서 잠자리에 들 무렵, 그들은 멀리서부터 지축을 흔드는 요란한 소리를 들었다. 이집트의 군병들이 끝도 없이 밀려오고 있음을 알아차렸을 때 그들은 공포와 두려움에 사로잡혔다. 두려움은 그들의 눈을 가려 하나님의 현존을 볼 수 없게 만들었다. 백성들은 즉시 원망의 대상을 찾았다. 그들은 모세에게 거세게 항의한다.

"이집트에는 묘 자리가 없어서, 우리를 이 광야에다 끌어내어 죽이려는 것입니까?"(출애굽기 14:11a)

죽음의 공포가 몰려오자 자유의 금빛 꿈은 돌연 빛을 잃고 굴종과 생존이 매력적으로 보이게 된 것이다. 억압과 공포에 길들여진 노예들의 슬픈 모습이다. 이것은 수천 년 전 중동의 변방에서 일어난 몽매한 과거사가 아니라 지금도 역사 속에서 되풀이되는 현실이다. 우리 속에 있는 속물은 시도 때도 없이 우리를 유혹한다. 괜히 어려움을 자초할 게 뭐냐고, 가늘고 길게 사는 게 제일이라고. 세상을 굳이 모나게 살 게 뭐냐고, 타협도 할 줄 알아야 한다고. 그러나 진리의 길은 위험과 불확실함으로 가득 차 있다. 퇴행적 후회를 거두고 앞을 향해 나아갈 때, 자유의 바람이 우리에게 유입된다.

하나님, 일이 뜻대로 풀리지 않을 때면 우리는 어디서부터 일이 잘못 되었는가 곰곰이 따져봅니다. 자신의 선택을 후회하기도 하고, 누군가 원망할 사람을 찾기도 합니다. 성찰로 이어지지 않는 후회는 우리 가슴에 회한만 남길 뿐 새로운 삶의 원동력이 되지 못합니다. 실수를 범하고, 잘못을 저지르기도 하는 인생이지만, 그러한 부정적 계기를 통해 오히려 하나님의 마음에 더 깊이 접속할 수 있게 해주십시오. 작은 시련의 바람만 불어도 일렁이는 우리 마음의 버릇을 치유해 주십시오. 아멘.

사랑의
레가토

우리 속에 어린이성이 회복되어야 자유로워진다. 죄인들과도 잘 어울리고, 온 세상 만물 속에서 하나님의 약동하는 생명을 보고, 기존의 질서에 순응하기를 거부하는 어린이 예수, 그 예수는 추문거리였다. 그래도 예수님은 전혀 개의치 않으셨다. 진리를 붙든 사람의 자유를 누리고 계셨기 때문이다.

Monday 〰〰〰

Tuesday 〰〰〰

Wednesday 〰〰〰

사랑의

레가토

Thursday ~~~~~

Friday ~~~~~

Saturday ~~~~~

Sunday ~~~~~

젖 뗀 아이처럼

주님, 이제 내가 교만한 마음을 버렸습니다. 오만한 길에서 돌아섰습니다. 너무 큰 것을 가지려고 나서지 않으며, 분에 넘치는 놀라운 일을 이루려고도 하지 않습니다. 오히려, 내 마음은 고요하고 평온합니다. 젖 아이가 어머니 품에 안겨 있듯이, 내 영혼도 젖 뗀 아이와 같습니다. 이스라엘아, 이제부터 영원히 오직 주님만을 의지하여라(시편 131:1-3).

"나는 시름없고나 이제부터 시름없다/님이 나를 차지하사 나를 맞으셨네/님이 나를 가지셨네 몸도 낯도 다 버리네/내 거라곤 다 버렸네 어음." '믿음에 들어간 이의 노래'이다. 언제 불러도 참 좋다. 진실한 믿음은 우리를 안식의 세계로 이끈다. 진실한 믿음은 하나님이 나를 차지하시도록 하는 것이다. 내 거라고 생각하던 것을 버리는 것이다.

히브리의 한 시인은 하나님께로 돌아간 영혼의 평안함을

사랑의

레가토

"젖 뗀 아이가 어머니 품에 안겨 있듯이 내 영혼도 젖 뗀 아이와 같습니다"(시편 131:2)라고 노래하고 있다. 어머니의 심장 박동 소리를 들으며 젖을 먹는 아기를 생각해 보라. 아기의 눈은 엄마의 눈을 응시한다. 엄마도 호수같이 맑은 아기의 눈을 사랑스레 바라본다. 아기와 엄마 사이에 무언의 교감이 일어난다. 아기는 한없이 자기를 사랑하는 엄마의 사랑을 온 몸으로 느낀다. 그리고 어느 결에 살포시 잠에 빠진다. 염려도 근심도 시름도 없다. 참 맛있는 잠이다.

시인 김기택은 그런 아기의 잠을 이렇게 표현한다. "아기는 있는 힘을 다하여 잔다. 부드럽고 기름진 잠을 한순간도 흘리지 않는다. 젖처럼 깊이 빨아들인다." 시인의 감탄은 계속된다. "남김없이 잠을 비운 아기가 아침 햇빛을 받아 환하게 깨어난다. 밤사이 훌쩍 자란 풀잎같이 이불을 차고 일어난다. 밤새도록 잠에 씻기어 맑은 얼굴, 웃음말고는 다 잊어버린 얼굴이 한들거린다." 푹 자고 일어난 아기의 청신(淸新)한 얼굴은 생명이 무엇인지를 우리에게 가르쳐주는 것 같지 않은가.

그런데 시편의 시인은 아기들의 그 거룩한 평안함을 자기가 누리고 있다고 말한다. 하나님 어머니의 품안에서 말이다. 그 비결은 무엇일까? 첫 번째 비결은 교만한 마음을 버리고 오만한 길에서 돌아서는 것이다. 우리를 괴롭히는 것이 안팎에 많이 있지만 무엇보다도 심각한 것은 교만과 오만이다. 교만은 "잘난 체하여 뽐내고 버릇이 없음"을 뜻하고, 오만은 "젠 체하며 남을 업신여기는 태도가 있음"을 뜻한다. 이것보다 더 큰 영혼의 질병이 없다. 그것을 버릴 때 우리 영혼에 자유가 유입된다.

두 번째 비결은 "너무 큰 것을 가지려고 나서지 않으며, 분에 넘치는 놀라운 일을 이루려고 하지 않는" 것이다. 어떻게 보면 너무 소극적인 삶처럼 보인다. 우리는 큰 소리에 익숙하다. 세상은 우리에게 꿈을 크게 가져야 한다고 말한다. 일리가 있는 말이다. 지레 자기에 대해서 절망하고 풀이 죽은 채 지내지는 말아야 한다. 하지만 그 큰 꿈이라는 것이 문제이다. 남보다 앞서고, 성공의 사다리 꼭대기에 남보다 먼저 오르기 위해 자기 발밑에 누가 밟히고 있는지도 돌아보지 않는 것이야말로 인간의 전락이 아닌가. 그런 이들은 승자처럼 보여도 실은 패자이다. 인간됨이라는 소명을 저버렸으니 말이다.

하나님. 우리 마음속에 있는 무지의 어둠을 물리쳐주십시오. 어둠 속에서는 모든 것이 두렵게 느껴집니다. 어둠이 짙게 밴 우리 마음은 심연을 향해 추락을 거듭합니다. 그 때문에 우리 마음은 시커멓게 멍이 들고 말았습니다. 때로는 교만함으로 때로는 비굴함으로 상처를 숨기곤 했습니다. 하지만 이제 빛 가운데서 진정한 자유를 누리고 싶습니다. 우리의 작음을 인정하고 하나님의 크심 앞에 겸손히 엎드리는 사람이 되게 해주십시오. 하늘 빛 고요를 우리 속에 심어주십시오. 아멘.

티끌을 사랑하시는
하나님

> 주님은 자비롭고, 은혜로우시며, 노하기를 더디하시며, 사랑이
> 그지없으시다. 두고두고 꾸짖지 않으시며, 노를 끝없이 품지 않
> 으신다. 우리 죄를, 지은 그대로 갚지 않으시고 우리 잘못을, 저
> 지른 그대로 갚지 않으신다. 하늘이 땅에서 높음같이, 주님을
> 두려워하는 사람에게는, 그 사랑도 크시다. 동이 서에서부터 먼
> 것처럼, 우리의 반역을 우리에게서 멀리 치우시며, 부모가 자식
> 을 가엾게 여기듯이, 주님께서는 주님을 두려워하는 사람을 가
> 엾게 여기신다(시편 103:8-13).

자식은 부모의 기쁨이기도 하지만 걱정거리일 때도 많다.
어쩌면 자식은 세상이 우리 뜻대로 되지 않는다는 것을 가
르치는 스승인지도 모르겠다. 그렇지만 속상하다고 하여 내
칠 수도 없는 것이 자식이다. 하나님은 부모가 자식을 가엾
게 여기듯이 우리를 대하실 뿐만 아니라, 우리가 한갓 티끌

임을 잘 아신다. 온갖 지혜를 자랑하고 못할 일이 없는 것처럼 설레발치며 살지만 우리는 잠시 이 땅에 머물다 가는 존재일 뿐이다. 변화에 종속된 것이 인간의 실체이다. 돌아보면 우리는 하나님의 사랑을 감당할만한 푼수가 되지 못한다. 무지할 뿐만 아니라 욕망의 구슬아치 노릇을 하느라고 자기에게 주어진 생명의 값도 못하고 사는 우리들이 아닌가. 그럼에도 불구하고 우리가 이 세상에 존재하는 것은 주님의 긍휼히 여기심 덕분이다.

"부모가 자식을 가엾게 여기듯이, 주님께서는 주님을 두려워하는 사람을 가엾게 여기신다. 주님께서는 우리가 어떻게 창조되었음을 알고 계시기 때문이며, 우리가 한갓 티끌임을 알고 계시기 때문이다"(시편 103:13-14).

우리의 있음은 하나님의 섭리 속에서 발생한 사건이다. 하지만 자기를 실현해야 할 과제 앞에 서 있는 인간은 늘 흔들림 속에 있다. '되고 싶은 나'와 '현실의 나' 사이의 불화는 무겁게 우리 삶을 짓누른다. 그런데 하나님은 그런 우리를 함부로 내치지 않으신다. 우리 존재의 연약함을 사랑으로 껴안으신다. 못난 자식의 슬픔과 아픔까지도 껴안는 부모의 마음처럼.

마약에 손을 대기 시작한 남자가 있었다. 어느 수도자가 아무리 알아듣게 이야기를 해도 소용이 없었다. 그는 수도

원에 머물면서 자기 마음을 다스려보려고 했지만 이내 포기하고 수도원을 떠났다. 이런 일이 몇 번 반복된 후 그는 마지막이라면서 다시 수도원에 돌아왔다. 2주쯤 잘 지내는 것 같았는데, 결국 숨어서 마약을 하고 말았다. 수도자가 그를 꾸짖었다. "자네는 사나이가 아니군. 하려면 정정당당히 하지 그게 뭔가?" 그러자 그는 당당하게 마약을 했다. 그때 그 남자와 오랫동안 사귀었던 여자가 그만 울음을 터뜨리고 말았다. 한 마디 말도 없이 그저 울고만 있었다. 그러자 그 길로 그는 마약을 끊었다. 공허했던 마음이 채워졌던 것이다.

신비하구나, 주님의 사랑. "주님은 자비롭고, 은혜로우시며, 노하기를 더디하시며, 사랑이 그지없으시다"(시편 103:8). 하나님은 우리가 잘못을 저지르면 꾸짖기도 하시지만 무엇보다도 슬퍼하신다. 그 마음을 안다면 우리는 더 이상 옛 삶을 지속할 수 없다.

사랑의
레가토

하나님. 진흙에 불안을 더하면 인간이 되고, 인간에서 불안을 빼면 진흙이라고 노래한 시인이 있습니다. 삶의 비애가 무겁게 우리를 짓누를 때가 있습니다. 나의 있음이 복이 아니라 저주처럼 느껴질 때도 있습니다. 희망과 절망. 빛과 어둠. 선과 악. 기쁨과 슬픔이 씨줄과 날줄처럼 얽혀 우리 인생을 빚고 있습니다. 그럼에도 우리가 생을 포기하지 않는 것은 주님의 사랑이 우리를 감싸고 계심을 알기 때문입니다. 이제는 그 사랑의 신비 안에 머물면서 주님의 영광을 오롯이 드러내기 위해 노력하겠습니다. 주님. 우리의 빛이 되어주십시오. 아멘.

절실함과 신뢰가
만날 때

5월 10일

예수께서 가버나움에 들어가시니, 한 백부장이 다가와서, 그에게 간청하여 말하였다. "주님, 내 종이 중풍으로 집에 누워서 몹시 괴로워하고 있습니다." 예수께서 그에게 말씀하셨다. "내가 가서 고쳐 주마." 백부장이 대답하였다. "주님, 나는 주님을 내 집으로 모셔들일 만한 자격이 없습니다. 그저 한 마디 말씀만 해주십시오. 그러면 내 종이 나을 것입니다. 나도 상관을 모시는 사람이고, 내 밑에도 병사들이 있어서, 내가 이 사람더러 가라고 하면 가고, 저 사람더러 오라고 하면 옵니다. 또 내 종더러 이것을 하라고 하면 합니다." 예수께서 이 말을 들으시고, 놀랍게 여기셔서, 따라오는 사람들에게 말씀하셨다. "내가 진정으로 너희에게 말한다. 나는 지금까지 이스라엘 사람 가운데서 아무에게서도 이런 믿음을 본 일이 없다. 내가 너희에게 말한다. 많은 사람이 동과 서에서 와서, 하늘 나라에서 아브라함과 이삭과 야곱과 함께 잔치 자리에 앉을 것이다. 그러나 이 나

54

사랑의
레가토

라의 시민들은 바깥 어두운 데로 쫓겨나서, 거기서 울며 이를 갈 것이다." 그리고 예수께서 백부장에게 "가거라. 네가 믿은 대로 될 것이다." 하고 말씀하셨다. 바로 그 시각에 그 종이 나았다(마태복음 8:5-13).

어느 날 예수님이 가버나움에 들어가셨을 때 한 백부장이 그 앞에 나아와서 간곡하게 말한다. "주님, 내 종이 중풍으로 집에 누워서 몹시 괴로워하고 있습니다." 마태는 그 상황에 대한 묘사를 극도로 절제하면서 예수님의 반응을 간결하게 드러낸다. "내가 가서 고쳐 주마." 이 군더더기 없는 간결성은 우리에게 다음에 전개될 상황이 얼마나 중요한 것인지를 은연중에 드러내고 있다. 이어지는 백부장의 말은 다소 장황하다 싶을 정도이다. 자신은 주님을 집으로 모실만한 자격이 없는 사람이라면서 그저 한 마디 말씀만 해주셔도 종이 나을 거라고 말한다. 자기가 상관의 명령에 복종하고, 부하들이 자기 명령에 복종하는 것처럼, 주님의 명령이 떨어지면 종의 병이 물러갈 것이라는 것이었다. 예수님은 그를 신앙의 전범으로 소개한다. 어떤 의미에서 그러한가?

첫째, 그는 공감sympathy, 동정의 능력이 뛰어난 사람이다. 공감이란 한 사람이 다른 사람 앞에 자기를 열어놓은 상태를 말한다. 다른 사람의 상황에 서보는 감정이입empathy 과는 다르다. 공감이란 다른 이들의 고통을 함께 아파한다는 점에서는 감정이입과 비슷하지만, 그의 고통을 덜어주기 위해 수고를 마다하지 않는다는 점이 다르다. 감정이입은 쉽지만 공감은 쉽지 않다. 백부장은 종의 고통을 나 몰라라 하지 않는다. 그의 고통을 덜어주기 위해 할 수 있는 일을 다 한다. 떠돌이 유랑 설교자 앞에 나아와 간청하는 일도 마다하지 않는다.

둘째, 백부장은 단순하고 소박한 믿음의 사람이다. 그는 예수님을 무한히 신뢰한다. 예수님이라면 종의 병을 외면하지 않으실 것이라고 확신했기에 그는 주님 앞에 엎드릴 수 있었다. 종의 고통을 덜어주고 싶은 마음의 절실함과 예수님에 대한 신뢰가 결합하여 기적을 일으켰다.

무위당 장일순 선생님의 일화가 떠오른다. 어느 초겨울 저녁, 술 한 잔을 걸쳐 약간 취기에 찬 그는 제자와 쌀쌀한 거리를 걷고 있었다. 갑자기 그가 어느 한 곳을 물끄러미 바라보았다. 군고구마를 파는 포장마차였다. 제자는 선생께 고구마를 자시겠냐고 묻자 무위당은 뜻밖의 말을 했다. "저기 군고구마라고 쓰인 글을 보게. 초롱불에 쓰인 저 글씨를 보게. 저 글씨를 보면 고구마가 머리에 떠오르고, 손에는 따신 고구마를 쥐고 싶어지고, 가슴에는 따뜻한 사람의 정감이 느껴지지 않나. 결국 저 글씨는 어설프게 보이지만 저게 진짜고 내가 쓴 것은 죽어있는 글씨야. 즉 가짜란 말이야. 그러니까 내 글씨는 장난친 것밖에 아무것도 아니란 말이야"(『너를 보고 나는 부끄러웠네』 중에 나오는 김종철의 '나락 한 알 속의 우주'에서 재인용).

절실한 마음에서 진실이 나온다. 자식들을 데리고 살아야 하는 이가 절박한 심정으로 한 자 한 자 써내려간 글씨에서 장 선생님은 삶의 진실을 보고 있다. 온갖 필법을 연마한 끝에 써내려간 일필휘지보다도 군고구마 장사의 글씨야말로 사람의 마음을 움직인다.

하나님은 신학자들의 정교한 이론을 통해 이해할 수 있는 분이 아니라, 정직하고 절실한 이들의 마음에 다가오시는 분이시다.

"나는 주님을 내 집으로 모셔 들일만한 자격이 없습니다. 그저 한 마디 말씀만 해주십시오. 그러면 내 종이 나을 것입니다"(마태복음 8:8).

기적의 모태는 이런 자기 겸비와 절대적 신뢰이다. 주님은 백부장의 그런 신뢰에 대해 명쾌한 말씀으로 응답하신다. "가거라. 네가 믿은 대로 될 것이다." 성경은 바로 그 시각에 그 종이 나았다고 기록하고 있다. 이야기의 시작이 그러하듯이 마무리도 간결하다.

기도

하나님, 부정한 세상에 사는 동안 우리 가슴은 돌가슴으로 변했습니다. 이웃들이 고통을 겪는 것을 보면서도 그저 혀를 찰 뿐 어찌해야 할 바를 모릅니다. 외로운 이들은 홀로 외로움을 견디고, 괴로운 이들은 홀로 그 고통의 심연을 건너야 합니다. 그러나 주님은 그런 아픔을 외면하지 않으셨습니다. 인종, 종교, 문화, 계급, 민족 등 사람을 갈라놓는 인위적 장벽을 넘나들며 아픔을 치유하셨습니다. 종의 아픔을 차마 외면할 수 없었던 백부장의 마음이 주님의 사랑과 만나자 치유의 빛이 태어났습니다. 우리도 그 빛 안에 머물게 해주십시오. 아멘.

사랑의
레가토

생명은 소명이다

예수께서 큰 소리로 말씀하셨다. "나를 믿는 사람은 나를 믿는 것이 아니라 나를 보내신 분을 믿는 것이요, 나를 보는 사람은 나를 보내신 분을 보는 것이다. 나는 빛으로서 세상에 왔다. 그것은, 나를 믿는 사람은 아무도 어둠 속에 머무르지 않도록 하려는 것이다. 어떤 사람이 내 말을 듣고서 그것을 지키지 않는다 하더라도, 나는 그를 심판하지 아니한다. 나는 세상을 심판하러 온 것이 아니라 구원하러 왔다. 나를 배척하고 내 말을 받아들이지 않는 사람을 심판하시는 분이 따로 계시다. 내가 말한 바로 이 말이, 마지막 날에 그를 심판할 것이다. 나는 내 마음대로 말한 것이 아니다. 나를 보내신 아버지께서, 내가 무엇을 말해야 하고, 또 무엇을 이야기해야 하는가를, 친히 나에게 명령해 주셨다. 나는 그의 명령이 영생인 줄 안다. 그러므로 나는 무엇이든지 아버지께서 나에게 말씀하여 주신 대로 말할 뿐이다"(요한복음 12:44-50).

마틴 하이데거는 현대인들이 입구와 출구를 잃어버렸다고 말한다. 그래서 자신이 어디로 가는지 무엇을 하는지 왜 사는지도 모르고 산다는 것이다. 그것을 일러 '존재 망각'이라 한다. 자기를 잃고도 잃은 줄을 모르고 살기에, 자기를 되찾으려는 절박함 또한 없다. 먹고 마시고 입는 문제에 몰두할 따름이다. 기독교는 모든 생명이 하나님께로부터 온다고 고백한다. 그렇기에 생명을 가진 것들은 다 소중하다. 그 중에서도 인간은 영적 존재로서 하나님과 소통하며 살아가는 존재이다. 그래서 생명은 '소명召命'이다. 하나님은 우리를 이 세상에 보내시면서 할 일을 주셨다. 그 '할 일'이 뭔가 멀리서 찾을 것 없다. '지금, 여기'서의 삶에 충실하면 된다. 가까이 있는 이들을 돌보고, 북돋워주고, 함께 어울려 아름다운 세상을 만드는 일 말이다. 어려운 일도 많겠지만 할 일이 있는 한 우리는 살 수 있다.

쌍둥이 남매를 낳은 엄마가 있었다. 조금만 움직여도 견딜 수 없는 통증이 그를 괴롭혔다. 그런데 드레싱을 끝낸 간호사 선생이 병실을 나서면서 "내일 아침에 아기에게 젖을 먹여야 하니까 수유실로 내려오세요." 하고 말했다. 그 엄마는 다소 당황스러운 어조로 "내려갈 수 있을까 모르겠어요." 하고 대답했다. 그러자 간호사 선생은 단호하고도 분명하게 말했다. "할 수 있어요. 엄마니까." 기가 막힌 말 아닌

사랑의
레가토

가? 사람은 누군가에게 내가 필요한 존재라는 사실을 자각할 때 가장 큰 능력을 발휘한다. 하나님은 우리가 누군가에게 필요한 존재로 살아가기를 원하신다. 우리는 그런 일을 위해서 하나님으로부터 이 세상에 보냄을 받은 사람이기 때문이다.

잘산다는 것은 '보내신 분의 뜻'을 온전히 이루는 것을 의미한다. 예수님의 생은 보내신 분의 뜻을 이루려는 열망 하나로 점철되었다. 십자가는 하늘 아버지의 뜻을 살리기 위해 자신의 뜻을 꺾은 이의 처절하지만 아름다운 순종의 표상이다. 그의 마지막 말은 "다 이루었다"(요한복음 19:30)이다. 예수님의 죽음은 무력한 자의 패배가 아니라, 소명을 온전히 이룬 자의 귀환인 셈이다. 우리는 삶의 입구와 출구를 잘 안다. 우리는 하나님께로부터 왔다가 하나님께로 돌아가는 인생들이다. 그것이 언제일지는 아무도 모른다. 그렇기에 지금을 충실하게 살아내야 한다.

"나는 빛으로서 세상에 왔다." 이 한 마디는 예수님의 존재의 중핵이다. 초가 자기 몸을 태움으로 빛을 발하듯이 주님은 자신을 희생하심으로 영원의 등불을 밝히셨다. 세상길에서 방황하다가 삶의 지향을 잃어버린 자들을 찾아 구원하기 위해 고난의 가시밭길도 마다하지 않으셨다. 만나는 모든 사람들을 천하보다도 귀히 여기시며 그들이 자기 생명의 몫을 충분히 누릴 수 있도록 그들을 치유하고 힘을 북돋워 주셨다. 그 은총을 경험한 사람은 더 이상 어둠 가운데 머물 수 없다.

기도

하나님. '나는 누구이고 당신은 누구십니까?' 성 어거스틴이 바쳤던 이 기도가 우리의 기도입니다. 하루하루 분주한 일상에 치이며 살다보니 우리는 존재–망각 속에 갇히고 말았습니다. 세상에 대한 정보는 넘치지만 정작 우리가 왜 이 세상에 왔는지 잊고 말았습니다. '나는 빛으로서 세상에 왔다' 하신 주님의 말씀이 죽비처럼 우리 마음을 뒤흔듭니다. 주님을 믿고 따르는 우리들도 삶으로 빛을 밝혀야 함을 깨닫습니다. 주님, 세상이 어둡다고 투덜거리는 사람이 아니라 작은 등불이나마 밝혀드는 사람이 되게 해주십시오. 아멘.

사랑의
레가토

네 눈에서
들보를 빼내라

너희가 심판을 받지 않으려거든, 남을 심판하지 말아라. 너희가 남을 심판하는 그 심판으로 하나님께서 너희를 심판하실 것이요, 너희가 되질하여 주는 그 되로 너희에게 되어서 주실 것이다. 어찌하여 너는 남의 눈 속에 있는 티는 보면서, 네 눈 속에 있는 들보는 깨닫지 못하느냐? 네 눈 속에는 들보가 있는데, 어떻게 남에게 말하기를 '네 눈에서 티를 빼내 줄테니 가만히 있거라' 할 수 있겠느냐? 위선자야, 먼저 네 눈에서 들보를 빼내어라. 그래야 네 눈이 잘 보여서, 남의 눈 속에 있는 티를 빼 줄 수 있을 것이다(마태복음 7:1-5).

예수님은 모든 비판 혹은 판단을 금지하시는 것일까? 그렇지 않다. 예수님이 금하시는 심판 혹은 비판은 한 존재에 대한 미움과 멸시에서 비롯된 판단이다. 건전한 비판은 꼭 필요하다. 누군가로부터 질정叱正을 받지 않고는 우리 정신이 자랄 수 없다. 남에게 배울 생각이 없는 닫힌 정신만이 비판 받기를 두려워한다. 하지만 그것이 옳은 것이라 해도 모든 비판이 다 좋은 것은 아니다. 상대에 대한 존경과 애정이 없는 질정은 애초에 불가능하다. 물론 존경과 애정이 없는 비판이라고 해도 들을 귀가 있는 사람이라면 귀하게 받아들인다. 하지만 대부분의 사람들은 매정한 비판, 애정이 담기지 않은 비판 앞에 설 때 자기 방어적이 되게 마련이다. 자기 '에고'를 더욱 강화함으로써 자기를 지키려한다는 말이다.

생명이 자라기 위해서는 적당한 온도가 필요하듯이 존재의 변화는 사랑의 품 안에서만 일어난다. 오지랖은 넓지만 팔이 짧은 게 문제이다. 누군가를 껴안을 때 팔이 엿가락처럼 늘어나는 사람을 만나면 마음이 절로 흔흔해진다. 그러나 가시처럼 다가서는 이들에게 상처를 입히는 이들과 만나면 우리 영혼은 피투성이로 변한다. 예수님은 누군가의 허물을 들추어내고, 비판하기를 좋아하는 우리에게 말씀하신다. "어찌하여 너는 남의 눈 속에 있는 티는 보면서 네 눈 속에 있는 들보는 깨닫지 못하느냐"(마태복음 7:3).

이게 우리들의 모습이다. '티'와 '들보'는 매우 충격적인 대조이다. 흑백의 대비만큼이나 선명하다. 어쩌면 이것은 자기의 허물을 더 통렬하고 아프게 돌아보라는 말인지도 모르겠다. 우리는 남의 허물은 크게 보고, 자기 허물은 보지

사랑의
레가토

못하는 청맹과니처럼 살고 있다. 내게는 못나 보이는 사람도 하나님이 보시기에는 소중한 사람이다. 왠지 주는 것 없이 미운 사람도 다른 누군가에게는 사랑스런 사람이다. 이 마음 혹은 이 눈 하나 얻지 못해 인생이 무겁다.

인도 사람인 비노바 바베는 부단 운동을 전개했다. 부단 운동이란 지주들로 하여금 땅 없는 사람들을 위해 땅의 일부를 헌납하도록 하는 운동이다. 그는 부자들에게 만일 아들이 다섯이라면 여섯이라고 생각하고 땅을 여섯으로 나눠 그 한 몫을 가난한 사람들에게 주라고 권고했다. 거의 불가능한 제안처럼 보이지만 그는 많은 땅을 헌납 받아 가난한 사람들을 정착시켰다. 부자들을 설득하면서 많은 어려움을 겪었지만 그는 그 일을 중단하지 않았다. 그것은 옳은 일이고, 아름다운 일이었기 때문이다. 그는 사람들 속에 있는 선의 씨앗을 보았고, 그것이 싹을 틔우도록 도왔다.

"내가 지주를 만날 때도 마찬가지입니다. 그에게는 많은 잘못과 단점이 있고, 그의 이기심은 높은 담벼락처럼 완강합니다. 하지만 그에게도 작은 문이 있습니다. 그의 마음에 선량함이 남아 있는 것입니다. 문을 찾을 의지만 있다면 당신은 당신 자신의 이기심을 극복하고 그의 삶 안으로 들어갈 수 있습니다."

어떤 사람을 대할 때 마치 담벼락 앞에 서있는 것처럼 암담할 때도 있다. 하지만 그의 마음에도 작은 문은 있게 마련이다. 그 문을 찾지 못하는 것은 우리의 무지와 무능 때문이다. 형제의 눈에서 티끌이 아니라 눈물을 볼 수 있을 때 우리는 비로소 하나님 나라의 일꾼이 될 수 있다.

기도

하나님, 어느 시인은 "남의 상처에 들어앉아 그 피를 빨아 사는 기생충이면서 아울러 스스로 또한 숙주"(정현종)인 인간이 두루 불쌍하다고 말합니다. 우리는 가끔 남을 비난하고 비판함으로 자신의 정당성을 입증하려는 유혹에 시달립니다. 남들이 내게 가하는 비판은 아파하면서도 내가 남에게 가하는 비판에 가차가 없는 것은 우리 속에 빛이 없기 때문입니다. 주님, 이웃들의 부족함을 채워줄 따뜻한 마음을 주십시오. 이웃들 속에 숨겨진 아름다움을 볼 수 있는 눈을 열어주십시오. 아멘.

사랑의
레가토

지나침을 경계하라

헛된 세월을 사는 동안에, 나는 두 가지를 다 보았다. 의롭게 살
다가 망하는 의인이 있는가 하면, 악한 채로 오래 사는 악인도
있더라. 그러니 너무 의롭게 살지도 말고, 너무 슬기롭게 살지
도 말아라. 왜 스스로를 망치려 하는가? 너무 악하게 살지도 말
고, 너무 어리석게 살지도 말아라. 왜 제 명도 다 못 채우고, 죽
으려고 하는가? 하나를 붙잡되, 다른 것도 놓치지 않는 것이 좋
다. 하나님을 두려워하는 사람은 극단을 피한다(전도서 7:15-18).

세상살이의 경험이 많은 코헬렛(전도자)은 삶이 생각처럼 단
순하지 않다는 사실을 잘 이해하고 있다. 의롭게 살다가 망
하는 사람도 있고, 악한 채로 오래 사는 악인도 있더라는 것
이다. 이 불균형은 우리의 도덕 감정을 뒤흔들고 신의 존재
를 회의하게 만들기도 한다. 전도서 기자는 하나님의 뜻대
로 살려는 마음이 실종된 이 세상에서 "너무 의롭게 살지도

말고, 너무 슬기롭게 살지도 말아라"(전도서 7:16)고 권고한다. 적당히 세상 눈치나 보며 손해나지 않을 길을 택하라는 말일까? 그런 것은 분명 아닐 것이다. 그가 경고하려는 것은 '지나침'이다.

그가 말하는 '너무 의롭게 사는 사람'은 어떤 사람일까? 너무하다 싶을 정도로 자기에게 성실한 사람이다. 그는 옳고 그름이 분명하다. 그래서 깨끗하다. 하지만 그에게도 문제가 있다. 그는 자기가 자신에게 부과한 성실성이라는 이미지에 얽매인 채 살기에 늘 긴장상태에 있다. 자기 자신을 꾸짖고 탓하며 살다보니 다른 이들을 돌아볼 여백이 없다. 맑은 물에는 고기가 살 수 없다지 않던가. 그가 하는 말은 사사건건 지당한 말씀이고, 그의 행동은 나무랄 데 없지만, 그는 누군가의 품이 되어주지는 못한다. 바리새인들이야말로 너무 의롭게 사는 사람들이었다. 그들은 옳고 그름이라는 자기 기준을 가지고 사람들을 잰다. 거기에는 여백이 없다.

하지만 예수님은 긍휼과 자비의 자를 가지고 사람들을 대하셨다. 그래서 상대의 장점을 잴 때는 마음이 푼푼하지만, 허물을 잴 때는 눈이 어두운 듯 보인다. 바리새인이나 율법학자들이 보기에는 예수님이 기준이 분명치 않은 사람처럼 보였을 것이다. 하지만 예수님이 마련한 그런 헐거운 틈 사이로 생명의 바람이 불어오자 생명의 싹이 움터 나왔고, 그 싹이 자라 하나님 나라의 꿈이 되었다. 많은 이들이 예수님을 따랐던 것은 예수님에게서 느껴지는 그런 여백 때문이 아닐까?

살다보면 때로는 경계선 밖으로 걸어 나가야 할 때도 있다. 영화 〈사운드 오브 뮤직〉에서 수녀들은 유대인들을 탈출시키기 위해서 나찌의 군인들에게 선의의 거짓말을 한다. 수녀들이 거짓말을 했다고 해서 그들의 경건이 깨진 것은 아닐 것이다. 거짓말을 하지 않기 위해 사람들을 위기에 빠뜨린다면 그것은 '지나침'의 잘못을 범하는 것이다. 지나치게 의로운 것도 문제이고, 지나치게 악한 것도 문제이다. 하나님을 경외하는 사람은 극단을 피한다. 극단은 늘 누군가에게 상처를 입히게 마련이다. 극단에 서면 자기와 다른 생각이나 삶의 방식을 가진 이를 품지 못한다. 나와 다르다고 하여 틀린 것은 아니다. 질서와 혼돈이 섞여 있는 게 하나님께서 창조하신 세상이다.

하나님. 세상에는 알 수 없는 것 투성이입니다. 오늘 옳게 보이는 것이 내일은 그른 것으로 판명나기도 하고. 오늘 그릇된 것처럼 보이는 것이 내일은 옳게 판명나기도 합니다. 우리는 늘 시대의 한계, 인식의 한계 속에서 살아갑니다. 그 한계를 인정하는 일이 쉽지만은 않습니다. 선악과를 따먹은 인간은 누구나 다른 이들의 판관이 되고 싶어 합니다. 주님. 우리에게 겸허한 마음을 심어 주십시오. 하나님을 경외하는 마음을 품고 이웃들을 대하게 해주십시오. 여백이 없는 답답한 사람이 아니라 분명한 입장을 갖고 살면서도 여백이 큰 사람이 되게 해주십시오. 아멘.

사랑할 자유

형제자매 여러분, 하나님께서는 여러분을 부르셔서, 자유를 누리게 하셨습니다. 그러나 여러분은 그 자유를 육체의 욕망을 만족시키는 구실로 삼지 말고, 사랑으로 서로 섬기십시오. 모든 율법은 "네 이웃을 네 몸과 같이 사랑하여라" 하신 한 마디 말씀 속에 다 들어 있습니다. 그런데 여러분이 서로 물어뜯고 잡아먹고 하면, 피차 멸망하고 말 터이니, 조심하십시오(갈라디아서 5:13-15).

갈라디아서의 주제는 자유이다. '자유'의 사전적 정의는 "남에게 구속을 받거나 무엇에 얽매이지 않고 제 마음대로 행동함" 혹은 "남으로부터 규정·구속·강제·지배를 받지 않는 일"이다. 부활하신 그리스도와 만난 바울은 자신의 삶이 율법의 강제와 지배 속에서 살아온 삶이었음을 절감했다. 그는 율법 너머의 세계를 알지 못했던 것이다. 주님이 눈에서 비늘을 벗겨내시자 그의 눈앞에 전혀 새로운 세상이 열렸다. 무엇을 해도 늘 답답하기만 했던 가슴이 툭 터지는 느낌이었을 것이다. 늘 율법의 감시 아래 조마조마한 마음으로 살던 그가 이제는 새처럼 자유롭게 날아오르게 된 것이다.

하지만 그리스도 안에서 참 자유를 얻은 사람은 자기 좋을 대로 살지 않는다. 배려 혹은 돌봄이야말로 그리스도인 됨의 핵심이다. 그는 아무 것에도 매이지 않지만, 다른 이들을 위해 자기 자유를 기꺼이 유보하기도 한다. 그리스도인이 누리는 자유는 사랑의 빛깔로 채색되게 마련이다. 힘이 없어서 내 의지와 상관없이 누군가의 뜻을 따라야 할 때 우리에게 남는 것은 굴욕감이다. 하지만 사랑 때문에 스스로 종노릇할 때 우리에게 남는 것은 기쁨이다. 칭얼대는 손자를 업어주기 위해 무릎을 굽히는 할머니는 굴욕감을 느끼지 않는다.

만해 한용운은 〈복종服從〉이라는 시에서 "남들은 자유를 사랑한다지마는, 나는 복종을 좋아하여요./자유를 모르는 것은 아니지만, 당신에게는 복종만 하고 싶어요./복종하고 싶은데 복종하는 것은 아름다운 자유보다도 달콤합니다./그것이 나의 행복입니다"라고 노래한다.

바로 이것이 우리가 주님 안에서 누리는 자유의 실체이

다. 바울은 "모든 율법은 '네 이웃을 네 몸과 같이 사랑하여라' 하신 한 마디 말씀 속에 다 들어 있습니다"(갈라디아서 5:14)라고 말한다. 유대인들은 율법을 613개 조문으로 분류한다. 그 중에서 "하라"의 형태로 된 계명이 248개이고, "하지 말라"의 형태로 된 것이 365개이다. 248이라는 수는 사람 몸을 이루고 있는 부분의 합이고, 365는 일 년을 뜻한다. 그러니까 613개의 율법 조문은 하루하루 온몸과 마음을 다해 사랑을 실천하라는 요구이다.

그렇다면 어떻게 사랑해야 할까? 우리 속에 있는 사랑의 샘물이 말라 버린다면 사랑은 불가능하다. 하지만 복음성가의 노랫말처럼 "사랑을 줄 수 없을 만큼 가난한 사람"은 없다. 저절로 되는 사랑이 가장 좋겠지만, 아직 거기에 이르지 못했다면 '하는 사랑'을 해야 한다. 노력한다 하여 싫은 사람을 좋아할 수는 없겠지만 사랑할 수는 있다. 사랑은 의지적인 행위이기 때문이다. 무거운 짐을 싣고 험한 길을 달린 수레보다 세워둔 수레가 더 빨리 망가진다 한다. 사랑도 훈련이다. 그러나 더욱 중요한 것은 하늘의 샘을 우리 마음에 모시는 일이다. 예수님의 마음이야말로 마르지 않는 하늘 샘이 아니던가.

하나님, 우리를 자유의 길로 인도해주셔서 감사합니다. 세상에는 우리를 붙들고 놓아주지 않는 것들이 많습니다. 버리고 떠나면 그만이지만, 세상은 끊임없이 우리 속에 공포를 주입하기에 우리는 주저주저하며 옛 생활에 묶인 채 살아갑니다. 이제는 복음이 주는 참된 자유를 누리고 싶습니다. 명랑하고 천진하게 생을 대하고, 맑고 깊은 사랑으로 사람들을 대하고 싶습니다. 이런 우리의 꿈을 포기하지 않도록 우리를 지켜주십시오. 그리고 우리 속에서 사랑의 샘물이 고갈되지 않도록 하늘의 숨을 불어넣어 주십시오. 아멘.

예수님이 가장 미워하시는 것은 '자기 의'이다. 잘 믿는다고 하는 사람들 가운데는 남을 정죄하는 데 재빠르고, 편협하고 공격적인 이들이 많다. 외적으로 보면 열정적 신앙인이지만 그런 열정이 '사랑과 온유와 겸손'에 기초하지 않을 때는 심각한 문제가 발생한다. 그들은 영적인 듯 보이지만 사실은 육적인 사람들이다.

Monday ～～～

Tuesday ～～～

Wednesday ～～～

사랑의
레가토

Thursday ~~~~~

Friday ~~~~~

Saturday ~~~~~

Sunday ~~~~~

상처를 무늬로 바꾸라

배를 타고 바다로 내려가서, 큰 물을 헤쳐 가면서 장사하는 사람들은, 주님께서 하신 행사를 보고, 깊은 바다에서 일으키신 놀라운 기적을 본다. 그는 말씀으로 큰 폭풍을 일으키시고, 물결을 산더미처럼 쌓으신다. 배들은 하늘 높이 떠올랐다가 깊은 바다로 떨어진다. 그런 위기에서 그들은 얼이 빠지고 간담이 녹는다. 그들이 모두 술 취한 사람처럼 비틀거리며 흔들리니, 그들의 지혜가 모두 쓸모없이 된다. 그러나 그들이 고난 가운데서 주님께 부르짖을 때에, 그들을 곤경에서 벗어나게 해주신다. 폭풍이 잠잠해지고, 물결도 잔잔해진다. 사방이 조용해지니 모두들 기뻐하고, 주님은 그들이 바라는 항구로 그들을 인도하여 주신다(시편 107:23-30).

예기치 않은 풍랑이 우리 인생의 항해를 힘들게 만들곤 한다. 내 힘으로는 어떻게 해볼 도리가 없는 순간, 우리는 부르짖지 않을 수 없다. 비통한 울음일 수도 있고, 누군가를 향한 악다구니일 수도 있고, 넋을 잃고 하늘을 바라보기도 한다. 영문을 알 수 없는 압도적 시련을 겪는 이들의 절박한 처지를 시인은 이렇게 표현한다.

"그는 말씀으로 큰 폭풍을 일으키시고, 물결을 산더미처럼 쌓으신다. 배들은 하늘 높이 떠올랐다가 깊은 바다로 떨어진다. 그런 위기에서 그들은 얼이 빠지고 간담이 녹는다. 그들이 모두 술 취한 사람처럼 비틀거리며 흔들리니, 그들의 지혜가 모두 쓸모없이 된다"(시편 107:25-27).

얼이 빠지고 간담이 녹는 것 같은 상황, 지금까지의 경험과 지혜가 모두 쓸모없게 되는 상황을 만날 때 우리가 할 수 있는 일은 무엇일까? 어떤 이는 자포자기의 심정이 되어 체념하고, 어떤 이는 생을 저주하고, 어떤 이는 파괴적인 태도를 보인다. 하지만 그 곤경의 순간이야말로 인간 본연의 자리로 돌아가야 할 때이다. '질병, 고통, 유한함의 자각, 죽음' 등의 한계상황은 우리 실존의 비약을 가능케 하는 토대가 되기도 한다. 비본래적인 것에 팔렸던 마음을 되찾고, 본래적인 것에 집중할 수 있다면, 고통은 '복된 고통'이 된다.

감나무 가지는 유난히 잘 부러진다. 감을 딸 때 가지를 꺾게 되는 데, 가지마다 입은 상처로 빗물 같은 것이 스며들어가면 검게 뭉쳐진 듯한 무늬가 만들어진다. 그게 사람들이 말하는 먹감나무의 무늬이다. 사람들은 그걸 귀하게 여겨 목공예 재료로 쓰기도 하고 고급 가구를 만들기도 한다. 상처를 무늬로 만드는 것, 바로 그것이 믿음이 아니겠는가. 전우익 선생님의 말씀이 기억난다.

"소나무는 상처를 관솔로 만들고 감나무는 아름다운 무늬로 만드는데 우리도 상처로 좌절하지 말고 상처를 딛고 보다 나은 사람, 보다 나은 민족이 되어야겠다고 여겨요."

삶은 본래 힘들다. 정도의 차이는 있겠지만 누구에게나 마찬가지이다. 삶이 힘겹다 하여 주저앉아 버리면 사는 보람을 느낄 수 없다. 고통을 아름다운 노래로 바꿀 수 있어야 한다. 하나님은 직간접적으로 우리를 보살피실 뿐만 아니라, 우리 속에 힘을 불어 넣어 상처를 무늬로 만들 수 있게 하신다. 흙을 빚어 아름다운 도자기를 빚는 도공처럼 고통과 슬픔의 재료를 가지고 아름다운 인격을 빚어내는 사람들이 있다. 고통의 바다를 비추는 등대의 불빛이 된 사람들이다.

"그러나 그들이 고난 가운데서 주님께 부르짖을 때에, 그들을 곤경에서 벗어나게 해주신다. 폭풍이 잠잠해지고, 물결도 잔잔해진다. 사방이 조용해지니 모두들 기뻐하고, 주님은 그들이 바라는 항구로 그들을 인도하여 주신다"(시편 107:28-30).

사랑의
레가토

하나님. 얼이 빠지고 간담이 녹는 것 같은 일을 만날 때마다 '우리가 참 작구나' 자탄하지 않을 수 없습니다. 그렇게도 든든하게 우리를 지켜줄 줄 알았던 것들이 다 지푸라기 인형처럼 변할 때 우리는 비로소 하나님을 향해 눈을 듭니다. 자비롭고 은혜로우시며 노하기를 더디하고 한결같은 사랑과 진실이 풍성하신 하나님께 우리 삶을 맡길 때, 우리 마음은 잔잔해집니다. 풍랑이 지나갔다 하여 이 마음을 잃어버리지 않도록 지켜주시고. 소원의 항구로 우리를 이끌어 주십시오. 아멘.

붓글씨 쓰는 이치처럼

형제자매 여러분, 어떤 사람이 어떤 죄에 빠진 일이 드러나면, 성령의 인도하심을 따라 사는 사람인 여러분은 온유한 마음으로 그런 사람을 바로잡아 주고, 자기 스스로를 살펴서, 유혹에 빠지지 않도록 조심하십시오(갈라디아서 6:1).

바울 사도는 어떤 죄에 빠진 사람을 우리가 어떻게 대해야 할지를 가르친다. 우리가 성령의 인도하심을 따라 사는 사람이라면 '온유한 마음으로 그런 사람을 바로잡아 주어야 한다'는 것이다. 형제자매의 잘못을 보고 아무 일도 없었던 것처럼 눈을 질끈 감아주는 것이 곧 사랑은 아니다. 경우에 따라서는 그가 돌이킬 수 있도록 시간과 기회를 주어야 하겠지만, 잘못을 저지르고도 깨닫지 못하는 경우에는 그를 바른 길로 인도해야 할 책임이 우리에게 있다. 바로잡아 준다는 것은 비난이나 정죄가 아니다. 바울은 '바로잡아 주라'

사랑의

레가토

는 말 앞에 '온유한 마음으로'라는 전제를 달고 있다. 온유한 마음은 흙humus, 腐植土과 같은 마음이다. 흙은 자기 속으로 모든 것을 받아들이면서도 스스로 더러워지지 않는다. 그런 마음이 아니고는 우리는 어떤 사람을 변화시킬 수 없다.

사람들은 남의 잘못을 지적하는 것을 좋아한다. 남의 잘못을 드러냄으로써 은연중에 자기의 의로움을 드러낼 수 있다고 생각하기 때문이다. 교만한 마음과 허영심은 함께 다닌다. 경멸하고 눈을 흘기는 것은 약자의 태도이다. 정신적으로 강한 사람은 형제자매의 잘못을 진심으로 아파하고, 그를 바른 길로 인도하기 위해 최선을 다한다. 교회는 의로운 사람들만 있는 것이 아니다. 욕심 많은 사람도 있고, 이기적인 사람도 있고, 공격적인 사람도 있다. 우리에게 중요한 것은 조화이다. 그들은 있어야 할 자리를 찾지 못한 사람들이다. 그가 마땅히 있어야 할 자리를 찾아주는 것이 사랑이다. 신영복 선생님은 붓글씨 쓰는 이야기를 통해 이런 진실을 드러낸다.

예를 들어 붓으로 첫 획劃을 잘못 그었을 경우 어떻게 해야 할까? 각도가 비뚤어졌다거나 생각보다 획이 굵게 그어졌다면, 그때부터 비상체제에 돌입하게 된다. 지우고 다시 쓸 수는 없으니까, 그 다음 획으로 첫 획의 잘못을 커버해야 한다는 것이다. 그래도 안 되면 그 다음 글자로 결함을 커버하지 않을 수 없다. 한 글자의 결함은 그 다음 글자, 또는 그 다음다음 글자를 통해 보완해야 하고, 한 행行의 결함은 그 옆에 있는 행으로써 보완해야 한다. 중요한 것은 전체의 조화이다.

어쩌면 이것이 공동체의 구성 원리인지도 모르겠다. 우리 형제자매가 잘못을 저질렀다면 그의 잘못을 커버하기 위해 노력해야 한다. 그래서 그도 전체의 틀 속에서 자기 몫을 충분히 해낼 수 있도록 도와주어야 한다. 한 획과 획이 서로 기대는 것, 모든 글자와 글자가 서로 돕는 상태, 방서傍書나 낙관落款까지도 전체의 균형에 참여하는 그런 한 폭의 글씨처럼, 교회는 그런 사랑의 공동체가 되어야 한다. 이런 일이 가능할까? 허영심에 가득 찬 사람, 자기 욕망을 하나님처럼 섬기며 사는 사람은 그럴 수 없다. 오직 "성령의 인도하심을 따라 사는 사람"만이 그렇게 할 수 있다.

사랑의
레가토

기도

하나님, 우리는 자기의 잘못에 대해서는 관대하고 다른 이들의 잘못에 대해서는 가혹한 판관이 되곤 합니다. 우리가 누군가를 함부로 정죄하는 것은 그를 깊이 알지 못하기 때문인지도 모르겠습니다. 연루되는 게 싫어서, 혹은 관계가 틀어질까봐 형제자매의 잘못을 보면서도 모른 체 할 때도 있습니다. 그러나 주님은 온유한 마음으로 그런 이들을 바로잡아 주어야 한다고 말씀하십니다. 주님의 마음이 우리 속에 강물처럼 흐를 때만 할 수 있는 일입니다. 주님, 우리 속에 주님의 마음을 심어주십시오. 아멘.

화어,
복이 네게 기대어 있구나

롯이 아브람을 떠나간 뒤에, 주님께서 아브람에게 말씀하셨다. "너 있는 곳에서 눈을 크게 뜨고, 북쪽과 남쪽, 동쪽과 서쪽을 보아라. 네 눈에 보이는 이 모든 땅을, 내가 너와 네 자손에게 아주 주겠다. 내가 너의 자손을 땅의 먼지처럼 셀 수 없이 많아지게 하겠다. 누구든지 땅의 먼지를 셀 수 있는 사람이 있다면, 너의 자손을 셀 수 있을 것이다. 내가 이 땅을 너에게 주니, 너는 가서, 길이로도 걸어 보고, 너비로도 걸어 보아라." 아브람은 장막을 거두어서, 헤브론의 마므레, 곧 상수리나무들이 있는 곳으로 가서, 거기에서 살았다. 거기에서도 그는 주님께 제단을 쌓아서 바쳤다(창세기 13:14-18).

기근을 피해 애굽에 내려갔던 아브람은 큰 부자가 되어 벧엘 인근으로 돌아오게 되었다. 그곳은 아브람이 처음으로 단을 쌓고 하나님께 예배를 드렸던 곳이다. 그런데 한 가지

사랑의
레가토

곤란한 문제가 생겼다. 조카인 롯도 역시 재산이 늘어서, 삼촌과 조카가 함께 거주하기에는 그 땅이 비좁았던 것이다. 그들은 가나안 사람들이 추수를 끝낸 여름 들판에서 방목을 하는 유목민들이었는데, 풀밭을 확보하고 가축에게 먹일 물을 확보하는 것은 각 집단의 생존이 걸려 있는 문제였기에 목자들 간에 다툼이 일어나곤 했다. 그런 일이 반복되자 아브람은 해결책을 모색한다. 문제가 있는 것을 없는 양 덮어두는 것이 능사가 아니다. 시간이 해결해 줄 수 있는 갈등도 있지만, 시간이 갈수록 악화될 수 있는 갈등도 있다. 그런 경우에는 당사자들이 힘들더라도 문제에 직면해야 한다. 그래야 해결의 실마리를 찾을 수 있다.

아브람은 목자들 사이의 다툼이 자칫하면 숙질(叔姪)간의 갈등으로 비화될 수 있음을 알았기에 조카 롯을 부른다. 그리고 '혈육 간에는 다투면 안 된다'는 대전제 아래, 둘 사이의 갈등을 피하는 길은 서로 독립된 생활을 시작하는 것이라고 말한다. 아브람은 롯에게 선택권을 준다. "네가 왼쪽으로 가면 나는 오른쪽으로 가고, 네가 오른쪽으로 가면 나는 왼쪽으로 가겠다"(창세기 13:9). 사람들은 여기서 아브람의 인간성을 보지만 사실은 가속을 책임진 사람이 취해야 할 책임성을 드러낸 것으로 보아야 한다.

롯은 삼촌의 말이 합당하다고 여겨 여기저기를 둘러본

다. 요단 온 들판이, 소알에 이르기까지 물이 넉넉하여 마침 주님의 동산 같아 보였고, 이집트 땅과도 같아 보였다. 그는 주저 없이 그곳을 택한다. '형님 먼저, 아우 먼저' 식의 미담을 기대하는 우리에게 롯의 선택은 매우 유감스럽다. 그래서 어떤 이들은 요단 들을 바라보는 롯의 시선을 선악과를 바라보는 하와의 시선에 빗대어 말하기도 한다. 성서 기자는 롯의 선택이 그다지 현명한 것이 아니었음을 넌지시 드러낸다. "아직 주님께서 소돔과 고모라를 멸망시키기 전이었다"는 말이 그것이다.

알 수 없는 게 인생이다. 그래서 노자는 "화여, 복이 너에게 기대어 있구나. 복이여, 화가 네 속에 엎드려 있구나. 누가 그 끝을 알리요? 禍兮(화혜)여 福所倚(복소여)요 福兮(복혜)여 禍所伏(화소복)이니 孰知其極(숙지기극)"(『도덕경』 58장) 하고 탄식했다. 복과 화가 뿌리부터 뒤엉켜 있는 것이라면 복을 구하는 것도 화를 피하는 것도 어찌 보면 부질없는 일이다. 중요한 것은 하나님을 중심에 모시고 살아가는 것이다. 롯이 떠난 후에 하나님은 아브람을 불러 "너 있는 곳에서 눈을 크게 뜨고, 북쪽과 남쪽, 동쪽과 서쪽을 보라"고 하신다. 하나님은 아브람의 눈길이 닿는 모든 땅을 그와 그의 자손들에게 아주 주겠다고 약속하신다. 아브람이 머물러 살게 된 그 땅은 '헤브론'이었다. 헤브론은 '하나님의 친구의 도시'라는 뜻이다.

사랑의
레가토

기도

하나님, 오랫동안 친밀하게 지내던 사람들이 이익이 걸린 문제 앞에서 등을 돌리는 일이 많습니다. 이익과 손해를 계산하는 마음이 인간관계를 규정지을 때 우정은 가뭇없이 스러지고 맙니다. 롯은 철부지였을지 모르지만 악한 사람은 아니었습니다. 우리는 그를 비난할 수 없습니다. 우리도 일쑤 그런 선택을 하기 때문입니다. 자기의 기득권을 내려놓으면서도 원망에 빠지지 않는 사람만이 평화를 만들 수 있음을 압니다. 주님, 우리 속에서 생명과 평화의 꿈이 소멸되지 않게 해주십시오. 아멘.

죽원옹竹園翁, 불이당不移堂

> 아주 이른 새벽에, 예수께서 일어나서 외딴 곳으로 나가셔서, 거기에서 기도하고 계셨다. 그 때에 시몬과 그의 일행이 예수를 찾아 나섰다. 그들은 예수를 만나자 "모두 선생님을 찾고 있습니다" 하고 말하였다. 예수께서 그들에게 말씀하셨다. "가까운 여러 고을로 가자. 거기에서도 내가 말씀을 선포해야 하겠다. 나는 이 일을 하러 왔다." 예수께서 온 갈릴리와 여러 회당을 두루 찾아가셔서 말씀을 전하고, 귀신들을 쫓아내셨다(마가복음 1:35-39).

예수님이 기도로 하루를 열고 있을 때 잠에서 깨어난 시몬은 일행과 함께 예수님을 찾아 나선다. 그리고 말한다. "모두 선생님을 찾고 있습니다." 이 말에는 어떤 설렘이 담겨 있다. 베드로는 한 번도 사람들의 시선을 끈 적이 없는 평범한 사람이었을 것이다. 그런 그에게 사람들의 시선이 쏠린다. 베드로는 그런 시선이 불편하지 않았다. 내가 지금 역사의 중심에 서 있다는 묘한 자부심을 느꼈는지도 모를 일이다. 베드로는 사람들의 필요에 응답하기 위해 빨리 그들에게 돌아가자고 예수님을 채근한다. 하지만 예수님의 반응은 뜻밖이다. "가까운 여러 고을로 가자. 거기에서도 내가 말씀을 선포해야 하겠다. 나는 이 일을 하러 왔다"(마가복음 1:38).

주님은 사람들의 성급한 기대와 환호가 있는 곳으로 돌아가지 않는다. 오히려 그들을 피하신다. 그들 곁에 머물면 인기에 편승해 편하게 살 수 있을지도 모른다. 하지만 그것은 소명에 대한 배신이다. 주님은 사람들의 환호성이라는 것이 얼마나 덧없는 것인지를 잘 아신다. 종려나무 가지를 들고 나와 '호산나'를 외치며 반기던 이들이 '예수를 십자가에 못 박으라'고 외치는 군중으로 바뀌었음을 우리는 잘 안다. 사람들의 환호에 마음을 주었다가는 중심을 잃게 마련이다. 예수님은 하나님의 말씀을 전하고, 사람들의 생명을 온전케 하기 위해 외롭고 고단하고 팍팍한 길 위의 생을 택하신다.

조선 시대의 선비인 사함 유한렴士涵 劉漢廉은 자신의 호를 죽원옹竹園翁이라 짓고, 집에는 불이당不移堂이라는 편액을 걸었다. 그런데 정작 그의 집에는 대나무 동산은커녕 한 그루의 대나무도 없었다. 그 이야기를 듣고 연암 박지원은 글을 지었다. 대나무 한 그루 없어도 그 가슴 속에 대나무를 지니고 있을진대 그는 죽원옹이 맞고, 그 가슴 속에 상황에 따라 흔들리지 않는 '불이不移'의 기상을 지니고 있기에 사람의 집은 불이당이 맞다는 것이다. 연암은 이렇게 글을 마친다. "아! 여보게 사람. 추운 겨울이 되면 내 장차 그대의 집에 올라보고, 그대의 동산을 거닐면서 눈 속에 서걱이는 대바람 소리를 듣고 싶네 그려. 허락해 주겠는가?"

주님이야말로 죽원옹이시다. 예수님의 마음이야말로 불이당이다. 어떤 시련이 닥쳐와도, 어떤 달콤한 유혹이 다가와도 하나님의 뜻을 수행하려는 주님의 마음은 흔들리지 않았으니 말이다. 우리는 그런 예수님의 삶과 죽으심을 길로 삼은 사람들이다. 그 길을 따라 걸으며 생명을 온전케 하는 것이 우리의 소명이다. 그럴 수 있기 위해서는 시시때때로 멈춰 서서 주님 앞에 앉아야 한다. 사랑의 실천과 기도가 날숨과 들숨처럼 이어질 때 우리는 영혼이 맑은 사람, 하늘에 속한 사람이 된다.

사랑의
레가토

하나님, 살랑살랑 불어오는 바람이 얼굴을 스치면 행복해하다가도, 거친 바람을 만나면 마치 큰일이라도 난 것처럼 호들갑을 떠는 우리를 불쌍히 여겨주십시오. 기쁨도 슬픔도 우리 삶의 일부임을 겸허히 받아들일 수 있게 해주시고, 사람들의 변덕스런 평판을 따라 춤추다가 삶의 리듬을 잃지 않게 해주십시오. 하나님의 뜻을 행하려다 어려움을 겪어도 투덜거리지 않게 해주시고, 사람들의 덧없는 칭찬에 마음을 빼앗기지 않게 해주십시오. 주님과 함께 주님을 향해 나아가는 순례자의 본분을 잃지 않게 해주십시오. 아멘.

우리가 인간의 대표

> 누가 스스로 경건하다고 생각하면서도, 혀를 다스리지 않고 자기 마음을 속이면, 이 사람의 신앙은 헛된 것입니다. 하나님 아버지께서 보시기에 깨끗하고 흠이 없는 경건은, 고난을 겪고 있는 고아들과 과부들을 돌보아주며, 자기를 지켜서 세속에 물들지 않게 하는 것입니다(야고보서 1:26-27).

하고 싶은 말을 다 하고 살 수는 없다. 사람들 사이를 갈라 놓는 것은 침묵이 아니라 과잉된 말이다. 사도는 그래서 혀에 재갈을 물리라고 말한다. 누군가를 교정하려는 욕망에서 발화된 말은 상대의 가슴에 상처를 내기 일쑤다. 자기기만은 영적 천박함의 뿌리이다. 떳떳하게 살지 못하는 사람일수록 슬픈 자기 위안에 집착한다. 혀에 재갈을 물리고 자기기만을 경계하는 것이 신앙생활의 내적 태도라면, 다른 이들과 섞여 살아가는 삶에서는 경건이 어떻게 표현되어야 할까? 야고보는 그것을 매우 세속적인 방식으로 기술하고 있다.

"하나님 아버지께서 보시기에 깨끗하고 흠이 없는 경건은, 고난을 겪고 있는 고아들과 과부들을 돌보아주며, 자기를 지켜서 세속에 물들지 않게 하는 것입니다"(야고보서 1:27).

세속에 물들지 않아야 한다는 말은 이해할 수 있다. 다만 우리의 눈길을 끄는 것은 깨끗한 마음으로 하나님을 섬긴다는 것이 고아와 과부를 돌보는 것과 동일시되고 있다는 사실이다. 이 말을 뒤집으면 어려운 사람들을 돌보지 않으면서 하나님을 잘 섬긴다고 말하는 것은 거짓이라는 명제가 성립된다. 섬김과 돌봄이 어떻게 일치될 수 있을까? 재미있는 사실은 '섬길 事'가 '일 事'와 같은 글자라는 사실이다. 섬기면 섬기는 대상을 위해 일을 해야 한다. 하나님의 일이란 무엇보다 생명을 풍성하게 하는 일이라 할 수 있다. 연약해진 생명을 북돋워 일으키고, 일그러진 생명을 온전케 하는 것 말이다. 세상의 모든 아픔에 개입할 수는 없더라도 지금 내 앞에 있는 이들의 요구에 응답할 수는 있지 않을까?

사무엘 베케트의 『고도를 기다리며』는 참 난해하다. 이 희곡은 누군지도 모르고, 언제 온다는 기약조차 없는 고도

Godot를 기다리는 두 사람의 이야기이다. 그들은 막연히 기다린다. 기다림의 시간이 너무 지루해서 쓸데없는 말장난을 해보기도 하고, 신을 벗으려고 애를 써보기도 하고, 그러다가 나무에 목을 맬까 생각하기도 한다. 그런데 그들은 어느 순간 "살려달라"는 외침을 듣는다. 앞을 못 보는 포조라는 인물의 외침인데, 그 소리를 듣고 두 사람 가운데 하나인 블라디미르는 고민 끝에 에스트라공에게 말한다.

"공연한 얘기로 시간만 허비하겠다. (사이, 열띤 소리로) 자, 기회가 왔으니 그 동안에 무엇이든 하자. 우리 같은 놈들을 필요로 하는 일이 항상 있는 건 아니니까. 솔직히 지금 꼭 우리보고 해달라는 것도 아니잖아. 다른 놈들이라도 우리만큼은 해낼 수 있을 테니까. 우리보다 더 잘할 수도 있을걸. 방금 들은 살려달라는 소리는 인류 전체에게 한 말일 거야. 하지만 지금 이 자리엔 우리들뿐이니 싫건 좋건 그 인간이 우리란 말이다. 그러니 너무 늦기 전에 그 기회를 이용해야 해. 불행히도 인간으로 태어난 바에야 이번 한 번만이라도 의젓하게 인간이란 종족의 대표가 돼보자는 거다."

살려달라는 포조의 외침은 특정한 대상을 향한 것이 아니다. 하지만 그 자리에 있는 것은 블라디미르와 에스트라공 둘뿐이다. 그렇다면 그들은 싫건 좋건 인류를 대표하는 사람으로 그 자리에 있는 것이다. 베케트는 삶의 무의미함

사랑의
레가토

을 극복할 수 있는 길은 누군가를 돌보는 데서 찾을 수 있다고 말하려는 것이 아닐까? 사람이 가장 아름다울 때는 누구를 돌보기 위해 땀을 흘리고 있을 때이다.

기도

하나님, 남을 속이기는 어려워도 자기를 속이기는 참 쉽습니다. 하나님을 사랑하고 이웃을 사랑하라는 명령을 받들 수 없는 핑계는 차고도 넘칩니다. 자기 연민에 빠진 영혼은 값싼 위안을 구할 뿐, 공적인 책임의 영역에 발을 들여놓지 않습니다. 복잡한 세상에서 사는 동안 우리는 스스로를 지키기 위해 무감각과 무관심으로 무장하고 있습니다. 그래서 이웃들의 삶의 자리에 다가서지 못합니다. 주님, 우리를 불쌍히 여기시고 아픔에 반응할 줄 아는 따뜻한 심성을 우리 속에 창조해주십시오. 아멘.

백척간두진일보 百尺竿頭進一步

모세가 백성에게 대답하였다. "두려워하지 마십시오. 당신들은 가만히 서서, 주님께서 오늘 당신들을 어떻게 구원하시는지 지켜보기만 하십시오. 당신들이 오늘 보는 이 이집트 사람을 다시는 볼 수 없을 것입니다. 주님께서 당신들을 구하여 주시려고 싸우실 것이니, 당신들은 진정하십시오." 주님께서 모세에게 말씀하셨다. "너는 왜 부르짖느냐? 너는 이스라엘 자손에게 명하여, 앞으로 나아가게 하여라. 너는 지팡이를 들고 바다 위로 너의 팔을 내밀어, 바다가 갈라지게 하여라. 그러면 이스라엘 자손이 바다 한가운데로 마른 땅을 밟으며 지나갈 수 있을 것이다"(출애굽기 14:13-16).

뒤에는 바로의 추격꾼들이 뽀얀 흙먼지를 일으키며 달려오고, 앞에는 넘실대는 바다가 가로막고 있고, 울부짖는 백성들의 아우성이 바늘처럼 뾰족하게 그의 마음을 찌를 때 모세의 마음도 흔들렸을 것이다. 그러나 차마 흔들리는 모습을 보일 수 없었다. 홀로 두려움과 맞서면서 그는 담대하게 그 상황을 정리해야 한다. 모세는 백성들에게 염려하지 말라고 말한다.

"두려워하지 마십시오. 당신들은 가만히 서서, 주님께서 오늘 당신들을 어떻게 구원하시는지 지켜보기만 하십시오"(출애굽기 14:13).

모세는 출애굽 사건의 주체가 하나님이심을 백성들에게 상기시키고 있다. 계획하신 분도 하나님이시고, 이끌어 가실 분도 하나님이니 안심하라는 것이다.

"주님께서 당신들을 구하여 주시려고 싸우실 것이니, 당신들은 진정하십시오"(출애굽기 14:14).

참으로 대책 없는 믿음 아닌가? 말발굽 소리와 병거의 요란한 굉음 앞에서 이 말이 과연 백성들의 귀에 들렸을까? 아무리 억누르려고 애써도 속절없이 두려움이 찾아와 슬며시 모세의 가슴을 짓눌렀다. 백성들 앞에서는 내색할 수 없었지만 홀로 있는 자리에서 모세는 하나님 앞에 엎드려 부르짖었을 것이다. 마침내 하나님의 음성이 들려온다. "너는 왜 부르짖느냐?"(출애굽기 14:15a)

그의 연약한 믿음에 대한 책망처럼 들리지만 실은 함께 하시겠다는 약속이다. 살다보면 어려운 일도 겪게 마련이다. 아무도 도와줄 이 없는 절체절명의 순간, 오직 하나님께 부르짖을 수밖에 없을 때, 하나님은 우리 삶에 개입하신다. '슬픔의 파도에 떠밀려도 희망의 해안에 닿는다'는 노랫말처럼 모세는 두려움의 파도에 떠밀리면서도 오히려 하나님의 마음이라는 희망의 해안에 당도했다. 모두가 두려움에 밀려 아우성을 치는 그 혼돈의 시간에 홀로 희망의 등불 하나를 밝히는 사람, 모두가 뒤로 돌아서서 바로의 위세를 바라볼 때 홀로 하나님을 향해 서는 사람, 바로 그런 이들이야말로 세상을 새롭게 하는 이들이다.

이제 모세는 명령을 받을 준비가 되었다. "너는 이스라엘 자손에게 명하여, 앞으로 나아가게 하여라"(출애굽기 14:15b).

어디로? 길은 없다. 믿음이 없이는 따를 수 없는 명령이다. 믿음은 거래가 아니라 모험이다. 계산에 재빠른 사람들은 믿음의 길을 걷기 어렵다. 우직한 사람이라야 믿을 수 있다. 아브라함은 갈 바를 알지 못한 채 '떠나라'는 명령에 순종했다. 베드로는 '오라'는 명령에 사납게 일렁이는 바다에 뛰어들었다. 예수님은 이해할 수 없는 하나님의 침묵을 응답으로 알고 죽음을 향해 온 몸을 내던졌다. 백척간두진일보百尺竿頭進一步, 바로 이것이 믿음이다.

이스라엘 백성들은 바로의 군대가 바로 등 뒤에 닥쳐온 그 순간, 진퇴양난의 위기 상황에서 믿음을 요청 받았다. 하

사랑의
레가토

나님에 대한 믿음을 품고 바다로 걸어 들어가든지, 현실적인 위협에 굴복하여 무릎을 꿇든지 둘 중의 하나였다. 그들은 노예적인 굴종의 과거보다는 위험이 따르는 자유의 미래를 택했다. 이윽고 바다가 길을 열었다. 믿음이야말로 길이 아닌가.

기도

하나님, 진퇴양난의 상황 속에 빠져들 때 정신은 아득해지고 현기증이 찾아옵니다. 돌이켜 보면 그런 기가 막힌 순간이 많았는데, 어떻게 그 상황을 극복했는지 기억조차 나지 않습니다. 그러나 이제는 압니다. 가장 절박했던 그 시간 하나님의 보이지 않는 손길이 우리를 붙잡으셨고, 길이 없는 곳에 길을 열어주셨습니다. 그 사랑과 은총을 경험한 사람답게 이제는 담대하게 살고 싶습니다. 주님, 우리가 마땅히 가야 할 길을 가르쳐주십시오. 비록 그 길이 좁은 길이라 해도 희망의 노래를 부르며 뚜벅뚜벅 걷게 해주십시오. 아멘.

날이 갈수록
근사해지는 삶

나의 간절한 기대와 희망은, 내가 아무 일에도 부끄러움을 당하지 않고 온전히 담대해져서, 살든지 죽든지, 전과 같이 지금도, 내 몸에서 그리스도께서 존귀함을 받으시리라는 것입니다. 나에게는, 사는 것이 그리스도이시니, 죽는 것도 유익합니다. 그러나 육신을 입고 살아가는 것이 나에게 보람된 일이면, 내가 어느 쪽을 택해야 할지 모르겠습니다. 나는 이 둘 사이에 끼여 있습니다. 내가 원하는 것은, 세상을 떠나서 그리스도와 함께 있는 것입니다. 그것이 훨씬 더 나으나, 내가 육신으로 남아 있는 것이 여러분에게는 더 필요할 것입니다(빌립보서 1:20-24).

"나의 간절한 기대와 희망은, 내가 아무 일에도 부끄러움을 당하지 않고 온전히 담대해져서, 살든지 죽든지, 전과 같이 지금도, 내 몸에서 그리스도께서 존귀함을 받으시리라는 것입니다"(빌립보서 1:20). 이 견결한 희망이 그의 삶을 지탱해주는 기둥이었다. 죽음의 공포조차도 그리스도에 대한 그의 사랑을 끊을 수 없었다. 오히려 그는 세상을 떠나 그리스도와 함께 있기를 소망한다. '떠난다^{analyo}'는 헬라어 단어는 배가 묶여 있던 줄을 풀고 항해에 나서다, 죄수가 석방되어 감옥을 떠나다, 소가 멍에에서 풀려난다 할 때에도 사용되는 단어이다. 그러니까 바울에게 죽음은 해방인 셈이다. 하지만 아직 때가 이르지 않았다. 세상에서의 그의 소명이 아직 끝나지 않았기 때문이다. 그 소명이란 성도들을 더욱 발전된 믿음으로 이끄는 것과 믿음의 기쁨을 맛보게 해주는 것이다.

"내가 육신으로 남아 있는 것이 여러분에게는 더 필요할 것입니다"(빌립보서 1:24).

'나의 있음'이 그의 유익이 되도록 사는 것! 성도의 삶이란 이런 것이어야 한다. 이 마음으로 사는 사람은 자기 좋을 대로 처신하지 않는다. 남 좋을 대로 살려고 애쓴다. 이 마음으로 사는 사람이 있는 곳에는 평화가 있고, 웃음이 있고, 무엇보다도 하나님이 계신다. 도종환 시인의 〈가죽나무〉는 언어로 그린 시인의 자화상이다.

"나는 내가 부족한 나무라는 걸 안다/내딴에는 곧게 자란다 생각했지만/어떤 가지는 구부러졌고/어떤 줄기는 비비 꼬여 있는 걸 안다/그래서 대들보로 쓰일 수도 없고/좋은 재목이 될 수 없다는 걸 안다/다만 보잘것없는 꽃이 피어도/그 꽃 보며 기뻐하는 사람 있으면 나도 기쁘고/내 그늘에 날개를 쉬러 오는 새 한 마리 있으면/편안한 자리를 내주는 것만으로도 족하다/내게 너무 많은 걸 요구하는 사람에게/그들의 요구를 다 채워줄 수 없어/기대에 못 미치는 나무라고/돌아서서 비웃는 소리 들려도 조용히 웃는다."

대들보로 쓰이지도 못하고, 좋은 재목도 될 수 없지만, 그래도 있는 자리에서 아름답게 살려고 애써온 시인의 살뜰한 정성이 귀하게 생각된다. 위대한 첼리스트인 카잘스의 전기를 읽다가 아름다운 고백과 만났다.

"지난 생일(1969년 12월 29일)에 나는 아흔 세 살이 되었어요. 물론 젊은 나이는 아니지요. 사실 아흔 살보다는 많으니까요. 그렇지만 나이란 상대적인 문제잖아요. 만약 여러분이 계속 일을 하면서 주변 세계의 아름다움을 계속 느낄 수 있다면 나이를 먹는다는 게 반드시 늙는다는 뜻만은 아니라는 걸 여러분도 알게 될 겁니다. 적어도 일상적인 의미에서는 그래요. 나는 여러 가지 일들에 대해 그 어느 때보다 더 강렬하게 감동하고, 삶은 갈수록 더 근사해지니까요"(앨버트 칸 엮음, 『첼리스트 카잘스, 나의 기쁨과 슬픔』 중에서).

날이 갈수록 삶이 근사해진다는 것, 멋지지 않은가.

하나님. 유대의 옛 전설은 사람은 누구나 다 하늘에서 내려왔다고 전합니다. 이 땅에 잠시 머물다가 '돌아오라'는 부름을 받는 순간 하늘로 올라가야 하는 것이 인생이라는 것입니다. 그런데 우리는 이 땅에 사는 동안 하늘을 잊고 말았습니다. 영혼은 남루해졌고, 시야는 좁아졌습니다. 자신의 몸을 통해 그리스도의 존귀함이 드러나기를 바랐던 바울 사도의 진솔한 고백이 우리의 부끄러운 삶을 뒤흔듭니다. 주님. 우리도 그런 인생의 목표를 설정하고 살 수 있게 해주십시오. 그 길 위에서 벗어나지 않게 해주십시오. 아멘.

감나무 가지는 유난히 잘 부러진다. 감을 딸 때 가지를 꺾게 되는 데, 가지마다 입은 상처로 빗물 같은 것이 스며들어가면 검게 뭉쳐진 듯한 무늬가 만들어진다. 그게 사람들이 말하는 먹감나무의 무늬이다. 상처를 무늬로 만드는 것, 바로 그것이 믿음이 아니겠는가.

Monday ~~~~~~

Tuesday ~~~~~~

Wednesday ~~~~~~

사랑의
레가토

Thursday ~~~~~

Friday ~~~~~

Saturday ~~~~~

Sunday ~~~~~

사랑의 레가토

온 몸은 머리이신 그리스도께 속해 있으며, 몸에 갖추어져 있는 각 마디를 통하여 연결되고 결합됩니다. 각 지체가 그 맡은 분량대로 활동함을 따라 몸이 자라나며 사랑 안에서 몸이 건설됩니다(에베소서 4:16).

레가토^{legato}라는 단어는 매력적인 음악용어이다. 끊지 않고 부드럽고 매끄럽게 연주하라는 뜻이다. 음표 위나 밑에 높이가 다른 두 음표를 서로 이어주고 있는 초승달 모양의 표가 레가토이다. 이 기호를 슬러^{slur}라고도 부르는데 두 개 이상의 음을 끊지 않고 부드럽게 이어서 연주하라는 기호이다. 인간은 어쩌면 레가토로 창조된 것인지도 모르겠다. 생명의 본질은 연결이다. 어느 누구도 홀로는 살아갈 수 없다. '탯줄'을 가리켜 생명의 레가토라고 말하는 이도 있다. 어머니와 아이가 한 생명에서 비롯되었음을 나타내는 기호인 셈이다. 이러한 육체적 탯줄을 있게 한 정신이나 사랑 역시 레가토이다.

견우와 직녀는 은하수를 사이에 두고 서로를 그리워하며 살았다. 둘 사이의 애틋하고 아름다운 사랑 이야기는 사람의 마음속에 숨겨져 있는 근원적인 그리움과 기다림을 우리에게 환기시켜준다. 그런데 그 이야기에서 정작 아름다운 것은 까막까치가 놓아주는 오작교烏鵲橋가 아닌가 싶다. 둘의 공간적 격절을 이어주는 사랑의 다리, 바로 이것이 만남에 대한 갈구가 낳은 하늘의 레가토가 아닐까?

예수 그리스도는 하늘과 땅의 이음줄이다. 죄로 말미암아 나뉘었던 하늘과 땅을 당신의 사랑으로 이어주셨으니 말이다. 십자가는 하늘과 땅의 만남의 현장이다. 예수님의 사랑이 있는 곳에서 죄인도 원수도 하나가 되었다. 만날 수 없었던 사람들이 한 자리에 앉아 음식을 나누며 삶을 경축했다. 예수님의 제자들은 단일한 부류가 아니었다. 독립운동가인 시몬과 민족의 반역자로 취급받던 세리 마태가 함께 있다. 예수가 아니라면 절대로 만날 수 없었던 사람들이다. 예수님의 품은 용광로와 같다. 그 품 안에서 '작은 차이小異'는 녹아내리고 '큰 같음大同'으로 거듭났다. 바울은 교회의 신비를 이렇게 표현한다.

"온 몸은 머리이신 그리스도께 속해 있으며, 몸에 갖추어져 있는 각 마디를 통하여 연결되고 결합됩니다. 각 지체가 그 맡은 분량대로 활동함을 따라 몸이 자라나며 사랑 안에서 몸이 건설됩니다"(에베소서 4:16).

'연결fitted'과 '결합joined together'이라는 단어가 도드라지게 다가온다. 개별적 존재로 살던 이들이 모여 그리스도의 몸을 이루기 위해 연결되고 결합되는 것은 얼마나 신비스러운 일인가. 까막까치는 견우와 직녀가 서로 그리워하면서도 만나지 못하는 아픔에 깊이 공감했기에 다리가 되어 주었다. 지금 세상은 '까막까치'가 되어줄 사람을 찾고 있다. 삶의 높낮이가 다른 사람들이 불신과 미움을 담아 서로를 바라보는 세상에서, 사람들의 강퍅한 마음을 녹여 부드럽게 만드는 사랑의 일꾼들이야말로 까막까치가 아니겠는가. 신화에 나오는 에로스는 사랑의 화살을 쏘아 사람들 사이에 사랑의 감정이 발생하도록 만든다. 그리스도의 사랑으로 사람들 사이에 다리를 놓을 때 우리는 비로소 주님의 몸이 된다.

사랑의
레가토

기도

하나님, 혐오와 선동의 말들이 넘치는 세상에 사는 동안 우리 가슴에는 시퍼런 멍이 들었습니다. 주님을 믿는다 하는 이들조차 그런 말로 사람들을 현혹합니다. 주님은 당신의 몸으로 불화와 오해와 멸시의 담을 허무셨지만, 주님을 믿는다 하는 이들은 오히려 그런 담을 쌓고 있습니다. 사람들 사이에 희미하게 존재하는 결속 감정을 보란 듯이 비웃고, 외줄처럼 위태롭게 이어진 연결고리를 끊으려는 이들을 벌하여 주십시오. 하나가 되는 것은 더욱 커지는 일임을 한 순간도 잊지 말게 해주십시오. 아멘.

지향이 분명하면

사랑하는 여러분, 여러분을 시험하려고 시련의 불길이 여러분 가운데 일어나더라도, 무슨 이상한 일이나 생긴 것처럼 놀라지 마십시오. 그만큼 여러분은 그리스도의 고난에 동참하는 것이니, 기뻐하십시오. 그러면 그의 영광이 나타날 때에 여러분은 또한 기뻐 뛰며 즐거워하게 될 것입니다. 여러분이 그리스도의 이름으로 모욕을 당하면 복이 있습니다. 영광의 영 곧 하나님의 영이 여러분 위에 머물러 계시기 때문입니다(베드로전서 4:12-14).

고난과 시련은 반갑지 않은 손님이다. 그러나 그 손님은 예기치 않은 시간에 찾아와 우리 삶을 뒤흔들어 놓는다. 믿음의 사람이라 하여 예외는 아니다. 사도는 고난을 겪고 있는 성도들을 격려하기 위해 고난의 의미를 설명한다. 잠시 겪는 고난은 성도들이 누리게 될 영원한 영광에 비하면 경한 것이고, 주님의 뜻을 따르기 위해 겪는 고난은 더 큰 유익의

밑거름이라는 것이다. 로맹 롤랑은 베토벤의 생애를 '고난을 통한 기쁨'이라는 말로 요약했다. 음악가의 생명이라 할 수 있는 청각을 잃어버렸지만 베토벤의 내면의 귀는 더욱 밝아졌고 그리스도를 향한 그의 사랑은 더욱 깊어졌다. 그런 고난이 없었다면 '환희의 송가'도 없었을 것이다.

오산학교를 세웠던 남강 이승훈 선생은 일제가 민족 지도자들을 붙잡기 위해 날조한 105인 사건(테라우치 총독 암살 미수사건, 1911년)으로 3년 7개월간 옥살이를 하며 온갖 고문을 다 당했다. 하지만 그는 옥중에서 신약성경을 백독하면서 반석과도 같은 믿음을 얻었다. 그에게 기독교는 '의義'의 종교였다. 거짓이나 분열이나 게으름이나 도적질이나 죄는 의가 아니며, 자기만 잘살려 하거나 자기만 높아지려고 하거나, 자기의 이익만 노리는 것은 의가 아니고, 권모술수나 이기심도 의가 아니라 여겼다. 그는 감옥생활을 통해 더욱 분명한 입장을 가진 사람이 되었다. 1915년에 출옥하면서 "감옥이란 이상한 곳인 걸. 강철같이 굳어져서 나오는 사람도 있고, 썩은 겨릅대(껍질을 벗긴 삼대)처럼 흐느적거리면서 나오는 사람도 있거든"이라고 말했다고 한다(조현, 『울림』 중에서).

굳건한 믿음을 가지고 산다 해도 마음이 흔들릴 때가 있다. 하지만 줄기를 흔드는 바람이 있기에 뿌리 또한 깊어지는 것 아니겠는가? 오규원 시인은 〈만물은 흔들리면서〉라는 시에서 "만물은 흔들리면서 흔들리는 만큼/튼튼한 줄기를 얻고/잎은 흔들려서 스스로/살아있는 몸인 것을 증명한다"고 노래했다. 흔들리면서도 북극을 가리키는 나침반처럼, 지향이 분명하다면 고난과 시련이 다가온다 해도 우리는 기어코 아름다운 존재로 거듭나게 될 것이다.

홀로 잘 사는 세상이 아니라 함께 잘 사는 세상을 위해 땀 흘리는 사람, 목소리 없는 사람들의 목소리가 되기 위해 바람 부는 광야에 나선 사람, 땅 끝에 내몰린 사람들의 설 땅이 되어주기 위해 다가서는 사람, 외로움에 지친 이들이 잠시나마 기댈 언덕이 되어 주기 위해 마음을 여는 사람, 우리는 그들을 가리켜 성도라 부른다. 믿음의 사람들이 같은 꿈을 가지고 산다면 악마는 우리에 대한 지배력을 행사할 수 없다. 고난을 마다하지 않는 검질긴 믿음으로 살아갈 때 우리는 이미 하늘에 속한 사람이다.

사랑의
레가토

하나님. 바람에 뒤치락거리는 나뭇잎을 봅니다. 쉴 새 없이 일어나는 바람에 지칠 법도 하건만 나뭇잎은 푸르게 푸르게 일렁일 뿐입니다. 현실은 우리 바람과는 상관없이 사정없이 우리를 흔듭니다. 고단하고 외롭습니다. 마음의 안식을 누릴 수 없기 때문입니다. 하지만 이제는 압니다. 바로 그 흔들림 자체가 인생임을 말입니다. 원치 않는 일들이 다가온다 해도 그 일을 통해 주님의 마음을 더 깊이 이해하고. 더 나은 사람이 되고 싶습니다. 지치고 낙심하지 않도록 우리 마음을 꼭 붙들어 주십시오. 아멘.

제자가 된다는 것

예수께서 자기를 믿은 유대 사람들에게 말씀하셨다. "너희가
나의 말에 머물러 있으면, 너희는 참으로 나의 제자들이다. 그
리고 너희는 진리를 알게 될 것이며, 진리가 너희를 자유롭게
할 것이다." 그들은 예수께 말하였다. "우리는 아브라함의 자
손이라 아무에게도 종노릇한 일이 없는데, 당신은 어찌하여 우
리가 자유롭게 될 것이라고 말합니까?" 예수께서 대답하셨다.
"내가 진정으로 진정으로 너희에게 말한다. 죄를 짓는 사람은
다 죄의 종이다. 종은 언제까지나 집에 머물러 있지 못하지만,
아들은 언제까지나 머물러 있다. 그러므로 아들이 너희를 자유
롭게 하면, 너희는 참으로 자유롭게 될 것이다. 나는 너희가 아
브라함의 자손임을 안다. 그런데 너희는 나를 죽이려고 한다.
내 말이 너희 속에 있을 자리가 없기 때문이다. 나는 나의 아버
지에게서 본 것을 말하고, 너희는 너희의 아비에게서 들은 것
을 행한다"(요한복음 8:31-38).

"너희가 나의 말에 머물러 있으면, 너희는 참으로 나의 제자들이다"(요한복음 8:31). 예수님의 제자가 된다는 것의 의미를 이렇게 간명하게 드러낸 말이 또 있을까? 주님의 말씀에 머문다는 말은 그 말씀을 존재의 집으로 삼고 산다는 말일 것이다. 한국 교인들은 말씀을 배우려는 열정이 많다. 문제는 그 말씀이 구체적 삶의 실천으로 화육하지 않으면 오히려 거짓 자아를 강화시키는 역할을 할 수도 있다는 데 있다. 말씀 안에 머문다는 것은 그 말씀을 바탕으로 해서 사욕을 제거하고, 하나님의 뜻에 일치된 삶을 살기 위해 노력한다는 뜻이다. 사람됨의 길을 가르치는 논어의 맨 첫 대목이 '배우고 또 경우에 맞게 그것을 익힌다學而時習之학이시습지'인 것은 참 의미심장하다. 말씀 안에 머무는 사람이 곧 제자이다.

예수님은 그 말씀을 살아내려고 애쓰는 이들은 진리가 무엇인지 알게 될 것이라고 말씀하신다. '여기서 말하는 진리는 우리가 노력하여 얻을 수 있는 어떤 지식을 뜻하는 것이 아니라, 하나님으로부터 계시된 가르침을 뜻한다. 간단히 말하자면 예수 그리스도 자신이 진리이다. 예수님의 말씀을 따라 살려고 애쓰다 보면 결국에는 그 분이 참 삶의 길이요 진리요 생명임을 알게 된다. 진리는 사람들을 자유케 한다. 근본적인 선언이다.

사람들은 예수님의 이런 가르침에 의아하다는 반응을 보

인다. "우리는 아브라함의 자손이라 아무에게도 종노릇한 일이 없는데, 당신은 어찌하여 우리가 자유롭게 될 것이라고 말합니까?"(요한복음 8:33) 문자 그대로 보면 옳은 말이다. 종노릇한 적이 없는데 어떻게 자유롭게 될 수 있다는 말인가. 유대인들의 반응에는 노여움이 배어 있다. 예수님의 말씀은 그들에게 종교적, 민족적 자긍심에 상처를 입히는 말씀이었던 것이다. '우리는 아브라함의 자손'이라는 말로 그들은 자기들의 내면에 있던 자부심을 드러냈다. 주님은 당황하는 기색도 없이 간단하게 대답하셨다. "죄를 짓는 사람은 다 죄의 종이다"(요한복음 8:34). 더 이상 대꾸를 할 수 없을 만큼 분명한 말씀이다.

그러나 예수님의 말씀은 계속된다. "나는 너희가 아브라함의 자손임을 안다. 그런데 너희는 나를 죽이려고 한다. 내 말이 너희 속에 있을 자리가 없기 때문이다"(요한복음 8:37). '내 말이 너희 속에 있을 자리가 없다'는 말씀이 참 아프게 다가온다. 신앙생활이란 주님의 말씀이 우리 속에서 자유롭게 활동할 수 있는 여백을 마련하는 것이다. 발 디딜 틈도 없이 물건으로 가득 찬 방에서는 자유롭게 움직일 수 없는 것처럼 자아로 가득 찬 마음에는 자유가 없다. 헛된 자부심과 허영심과 결별하는 연습이 필요하다. 마음을 비우고 닦아 주님의 말씀이 머무실 자리를 마련해야 한다.

사랑의
레가토

기도

하나님, 말과 삶이 틈 없이 일치된 삶을 사는 것은 그저 헛된 바람인 뿐인 걸까요? 사람은 생각하는 대로 살지 못하고, 사는 대로 생각한다는 말을 두려움으로 기억합니다. 에너지로 가득 찬 주님의 말씀은 창조의 힘이었습니다. 우리도 말로 세상을 창조합니다. 그런데 우리가 빚어내는 세상은 어둡습니다. 죽이는 말, 모독하는 말, 냉소하는 말이 넘치는 세상에 사느라 우리는 지쳤습니다. 이제 주님의 말씀 안에 머물며 새로운 세상을 만들고 싶습니다. 진리가 주는 자유로움 속에서 늘 새로운 세상을 열어가는 이들이 되게 해주십시오. 아멘.

풍요로움이라는 시험

오늘 내가 당신들에게 전하여 주는 주님의 명령과 법도와 규례를 어기는 일이 없도록 하고, 주 당신들의 하나님을 잊지 않도록 하십시오. 당신들이 배불리 먹으며, 좋은 집을 짓고 거기에서 살지라도, 또 당신들의 소와 양이 번성하고, 은과 금이 많아져서 당신들의 재산이 늘어날지라도, 혹시라도 교만한 마음이 생겨서, 당신들을 이집트 땅 종살이하던 집에서 이끌어 내신 주 당신들의 하나님을 잊어버리는 일이 없도록 하십시오(신명기 8:11-14).

하나님은 모세를 통해 가나안 땅을 목전에 둔 이스라엘 백성에게 경계의 말씀을 전하신다. 아직 다가오지 않은 미래에 대한 경고처럼 들리지만 사실은 그렇지 않다. 이것이 후대에 기록되었음을 감안할 때 이 말씀의 삶의 자리는 출애굽 공동체가 아니라 정착생활에 익숙해진 백성들의 삶이라

할 수 있다. 12절부터 14절까지의 문장 구조는 "Ⓐ 할지라도 Ⓑ 하지 말라"가 된다. Ⓐ에 들어갈 말은 다양하다. '배불리 먹다', '좋은 집을 짓고 거기에서 살다', '소와 양이 번성하다', '은과 금이 많아져서 재산이 늘어나다' 등이 그것이다. 그에 비해 Ⓑ에 들어갈 말은 하나이다. "하나님을 잊지 말라"가 그것이다. 이런 경고가 주어진 까닭은 하나님을 잊는 일이 현실 속에서 벌어졌기 때문이다. 그들이 하나님을 잊은 것은 부자가 되었기 때문이다.

어느 신학자는 사람은 삶을 위한 도구를 바꿀 때 하나님까지 바꾼다고 말했다. 어찌 보면 고통의 시험보다 더 이기기 어려운 것이 풍요의 시험이다. 텍스트를 꼼꼼히 살펴보면 Ⓐ와 Ⓑ를 매개하는 것이 있음을 알 수 있다. '교만한 마음'이다. 잘 되면 내 탓, 못 되면 조상 탓이라는 말이 있다. 이 말이 여전히 유통되는 것은 이런 현실이 지속되고 있기 때문이다. 세상에서 소위 잘 나가는 사람들은 자기도 모르는 사이에 자기의 능력, 경험, 판단, 결단을 자랑한다. 말은 겸손해도 그 얼굴에 깃든 득의의 표정이 그의 교만함을 드러낼 때가 많다. 믿음이 좋아 보이는 이들 가운데는 자기 자랑을 하나님의 은혜로 덧칠하는 이들도 있다. 교만한 마음에 사로잡힐 때 사람들은 자기와 다른 방식으로 살아가는 이들을 무시한다. 그 때문에 그가 있는 곳에서는 불화가 끊

이질 않는다. 그 불화 속에 하나님의 자리는 없다.

존 웨슬리는 수입이 늘어도 생활비 지출은 늘이지 않았다고 한다. 청빈한 마음은 청빈한 삶에서 비롯된다. 영화 〈닥터지바고〉에서 가장 인상적이었던 장면은 지바고가 하얗게 성에 낀 창문 아래서 촛불을 밝혀놓고, 손가락을 잘라낸 장갑을 낀 채 손을 호호 불며 시를 쓰던 장면이다. 세상에는 그렇게 정신의 칼날을 서늘하게 세우며 사는 이들이 있다.

신명기 사가는 광야에서 만난 하나님을 잊지 말라고 말한다. 하나님을 잊을 때 욕망의 지배가 시작되고 영혼의 전락이 가시화된다. 히브리인들을 종살이 하던 땅에서 이끌어내 자유의 새 삶으로 이끄신 해방자 하나님은 사람이 사람으로 대접받지 못하는 세상을 미워하신다. 스탠리 머피^{Stanley Murphy} 신부의 말은 그런 점에서 시사하는 바가 많다.

"누구든 자신이 아닌 다른 사람을 어떤 상황에서든 신성한 실재보다 못한 존재로 여기는 순간 죄를 저지를 가능성은 거의 무한하게 커진다"(존 하워드 그리핀, 『블랙 라이크 미』에서 재인용).

하나님을 망각하는 순간 우리는 죄의 심연에 이끌린다.

사랑의
레가토

하나님. 삶이 곤고할 때면 우리는 누가 시키지 않아도 하나님께 부르짖습니다. 절박함은 우리를 겸허하게 만듭니다. 하지만 삶이 평안할 때 우리는 하나님을 잊곤 합니다. 하나님을 잊기에 이웃들의 절박한 소리에도 귀를 닫고 삽니다. 좋은 집에 살고, 재산이 늘어나는 것을 싫어할 사람은 없습니다. 그러나 그 풍요로움이 하나님을 잊는 빌미가 된다면 그것은 복이 아니라 화입니다. 주님. 상황이 어떠하든지 하나님의 마음에서 벗어나는 일이 없도록 우리를 지켜주십시오. 아멘.

바라봄이 곧 삶이다

아무도 등불을 켜서 움 속에나 [말 아래에] 놓지 않고, 등경 위에 놓아두어서, 들어오는 사람들이 그 빛을 보게 한다. 네 눈은 몸의 등불이다. 네 눈이 성하면, 네 온 몸도 밝을 것이요, 네 눈이 성하지 못하면, 네 몸도 어두울 것이다. 그러므로 네 속에 있는 빛이 어둡지 않은지 살펴보아라. 네 온 몸이 밝아서 어두운 부분이 하나도 없으면, 마치 등불이 그 빛으로 너를 환하게 비출 때와 같이, 네 몸은 온전히 밝을 것이다(누가복음 11:33-36).

"네 눈은 몸의 등불이다. 네 눈이 성하면, 네 온 몸도 밝을 것이요, 네 눈이 성하지 못하면, 네 몸도 어두울 것이다"(누가복음 11:34).

여기서 '네 눈'이라는 말은 세상을 바라보는 관점이라고 바꿔놓아도 괜찮을 것이다. 똑같은 대상도 바라보는 이가 누구냐에 따라 전혀 달리 보인다. 간음하다가 잡혀온 여인에게서 사람들이 본 것은 음란한 죄인이었다. 그러나 예수님은 그 여인의 마음에 깃든 공허함을 보셨다. 이것은 큰 차이이다. 한 사람을 죄인으로 규정하는 순간 그에게 돌팔매질을 하는 것은 어려운 일이 아니다. 하지만 그가 사는 동안입은 상처와 눈물에 주목하는 순간 누구도 그에게 함부로 돌을 던질 수 없다. 바라봄은 그래서 중요하다. 스스로 경건하다고 생각하는 사람들은 세리와 창녀를 인간 이하의 존재로 멸시했다. 하지만 예수님은 그들 속에서 피를 흘리는 상처를 보셨다. 주님이 그런 이들과 사귀는 일에 주저함이 없었던 것은 그 때문이다.

1993년 어느 여름날, 로스앤젤레스에 있는 어떤 병원 응급실에서 일어난 일이다. 자기 남편이 이 병원의 간호사와 관계를 갖고 있다고 생각한 어떤 여인이 총을 들고 병원에 뛰어들었다. 문제의 간호사를 발견한 여인은 그에게 총을 쏘았다. 부상당한 간호사는 응급실로 도망쳤고, 여인은 총을 든 채 그 간호사를 좇아갔다. 당시 응급실에는 조앤 블랙이라는 간호사가 당직 근무 중이었다. 부상당한 간호사가 응급실로 들어서기 직전 블랙은 총을 가진 사람이 병원에 있다는 연락을 받았다. 바로 그때 38구경 권총을 손에 쥔여인이 응급실로 뛰어 들어왔다. 62세의 블랙은 본능에 따라 대처했다. 블랙은 그 여인을 껴안고 말을 붙였다. 총을

든 여인은 '내가 살아서 뭐 하겠느냐, 그 여자 때문에 가정이 깨졌다'는 말만 되풀이했다. 블랙은 "힘들죠? 안 됐네요. 힘 안 든 사람이 어디 있어요.……해결할 방법이 틀림없이 있을 거예요"라고 말했다. 블랙은 여인이 자살하려고 총을 들어 올릴 때마다 끌어내리기를 반복하면서 결국 그 여인을 진정시켰다. 참 위험한 순간이었는데 나중에 블랙은 이렇게 말했다. "아픈 사람이 들어오더군요. 돌봐 줘야만 했어요"(마이클 네이글러, 『폭력없는 미래』, 89-91쪽 참조).

응급실을 박차고 들어오는 사람이 그의 눈에는 범죄자가 아니라 환자로 보였던 것이다. 평화로운 세상을 갈망한다면 세상을 바라보는 우리의 렌즈를 바꾸어야 한다. 이기심과 탐욕과 부정적인 마음으로 얼룩진 우리 눈으로 세상을 보는 한 우리는 결코 아름다운 세상을 만들 수 없다. "네 눈이 성하면, 네 온 몸도 밝을 것이다." 보아야 할 것을 바로 보면 우리 삶도 온전해진다. 우리의 시선이 왜곡되면 삶도 따라 구부러지게 마련이다. 바라봄이 곧 삶이다. 우리 속에 있는 빛이 어둡지 않은가 늘 살펴야 한다. 공허와 혼돈과 흑암을 뚫고 솟아오른 그 빛을 우리 속에 모실 때 삶은 가지런해진다.

사랑의
레가토

하나님, 캄캄한 어둠 속에 머물 때면 공포가 밀려옵니다. 어둠은 우리의 통제를 벗어나 있기 때문입니다. 어디선가 희미한 빛이라도 보이면 그나마 안심이 됩니다. 마치 그 빛이 우리를 어루만지는 것처럼 느껴집니다. 그러나 인공의 불빛이 휘황한 도시에서 사는 이들도 두려움을 온전히 떨쳐내지 못합니다. 우리 속에 있는 빛이 어둡기 때문입니다. 주님, 우리에게 사랑의 빛, 겸손의 빛, 따뜻함의 빛, 지혜의 빛을 비춰주십시오. 그 빛으로 세상을 보고, 그 빛으로 세상을 물들이게 해주십시오. 아멘.

영적인 듯 보이나
육적인 사람들

예수께서 다시 회당에 들어가셨다. 그런데 거기에 한쪽 손이 오그라든 사람이 있었다. 사람들은 예수를 고발하려고, 예수가 안식일에 그 사람을 고쳐 주시는지를 보려고, 예수를 지켜보고 있었다. 예수께서 손이 오그라든 사람에게 말씀하셨다. "일어나서 가운데로 나오너라." 그리고 예수께서 그들에게 말씀하셨다. "안식일에 선한 일을 하는 것이 옳으냐? 악한 일을 하는 것이 옳으냐? 목숨을 구하는 것이 옳으냐? 죽이는 것이 옳으냐?" 그들은 잠잠하였다. 예수께서 노하셔서, 그들을 둘러보시고, 그들의 마음이 굳어진 것을 탄식하시면서, 손이 오그라든 사람에게 말씀하셨다. "손을 내밀어라." 그 사람이 손을 내미니, 그의 손이 회복되었다. 그러자 바리새파 사람들은 바깥으로 나가서, 곧바로 헤롯 당원들과 함께 예수를 없앨 모의를 하였다(마가복음 3:1-6).

사랑의

레가토

어느 안식일에 벌어진 일이다. 예수님이 들어가신 회당에 한쪽 손이 오그라든 사람이 있었다. 사람들은 예수님이 안식일 규정을 어기고 그를 고쳐주실 것인지를 예의주시하고 있었다. 남의 허물을 찾기 위해 몰래 지켜보는 이들의 시선은 얼마나 병적인가? 그들의 눈에는 병자가 겪고 있는 고통이나 사회적인 불편 따위는 보이지 않는다. 현실을 해석하고 설명하는 일에 몰두하는 이들에게 다른 이들이 겪는 구체적인 아픔은 늘 남의 문제일 뿐이다. 하지만 예수님은 고통을 해석하는 일에는 관심을 두지 않으셨다. 다만 그들의 동행이 되고 돌보아 주셨을 뿐이다. 이것이 당시의 종교인들과 예수님의 차이였다.

예수님이 가장 미워하시는 것은 '자기 의'이다. 거짓 종교의 특색은 우리의 자아를 부풀려 준다는 것이다. 내가 뭐라도 된 것처럼 느끼도록 한다는 말이다. 거짓된 자아를 강화하는 데 종교처럼 큰 역할을 하는 것이 어디 있겠는가. 잘 믿는다고 하는 사람들 가운데는 남을 정죄하는 데 재빠르고, 편협하고 공격적인 이들이 많다. 외적으로 보면 그들은 좋은 신자이다. 집회에 빠지는 법이 없고, 헌금생활도 열심히 하고, 전도에도 열심이다. 하지만 그런 열정이 '사랑과 온유와 겸손'에 기초하지 않을 때는 심각한 문제가 발생한다. 그들은 영적인 듯 보이지만 사실은 육적인 사람들이다.

그 사람이 어떤 사람인지 알려면 그가 이웃을 어떤 시선으로 바라보는지를 보면 된다.

체로키 족 인디언인 'Little Tree'는 할머니로부터 영적으로 죽은 인간을 가려내는 방법을 배운다. 육적인 생각에 집착하는 사람의 영혼은 완두콩 크기만큼 줄어들거나 아예 사라져버리기도 한다면서 할머니는 이렇게 말했다.

"죽은 인간들은 눈이 멀었기 때문에 여자를 볼 때도 추잡한 것밖에 눈에 들어오지 않으며, 타인을 볼 때도 나쁜 면밖에 볼 줄 모르고, 나무를 볼 때도 아름다움을 잊은 채 목재나 거기서 얻을 수 있는 이득밖에 볼 줄 모르게 된다. 그들은 살아 있는 사람처럼 세상을 걸어 다니지만 사실은 죽은 인간들이다"(시애틀 추장 외, 『나는 왜 너가 아니고 나인가』, 80쪽).

예수님은 손이 오그라든 사람에게 "일어나서 가운데로 나오너라" 하신다. 언제나 그림자처럼 살았던 그가 난생 처음으로 주목의 대상이 되는 순간이었을 것이다. 주님은 사람들에게 물으셨다. "안식일에 선한 일을 하는 것이 옳으냐? 악한 일을 하는 것이 옳으냐? 목숨을 구하는 것이 옳으냐? 죽이는 것이 옳으냐?"(마가복음 3:4) 이 질문에 직면하여 예수를 함정에 빠뜨리려던 이들이 스스로 판 함정에 빠지고 말았다. 주님은 그 병자에게 "손을 내밀라"고 하심으로 그를 고쳐주셨다. 안식일의 의미가 실체화되는 순간이었다.

사랑의
레가토

하나님, 세상에 만연한 고통을 보면서 우리는 때때로 아파하지만, 대부분의 순간 덤덤하게 그런 일들을 바라보곤 합니다. 고통에 너무 예민하게 반응하다가는 스스로 견딜 수 없을 지도 모른다는 공포심 때문입니다. 우리는 어느새 딱딱한 껍질로 자기의 여린 속을 보호하려는 갑각류처럼 변하고 말았습니다. 이웃의 고통을 덜어주기 위해 몸을 낮추기보다는 그 고통의 원인을 해석하려 했습니다. 이제는 주님의 마음을 닮고 싶습니다. 모든 아픔에 다 반응할 수는 없겠지만 그래도 우리 곁에 있는 이들의 신음에는 응답하는 사람이 되게 해주십시오. 아멘.

위임받은 세계

주님께서 시내 산에서 모세에게 말씀하셨다. "너는 이스라엘 자손에게 말하여라. 그들에게 다음과 같이 일러라. 내가 너희에게 주기로 한 그 땅으로 너희가 들어가면, 나 주가 쉴 때에, 땅도 쉬게 하여야 한다. 여섯 해 동안은 너희가 너희 밭에 씨를 뿌려라. 여섯 해 동안은 너희가 포도원을 가꾸어 그 소출을 거두어라. 그러나 일곱째 해에는 나 주가 쉬므로, 땅도 반드시 쉬게 하여야 한다. 그 해에는, 밭에 씨를 뿌려도 안 되며, 포도원을 가꾸어도 안 된다. 거둘 때에, 떨어져 저절로 자란 것들은 거두지 말아야 하며, 너희가 가꾸지 않은 포도나무에서 저절로 열린 포도도 따서는 안 된다. 이것이 땅의 안식년이다. 땅을 이렇게 쉬게 해야만, 땅도 너희에게 먹거리를 내어 줄 것이다. 너뿐만 아니라, 남종과 여종과 품꾼과 너와 함께 사는 나그네에게도, 먹거리를 줄 것이다. 또한 너의 가축도, 너의 땅에서 사는 짐승까지도, 땅에서 나는 모든 것을 먹이로 얻게 될 것이다"(레위기 25:1-7).

사랑의

레가토

안식일이 사람의 쉼에 관한 것이라면 안식년은 땅의 휴식과 관련된다. 주님은 약속의 땅에 들어가서 살 때에 그 백성들이 안식년을 꼭 지켜야 한다고 말씀하신다. "나 주가 쉴 때에, 땅도 쉬게 하여야 한다"(레위기 25:2b). 여섯 해 동안은 밭에 씨를 뿌리고, 포도원을 가꾸고, 그 소출을 거두어야 하지만 일곱째 해에는 땅도 쉬어야 한다는 것이다. 밭에 씨를 뿌려도 안 되고, 포도원을 가꾸어도 안 되고, 밭에서 저절로 자란 것들을 거두어서도 안 된다. 거기서 자라는 것은 무엇이나 가난한 사람이 먹게 하고, 그렇게 하고도 남은 것은 들짐승이 먹게 해야 한다(출애굽기 23:11). 왜 그렇게 해야 할까? 땅의 주인은 하나님이기 때문이다.

유대인들은 점유possession와 소유ownership를 분명히 구별한다. 인간은 땅을 점유할 뿐 소유할 수는 없다. 땅 뿐만 아니라 하나님이 맡기신 것을 이 세상에 사는 동안 잠시 관리하고 있을 뿐이다. 관리인들은 하나님이 위임해주신 조건에 충실해야 한다. 그 조건 가운데 하나가 가진 것을 궁핍한 이들과 나누라는 것이다. 우리가 가난하고 어려운 사람들에게 그들이 필요한 것을 공급해주는 것은 자선을 베푸는 게 아니라, 위임받은 자로서의 도리를 다하는 것일 뿐이다. 성경은 추수할 때 땅에 떨어진 것을 줍지 말고, 밭의 한 모퉁이는 남겨두라고 권고한다. 그것은 그 마을에 몸 붙여 살고 있는 고아와 과부와 나그네들의 몫이라는 것이다. 그들은 남은 것들을 자기 몫으로 거두어들일 수 있다. 굴욕감을 느낄 필요가 없다. 비록 삶은 고단할지라도 그들은 인간적인 존엄성에 상처를 입지 않아도 된다.

유대의 율법은 인간의 존엄함을 보호하고 부끄러움을 느끼지 않게 하는 데 역점을 두었다. 축제일에도 부잣집 소녀들은 좋은 옷이 없는 소녀들에게 부끄러움을 주지 않도록 빌린 옷을 입어야 했다. 랍비들은 아무도 공동체의 축제에서 배제되는 일이 없도록 종교 필수품의 가격을 낮추는 일에도 개입했다고 한다. 그들은 차별이 사라진 새로운 세상의 꿈을 꾸던 사람들이다.

위임받은 이들이 명심해야 할 것은 또 있다. 그것은 주인의 것을 함부로 파괴하거나 거덜내지 않는 것이다. 기후 위기 시대가 도래했다. 영국 신문인 가디언은 '기후 변화'라는 말보다 '기후 위기' 혹은 '기후 붕괴'라는 단어를 사용하기로 결의했다고 한다. 눈앞에 보이는 작은 이익을 위해 지구의 미래를 위험에 빠뜨리는 이들이 많다. 스리랑카에서 숲을 일구어 농사를 짓는 사람들을 다룬 다큐멘터리를 보았다. 농부들은 농장으로 몰려와 밭을 황폐하게 만드는 코끼리 때문에 어려움을 겪고 있었다. 리포터가 한 농부에게 물었다. "코끼리들이 다 없어졌으면 좋겠지요?" 그러자 그 농

사랑의
레가토

부는 그렇지 않다면서 "사실 우리가 코끼리들의 땅에 들어와 사는 것이니까, 힘들더라도 같이 살아야지요"라고 대답했다. 우리에게 필요한 것은 이 마음이 아닐까?

기도

하나님, 도무지 쉴 줄 모르는 인간은 다른 사람들은 물론 피조세계에도 폭력적일 때가 많습니다. 일은 하나님이 인간에게 주신 원초적 복이지만, 그 일이 고역이 되기도 합니다. 그 때문에 주님은 안식일을 지키라 명하셨습니다. 안식일은 하나님의 창조의 리듬에 따라 우리 삶의 리듬을 조율하는 시간입니다. 안식년을 지키라 하신 주님, 땅은 하나님의 창조의 파트너입니다. 그런데 우리는 그 땅을 거덜내고 말았습니다. 피조물들은 주님의 아들딸들이 나타나기를 기다립니다. 주님, 땅을 회복하는 일에 우리를 사용하여 주십시오. 아멘.

지금 세상은 '까막까치'가 되어줄 사람을 찾고 있다. 삶의 높낮이가 다른 사람들이 불신과 미움을 담아 서로를 바라보는 세상에서, 사람들의 강퍅한 마음을 녹여 부드럽게 만드는 사랑의 일꾼들이야말로 까막까치가 아니겠는가. 그리스도의 사랑으로 사람들 사이에 다리를 놓을 때 우리는 비로소 주님의 몸이 된다.

Monday 〰〰〰

Tuesday 〰〰〰

Wednesday 〰〰〰

사랑의
레가토

Thursday ～～～～

Friday ～～～～

Saturday ～～～～

Sunday ～～～～

꾸짖음을 달게 받을 때

내가 그 편지로 여러분의 마음을 아프게 했더라도, 나는 후회하지 않습니다. 그 편지가 잠시나마 여러분의 마음을 아프게 했다는 것을 알고서 후회하기는 하였지만, 지금은 기뻐합니다. 그것은 여러분이 아픔을 당했기 때문이 아니라, 아픔을 당함으로써 회개에 이르게 되었기 때문입니다. 여러분이 하나님의 뜻에 맞게 아파하였으니, 결국 여러분은 우리로 말미암아 손해를 본 것은 없습니다. 하나님의 뜻에 맞게 마음 아파하는 것은, 회개를 하게 하여 구원에 이르게 하므로, 후회할 것이 없습니다. 그러나 세상 일로 마음 아파하는 것은 죽음에 이르게 합니다. 보십시오. 하나님의 뜻에 맞게 마음 아파함으로써 여러분에게 얼마나 많은 변화가 일어났습니까! 여러분이 나타낸 그 열성, 그 변호, 그 의분, 그 두려워하는 마음, 그 그리워하는 마음, 그 열정, 그 응징은 참으로 놀라운 것입니다. 여러분은 그 모든 일에 잘못이 없음을 보여주었습니다. 그러므로 내가 여러분에게 편지한 것은, 남에게 불의를 행한 사람이나, 불의를 당한 사람 때문이 아니라, 우리를 위한 여러분의 간절한 마음이 하나님 앞에서 여러분에게 환히 나타나게 하려는 것입니다(고린도후서 7:8-12).

바울 사도는 고린도에 18개월이나 머물면서 복음을 전했다. 교인들 한 사람 한 사람은 그가 영혼으로 낳은 자식들이었다. 하지만 그가 에베소로 떠난 후에 문제가 발생했다. 떠돌이 설교자들이 들어와서 바울의 사도직이 적법하지 않다고 말했던 것이다. 그들은 예수님을 친견한 적이 없는 바울이 진정한 사도일 수 없다고 말하는 한편, 자기들은 하나님의 특별한 계시와 황홀경을 체험했다고 말함으로 사람들의 마음을 미혹했다.

바울은 고린도 교회가 심각한 영적 위기에 처했음을 알아차렸다. 교인들의 조롱과 무시보다 그를 더 아프게 만든 것은 고린도 교인들이 예수 정신으로부터 멀어지고 있다는 사실이었다. 바울은 원래의 여행 계획을 취소하고 고린도를 방문했다. 그런데 그곳에서 그는 한 교인으로부터 극렬한 공격과 모욕을 받았다. 바울은 참담한 심정으로 다시 에베소로 돌아갈 수밖에 없었다. 바울은 그곳에서 눈물을 흘리며 격정적인 편지를 써서 디도 편에 고린도교회에 보냈다. 이 편지는 유감스럽게도 지금은 망실되어 그 내용을 알수 없다. 고린도교회가 직면한 영적 위기는 목의 가시가 되어 바울을 괴롭혔다. 그는 디도가 돌아올 때까지 기다릴 수가 없었다. 그래서 드로아를 거쳐 마게도냐 지방까지 내려가 디도를 만났다. 디도를 통해 고린도 교회가 지난날의 잘못을 깨닫고 바울을 진심으로 그리워한다는 소식을 듣고는 큰 위로를 얻었다.

모든 오해가 풀리자 바울은 고린도 교인들을 엄하게 꾸짖었던 것이 마음에 걸렸다. 혹 어떤 이가 상처를 입은 것은 아닌가? 바울은 그렇게라도 하지 않을 수 없었던 자신의 절박했던 심정을 담은 편지를 보냈다. 그것이 바로 고린도후서이다. 그는 서신을 통해 앞서 보냈던 편지가 그들의 마음을 아프게 했다 하더라도 자신은 후회하지 않을 뿐만 아니라, 오히려 지금은 그것을 다행으로 여긴다고 말한다. 그것은 고린도 교인들이 '아픔을 당함으로써 회개에 이르게 되었기 때문'이었다.

누군가를 꾸짖는다는 것은 그리 유쾌한 일이 아니다. 하지만 꾸짖지 않는다는 것은 애정이 없다는 말이 아닐까? 한국 교회의 문제 가운데 하나는 꾸짖음이 사라졌다는 것이다. 어떤 이는 한국교회가 꾸짖음을 잃은 것은 자본주의적 사고에 물들어 있는 이 시대의 '더러운 영들'과 야합했기 때문이라고 말한다. 예수님은 겉은 깨끗해 보이지만, 속은 온 갖 더러운 것으로 가득 차 있던 서기관과 바리새인들의 위선을 가차없는 언어로 드러내셨다. 주님은 꾸짖는 분이시다. 더러운 영을 꾸짖지 않는 영은 거룩한 영일 수 없다. 바울이 고린도 교인들을 꾸짖었던 것은 자신을 알아주지 않음에 대한 질책이 아니라, 복음을 저버린 데 대한 질책이었다. 고마운 것은 그들이 바울의 진심을 알아들었다는 사실이다.

4세기의 독수도사 에바그리오스Evagrios the Soritary는 "세탁하는 사람을 피하지 마십시오. 그들이 두드리고 짓밟고 펴면, 당신의 옷은 깨끗해질 것입니다"라고 말했다. 하나님의 뜻에 맞게 마음 아파할 때 우리 영은 조금씩 성장한다.

기도

하나님. 어릴 때는 우리를 꾸짖는 이들이 원망스러웠습니다. 꾸지람보다 칭찬을 즐거워했습니다. 나이 들었다 하여 이런 마음이 달라진 것 같지는 않습니다. 그러나 삶이 가리산지리산 어지러울 때면 누군가 정신이 바짝 들도록 꾸짖어줄 사람이 그립기도 합니다. 스승이 없다는 것처럼 쓸쓸한 일은 없습니다. 주님. 우리가 마땅히 가야 할 길에서 벗어날 때마다 인생 채찍으로 우리를 치시고, 가시 울타리로 우리 길을 막아주십시오. 주님의 말씀으로 우리를 두드리고 짓밟고 펴주십시오. 아멘.

아름다운 관계

왕이 먼저 나아가니, 모든 백성이 그의 뒤를 따라 나섰다. 그들은 '먼 궁'에 이르자, 모두 멈추어 섰다. 왕의 신하들이 모두 왕 곁에 서 있는 동안에, 모든 그렛 사람과 모든 블렛 사람이 왕 앞으로 지나가고, 가드에서부터 왕을 따라 온 모든 가드 군인 육백 명도 왕 앞으로 지나갔다. 왕이 가드 사람 잇대에게 말하였다. "어찌하여 장군은 우리와 함께 가려고 하오? 돌아가 있다가, 새 왕을 모시고 지내도록 하시오. 장군은 외국인이기도 하고, 장군의 본 고장을 두고 보더라도, 쫓겨난 사람이니, 그렇게 하시오. 장군이 온 것이 바로 엊그제와 같은데, 오늘 내가 그대를 우리와 함께 떠나게 하여서야 되겠소? 더구나 나는 지금 정처 없이 떠나는 사람이 아니오? 어서 장군의 동족을 데리고 돌아가시오. 주님께서 은혜와 진실하심으로 장군과 함께 계셔 주시기를 바라오." 그러나 잇대는 왕에게 대답하였다. "주님께서 확실히 살아 계시고, 임금님께서도 확실히 살아 계심을 두고 맹세합니다만, 그럴 수는 없습니다. 임금님께서 가시는 곳이면, 살든지 죽든지, 이 종도 따라가겠습니다." 그러자 다윗이 잇대에게 말하였다. "그러면 먼저 건너가시오." 그리하여 가드 사람 잇대도 자기의 부하들과 자기에게 딸린 아이들을 모두 거느리고 건너갔다. 이렇게 해서 다윗의 부하들이 모두 그의 앞을 지나갈 때에, 온 땅이 울음바다가 되었다. 왕이 기드론 시내를 건너가니, 그의 부하도 모두 그의 앞을 지나서, 광야 쪽으로 행군하였다(사무엘하 15:17-23).

압살롬의 반란으로 다윗은 피난길에 오르게 되었다. 전령으로부터 보고를 받은 다윗은 역시 역전의 노장답게 상황판단이 재빠르다. 황급히 피신하면서도 그는 여러 가지 일들을 빈틈없이 처리한다. 왕궁을 지키도록 후궁 열 명을 남겨 두고, 온 가족과 더불어 피신하자 백성들이 그를 따라나섰다. 그 행렬이 '벳메르학', 곧 '먼 궁'에 이르렀을 때 왕은 잠시 멈추어 서서 일종의 열병분열식閱兵分列式을 한다. 왕과 동행한 군인들이라고는 몇몇 측근 장군들과 외국에서 온 용병들뿐이었다. 왕의 행렬이라고 하기에는 너무 초라했다.

그런데 그 급박한 상황을 전하는 성서 기자는 마치 잠시 호흡을 고르는 것처럼 한 에피소드를 들려준다. 블레셋 출신의 가드 군인 육백 명이 왕의 앞으로 지나갈 때 다윗은 그 사령관인 잇대를 불러 뜻밖의 말을 한다. 군대를 이끌고 예루살렘으로 돌아가 있다가 새 왕을 모시라는 것이었다. 그의 마음을 떠보려는 것이었을까? 아니면 그의 길을 열어주려는 충정이었을까? 나는 후자에 방점을 두고 싶다. 잇대는 블레셋에서 쫓겨나 다윗에게 그 몸을 기탁하러 온 사람이다. 다윗은 그를 따뜻하게 맞아들여 자기 수하에 두었다. 그런데 자신이 쫓기는 신세가 되자, 그들은 또 다시 뿌리 뽑힌 유랑민의 신세가 되고 만 것이다. 지난 날 유랑민으로 떠돌았던 경험이 있기에 다윗은 유랑민들의 신산스런 삶을 너무도 잘 알고 있었다.

박남준 시인은 〈아름다운 관계〉라는 시에서, 바위 위에 터 잡고 살아가는 소나무 한 그루에 눈길을 준다. 처음부터 그 바위에 식물이 자란 것은 아니었을 것이다. 그 바위는 애초에는 이끼조차 살 수 없었고, 날아온 풀씨가 어렵게 싹을 틔워도 곧 시들어 죽을 수밖에 없었던 불모의 바위였다. 그런 바위가 소나무를 키우다니 어찌된 일일까? 시인은 그 놀라운 기적은 바위가 늙어 품이 넉넉하게 되었기 때문이라고 말한다. 나이를 먹으면서 품이 넉넉해지는 사람이라야 성숙한 사람이라 하겠다. 어느 날 이끼와 마른 풀들 사이에 솔씨 하나가 날아와 안기자, 바위는 그 작은 것을 키우려고 애를 쓴다. 그 바위의 사랑으로 소나무는 마침내 푸른 그늘을 드리웠고, 또 새들을 불러 노래하게 했다. 솔잎을 스치는 바람 소리는 강물이 흐르는 소리처럼 들렸다. 시인은 스스로에게 묻는다. "뒤돌아본다/산다는 일이 그런 것이라면/삶의 어느 굽이에 나, 풀꽃 한 포기를 위해/몸의 한편 내어준 적 있었는가 피워본 적 있었던가." 이것은 시인이 스스로에게 묻는 질문이기도 하지만, 독자인 우리들에게 묻는 질문이기도 하다. 몸의 일부를 헐어 누군가의 품이 되도록 해준다는 것, 이보다 더 거룩한 일이 있을까?

진정 어린 다윗의 말에 잇대의 마음이 뜨거워졌다. 여기서 말은 소통의 매개일 뿐, 저들의 마음은 이미 하나가 되었다. 잇대는 살아계신 하나님과 임금의 살아계심을 두고 맹세한다. "임금님께서 가시는 곳이면, 살든지 죽든지, 이 종도 따라가겠습니다"(사무엘하 15:21b). 다윗이 다윗일 수 있었던 것은 이런 진실한 관계를 맺으며 살았기 때문이다.

하나님. 우리는 큰 일 때문이 아니라 다른 이들과 맺는 관계의 어려움 때문에 낙심할 때가 많습니다. 따뜻한 정을 나누며 살던 이웃이 어느 날 싸늘한 표정을 지으며 등을 돌릴 때 우리 마음은 피를 흘립니다. 위기에 처해서도 길벗의 안위를 염려했던 다윗의 마음을 배우고 싶습니다. 이해관계에 따라 흔들리지 않는 사람이 되고 싶습니다. 풀꽃 한 포기를 위해 몸의 한편을 내주는 바위처럼 우리도 누군가의 품이 되어 살게 해주십시오. 주님의 빛과 진리 안에서 뚜벅뚜벅 의의 길을 걷게 해주십시오. 아멘.

추수 때는 반드시 온다

예수께서 또 말씀하셨다. "하나님 나라는 이렇게 비유할 수 있다. 어떤 사람이 땅에 씨를 뿌려 놓고, 밤낮 자고 일어나고 하는 사이에 그 씨에서 싹이 나고 자라지만, 그 사람은 어떻게 그렇게 되는지를 알지 못한다. 땅이 저절로 열매를 맺게 하는데, 처음에는 싹을 내고, 그 다음에는 이삭을 내고, 또 그 다음에는 이삭에 알찬 낟알을 낸다. 열매가 익으면, 곧 낫을 댄다. 추수 때가 왔기 때문이다"(마가복음 4:26-29).

농부가 밭에 씨앗을 뿌리는 것은 뿌려진 씨앗보다 더 많은 결실을 거두리라는 확신이 있기 때문이다. 그런 믿음이 없다면 누가 햇볕에 그을리면서, 소금 땀을 흘리며 파종을 하겠는가. 씨를 뿌린 농부는 매일 새벽에 일어나 밭을 살핀다. 새들이 날아와 밭을 파헤치지는 않았는지, 밤사이에 들짐승이 밭고랑을 망가뜨리지는 않았는지, 땅강아지가 흙을 부풀게 하지는 않았는지…. 세찬 비가 내리면 물고랑도 만들어 주고 잡풀도 뽑아낸다. 작물들은 농부의 발소리를 듣고 자란다지 않던가. 어느 날 새벽 문득 솟아난 여린 새싹과 처음으로 만나는 순간은 아무리 목석같은 사람이라 해도 그 마음이 살짝 흔들리지 않겠는가?

그런데 그 싹을 틔운 것은 농부일까? 그렇지 않다. 농부에게는 싹을 틔울 능력이 없다. 성경은 생명이 움트고 자라는 그 과정을 '저절로'라는 한마디 말로 요약한다. '저절로'라는 단어의 사전적 의미는 '다른 힘을 빌리지 않고 저 스스로, 인공을 가하지 않고 자연스러운 힘으로'이다. 그러니까 생명이 저절로 자란다는 말은 생명의 성장에는 인위적인 노력이 큰 의미가 없다는 말이다. 맥락을 제거하고 보면 이 말은 별 문제가 없어 보인다.

하지만 우리가 잊지 말아야 할 것이 있다. 이 비유가 말하고자 하는 것은 하나님 나라는 인간의 노력으로 성취될 수 있는 것이 아니라는 것이다. 이런 진술은 역사를 새롭게 하기 위해 피와 땀을 흘리는 이들의 수고와 노력을 폄하하는 것 같아 불편하다. 만일 우리의 선한 노력이 하나님의 나라의 성장과 아무 관계가 없다면 우리는 무기력증과 숙명론에 빠질 수밖에 없다. 일단의 신학자들은 인간은 하나님 나라를 만들 수 없다고 말하면서 종말론적인 하나님 나라를 그

사랑의
레가토

저 기다려야 한다고 말한다. 정말 그런 것일까? 이 비유는 인간의 노력이 무의미하다고 말하려는 게 아니라, 지나친 낙관론이나 비관론을 경계하라는 것이다.

이 비유는 열혈당원들의 투쟁이라는 맥락 가운데서 보아야 한다. 그들은 로마를 하나님의 뜻을 거스르는 집단으로 본다. 따라서 그들을 물리치는 것은 하나님의 통치를 꿈꾸는 이들의 마땅한 의무라고 생각했다. 그들은 폭력도 배제하지 않는다. 아니, 폭력이 아니고는 로마를 몰아낼 방법이 없다고 여겼다. 그들의 뜨거운 열정은 소중하지만 그 열정은 더 큰 폭력을 초래할 수도 있다. 로마는 저항하는 무리들을 가차 없이 응징하곤 했다.

조급해 하는 그들에게 예수님은 역사의 배후에서 일하고 계신 하나님을 가리켜 보인다. 땅에 묻힌 씨앗이 '저절로' 자라는 것처럼 역사는 추수를 향해 나아가고 있으니 조급해하지 말 일이라는 것이다. 하나님의 때를 분별하며 지금 해야 할 일을 하면 된다. 추수 때는 반드시 온다. 세상이 아무리 어지러워도 하나님의 꿈은 실현을 향해 움직이고 있다.

하나님. 농부들의 인내를 배우고 싶습니다. 그들은 아무리 가물어도 파종을 포기하지 않습니다. 메마른 대지에 물을 대기 위해 수고를 아끼지 않습니다. 싹이 돋아나지 않을 때는 움씨를 뿌리기도 합니다. 조급증이 날 만도 하건만 그들은 묵묵히 그런 일들을 반복합니다. 땅이 속이지 않으리라는 확신이 있기 때문일 겁니다. 주님. 우리는 역사의 주인이 하나님이심을 믿습니다. 역사가 퇴행을 거듭하는 것처럼 보여도 하나님은 역사가 마땅히 나아가야 할 방향으로 우리를 이끄십니다. 이 근원적 확신 안에 머물며 생명과 평화를 파종하는 우리가 되게 해주십시오. 아멘.

하나님, 슬픔과 분노로 인해 심장이 멎을 것 같은 고통을 느낄 때, 불의한 이들이 의로운 이들을 억압하고, 사악한 이들이 정직한 사람들을 조롱하는 세상으로 인해 낙담할 때 우리는 깊은 침묵 속에 계신 하나님을 원망합니다. 평안도 위안도 없는 삶이 우리 마음을 조각조각 찢을 때면 절망의 어둠이 확고히 우리를 사로잡습니다. 그러나 주님은 우리를 고아처럼 버려두지 않으십니다. 새로운 삶을 시작할 용기를 우리 속에 심어주십시오. 절망의 땅에 희망을 파종하는 일은 우리 힘만으로는 불가능합니다. 주님, 우리 속에 하늘의 숨결을 불어넣어주십시오. 아멘.

6월

주님은 나의 희망

> 내가 겪은 그 고통, 쓴 쑥과 쓸개즙 같은 그 고난을 잊지 못한다. 잠시도 잊을 수 없으므로, 울적한 마음을 가눌 길이 없다. 그러나 마음속으로 곰곰이 생각하며 오히려 희망을 가지는 것은, 주님의 한결같은 사랑이 다함이 없고 그 긍휼이 끝이 없기 때문이다. "주님의 사랑과 긍휼이 아침마다 새롭고, 주님의 신실이 큽니다." 나는 늘 말하였다. "주님은 내가 가진 모든 것, 주님은 나의 희망!"(예레미야 애가 3:19-24)

조국의 패망을 목도한 애가의 저자는 자기가 하나님의 진노의 몽둥이에 얻어맞았으며, 빛도 없이 캄캄한 곳에서 헤맸다고 말한다. 하나님은 가난과 고생으로 그를 에우시고, 도망갈 수 없도록 담을 쌓아 가두시고, 무거운 족쇄까지 채우셨을 뿐 아니라, 소리 높여 부르짖어도 듣지 않으셨다는 것이다. 오죽하면 하나님이 마치 엎드려서 사람을 노리는 곰이나 사자와 같다고 했겠는가. 고통이 얼마나 컸던지 그는 하나님께서 마치 자신을 과녁으로 삼아서 활을 당기시는 것 같고, 마치 돌로 이를 바수고, 그의 얼굴을 땅에 비비시는 것 같다고 말한다. 쓴 쑥과 쓸개즙이 입 안에 가득한 듯한 형국이다. 행복했던 시절의 기억은 가뭇없이 사라지고, 입술을 비어져 나오는 것은 탄식뿐이다. 그의 삶에서 빛은 사라졌다. 고난의 현실을 잠시도 잊을 수 없기에 울적한 마음을 가눌 길이 없다.

울적하다는 뜻의 '멜랑콜리melancholy'는 그리스어로 '쓸개즙'(담즙)을 뜻하는 단어에서 나왔다. 중세에는 멜랑콜리를 종교적인 신념을 좀먹는 병적인 현상으로 여겨 죄악시하기도 했다. 하지만 멜랑콜리는 자기 성찰의 길로 우리를 인도한다. 고통과 아픔과 외로움이 없다면 우리는 스스로를 돌아보지 않는다. 질병과 실패, 공허감이나 권태, 무력감이 찾아올 때 그것을 성찰의 기회로 삼을 수 있어야 한다. 그런 삶의 부정적 계기들은 우리 삶에 덧붙여진 군더더기를 걷어내라는 하늘의 신호인지도 모르겠다. 애가의 저자는 울적함 속에서 곰곰이 자기를 돌아본다. 그러다가 자기 속에 있는 희망의 뿌리를 발견한다.

"그러나 마음속으로 곰곰이 생각하며 오히려 희망을 가지는 것은, 주님의 한결같은 사랑이 다함이 없고 그 긍휼이 끝이 없기 때문이다"(예레미야 애가 3:21-22).

너무나 갑작스런 분위기의 반전이다. 마치 단조^{minor key}로 이어지던 노래가 갑자기 장조^{major key}로 바뀐 것 같다. 이런 변화를 가능케 한 것은 '기억의 회복'이다. 기억은 지금 겪고 있는 시련과 고통에 매몰되어 있던 우리의 생각을 더 큰 세상과 접속시켜준다. 삶은 언제나 힘겹다. 우리는 수없이 많은 난관을 헤치며 여기에 이르렀다. 고독한 순간은 있었지만 홀로 버려진 적은 없었다. 세상 모든 사람들이 등을 돌린 것 같은 상황 가운데 처할 때도 있었지만, 그 고통의 시간에도 하나님이 곁에 계셨다. 행복의 날도 지나가지만 고통의 날도 지나간다. 하지만 지나가는 날들 속에서도 변치 않는 것은 우리를 향하신 하나님의 깊은 사랑이다. 그 사랑을 기억해내는 순간, 고통은 나 홀로 견디어야 하는 아픔이 아님을 알게 된다.

"주님의 사랑과 긍휼이 아침마다 새롭고 주님의 신실이 큽니다… 주님은 내가 가진 모든 것, 주님의 나의 희망!"(예레미야 애가 3:23-24)

이 말 한 마디를 가슴에 새긴 사람은 절망의 어둠 속에 유폐되지 않는다.

사랑의
레가토

하나님. 은총의 날개 아래 우리를 품어 주십시오. 삶의 곤경에 직면해서야 우리 삶의 주인이 하나님이심을 깨달았습니다. 우리의 약함과 강함이 모두 하나님께 속해 있습니다. 우리 마음을 휘저어놓곤 하는 일들이 매일 매일 벌어집니다. 지금 눈물의 골짜기를 거닐고 있는 이들을 붙들어 주십시오. 차마 희망의 노래를 부를 수 없을 정도로 마음이 무너진 이들 속에 하늘의 빛을 비춰주십시오. '주님은 내가 가진 모든 것'이라고 고백하는 이들 속에 하늘의 생기를 불어넣어주십시오. 아멘.

주님의 위엄에
눈 뜨다

> 주 우리 하나님, 주님의 이름이 온 땅에서 어찌 그리 위엄이 넘치는지요? 저 하늘 높이까지 주님의 위엄 가득합니다. 어린이와 젖먹이들까지도 그 입술로 주님의 위엄을 찬양합니다. 주님께서는 원수와 복수하는 무리를 꺾으시고, 주님께 맞서는 자들을 막아 낼 튼튼한 요새를 세우셨습니다. 주님께서 손수 만드신 저 큰 하늘과 주님께서 친히 달아 놓으신 저 달과 별들을 내가 봅니다(시편 8:1-3).

"주 우리 하나님, 주님의 이름이 온 땅에서 어찌 그리 위엄이 넘치는지요? 저 하늘 높이까지 주님의 위엄 가득합니다." 거듭해서 이 구절을 되뇌이다 보면 우리는 일상의 잗다란 일들로부터 벗어나 우주에 가득 찬 신비 앞에 서게 된다. 뭔가를 보며 '아!' 하고 경탄할 줄 안다는 것, 그것처럼 사람을 사람답게 하는 것은 없다. 놀랄 줄 모르는 것이 타락한 영혼의 특색이라지 않던가. 뭘 봐도 그저 심드렁한 사람들은 마음이 굳어진 사람 혹은 영혼의 샘물이 말라버린 사람이다.

앤터니 플루Anthony Flew라는 영국 철학자가 있다. 그는 철저한 무신론자였고, 그가 쓴 책은 무신론의 교과서로 통했다. "신은 너무 모호한 개념"이라며 신을 부인했던 그가 82세에 『신은 있다』라는 제목의 책을 썼다. 그가 신의 존재를 시인하는 논거는 자연의 법칙은 우연으로 보기에는 너무 완벽하다는 것이었다.

"주님께서 손수 만드신 저 큰 하늘과 주님께서 친히 달아 놓으신 저 달과 별들을 내가 봅니다"(시편 8:3) 하고 노래했던 히브리 시인의 마음을 그도 느꼈던 것일까? 앤터니 플루의 전향에 가장 실망한 것은 역시 과학적 합리성을 근거로 신의 존재를 부정해왔던 무신론자들이다. 하지만 여든 두 살 노인의 이런 변화는 합리성으로부터의 후퇴라고 해야 할까, 아니면 새로운 세계에 눈을 뜬 것이라고 해야 할까?

구상 선생님은 〈마음의 눈을 뜨니〉라는 시에서 "이제사 나는 눈을 뜬다./마음의 눈을 뜬다.//달라진 것이라곤 하나도 없는/이제까지 그 모습, 그대로의 만물이/그 실용적 이름에서 벗어나/저마다 총총한 별처럼 빛나서/새롭고 신기하고 오묘하기 그지없다"고 노래했다. 사물들을 실용성의 관점에서 보지 않고 있는 그대로 바라보니 총총한 별처럼 빛나더라는 시인의 고백이 아름답다. 이런 눈을 얻기까지 오랜 세월이 필요했던 것인지도 모르겠다.

인간이 인간답게 되기 위해서는 '우러러보는 법, 놀라고 경외하는 법'을 배워야 한다(아브라함 요수아 헤셸). 장엄함 앞에 멈추어 설 줄 아는 능력, 인간 영혼의 보이지 않는 위대함을 알아차리는 능력이 발현될 때 우리는 세상의 인력에 속절없이 끌려가지 않는다. 시인은 세상에 가득찬 하나님의 숨결을 느끼고 있다. 그것은 너무나도 아름답고 압도적이다. 그는 어린이와 젖먹이들까지도 그 입술로 주님의 위엄을 찬양한다고 말한다.

시인의 눈에 하늘에 무심히 떠 있는 해와 달, 그것은 그저 우연히 거기에 있는 것이 아니라, 하나님께서 손수 만드신 것이다. 이런 눈이 열릴 때 세상은 욕망이 진창이 아니라 신비가 깃든 땅이 된다.

사랑의
레가토

기도

하나님. 눈코 뜰 새 없이 바쁜 일상 속에서 허둥대다 보면 알 수 없는 비애감이 우리를 사로잡습니다. 아름답고 멋지게 살고 싶은 바람이 크지만 현실은 잿빛일 때가 많습니다. 그러다가도 문득 올려다본 하늘이 구름 한 점 없이 청명하면 마음조차 환해집니다. 잊고 있었던 맑음의 세계와 아름다움이 우리의 지친 영혼을 치유해줍니다. 세상 만물 속에 하나님의 숨결이 깃들어 있음을 깨닫게 도와주십시오. 그 신비 앞에서 경탄하고 기뻐할 줄 아는 사람이 되도록 우리를 이끌어 주십시오. 아멘.

지극 정성

바람이 그치기를 기다리다가는, 씨를 뿌리지 못한다. 구름이 걷히기를 기다리다가는, 거두어들이지 못한다. 바람이 다니는 길을 네가 모르듯이 임신한 여인의 태에서 아이의 생명이 어떻게 시작되는지 네가 알 수 없듯이, 만물의 창조자 하나님이 하시는 일을 너는 알지 못한다. 아침에 씨를 뿌리고, 저녁에도 부지런히 일하여라. 어떤 것이 잘 될지, 이것이 잘 될지 저것이 잘 될지, 아니면 둘 다 잘 될지를, 알 수 없기 때문이다(전도서 11:4-6).

인간은 의미를 묻는 존재이다. 그런데 삶의 의미는 발견하는 것이 아니라 창조하는 것이다. 누구에게나 보편타당한 옳은 의미는 없다. 저마다 주어진 인생의 재료를 가지고 의미를 창조하는 것이 인간의 소명이다. 인생이 우리에게 던지는 질문에 응답해 가는 과정을 통해 우리는 '나'를 구성한다. 많은 이들의 사랑을 받는 화가 빈센트 반 고흐는 살아생

사랑의
레가토

전 참 외롭게 살았다. 벨기에의 보리나쥬에서 전도사로 살기도 했지만 그는 그림을 그리는 것이 자기의 천분임을 곧 알아차렸다. 그는 그림을 그리는 것이야말로 실패할 수 없는 '단 하나의 일'이라고 생각하며 열심히 그렸다. 그러나 대중들은 그를 알아보지 못했다. 마우베라는 사람은 고흐의 작품이 하나도 팔리지 않았다 하여 그를 경멸했다. 그때 빈센트는 이렇게 대꾸했다.

"그게 화가임을 뜻하는 건가요, 그림을 판다는 게? 나는 화가란 언제나 무엇인가를 찾으면서도 끝끝내 발견하지 못하는 그런 사람들을 뜻한다고 생각했었죠. 나는 그건 '나는 알고 있다, 나는 찾아냈다'와는 정반대되는 것이라고 생각했습니다. 내가 나는 화가이다라고 말할 때, 그건 단지 '나는 무엇인가를 찾고 있고 노력하고 있으며 심혈을 기울여 몰두하고 있다'는 의미일 따름이죠"(어빙 스톤, 『빈센트, 빈센트, 빈센트 반 고호』, 최승자 옮김, 211쪽).

믿음도 마찬가지일 것이다. 우리는 주님이 우리에게 맡기신 일을 이미 찾아낸 사람이 아니라, 그것을 찾기 위해 노력하고, 심혈을 기울이는 사람이어야 한다. 『중용』은 사람이 마땅히 따라야 할 도리를 '성誠'이라 일컫는데, '誠이란 선을 발견하고 그것을 소중히 붙잡는 것誠之者人之道 擇善而固執성지자인지도 택선이고집'이다. 예수를 믿는다는 것은 예수의 거죽이 아니라 골수를 붙잡기 위해 지극 정성을 다하는 것이다. 지극한 정성이란 멈추지 않는 것至誠不息지성불식이다.

삶의 의미가 모호하다 하여 멈추어 있어서는 안 된다. 여건이 좋지 않다는 핑계로 게으름을 피워도 안 된다. 상황이 어떠하든지 지금 할 수 있는 일을 시작해야 한다. 그것이 천분을 발견하는 최선의 길이다.

"바람이 그치기를 기다리다가는, 씨를 뿌리지 못한다. 구름이 걷히기를 기다리다가는, 거두어들이지 못한다"(전도서 11:4).

오늘 해야 할 일을 내일로 미루다가 결국 아무 일도 못하는 이들이 있다. 나누며 살 수 있는 충분한 여력이 있는데도 돈이 좀 더 모아지면 좋은 일을 하며 살겠다고 다짐하는 사람들이 있다. 그런데 안타깝게도 자기의 다짐대로 하는 이들을 보지 못했다. 오늘 할 수 없는 일은 내일도 할 수 없다.

"아침에 씨를 뿌리고, 저녁에도 부지런히 일하여라. 어떤 것이 잘 될지, 이것이 잘 될지 저것이 잘 될지, 아니면 둘 다 잘 될지를, 알 수 없기 때문이다"(전도서 11:6).

지금이야말로 구원의 날이다.

사랑의

레가토

하나님, 사람은 밥으로만 사는 것이 아니라 의미를 먹고 사는 존재임을 이제는 확연히 깨닫습니다. 보람 있는 일에 투신할 때는 피로를 느끼지 않지만, 무의미한 일을 반복적으로 수행하다 보면 스스로에 대한 모멸감에 몸서리를 치기도 합니다. 삶이 힘겹다는 생각이 들 때마다 그 현실에서 벗어나고 싶다는 생각에 사로잡히기도 합니다. 그러나 주님, 매일 반복되는 일상이야말로 우리가 삶의 의미를 구성해야 하는 현장임을 잊지 않게 해주십시오. 우리를 하나님 나라에 합당한 이들로 바꿔주십시오. 아멘.

나의 뜻은 사라지고

그들이 아침을 먹은 뒤에, 예수께서 시몬 베드로에게 물으셨다. "요한의 아들 시몬아, 네가 이 사람들보다 나를 더 사랑하느냐?" 베드로가 대답하였다. "주님, 그렇습니다. 내가 주님을 사랑하는 줄을 주님께서 아십니다." 예수께서 그에게 말씀하셨다. "내 어린 양 떼를 먹여라." 예수께서 두 번째로 그에게 물으셨다. "요한의 아들 시몬아, 네가 나를 사랑하느냐?" 베드로가 대답하였다. "주님, 그렇습니다. 내가 주님을 사랑하는 줄을 주님께서 아십니다." 예수께서 그에게 말씀하셨다. "내 양 떼를 쳐라." 예수께서 세 번째로 물으셨다. "요한의 아들 시몬아, 네가 나를 사랑하느냐?" 그때에 베드로는, [예수께서] "네가 나를 사랑하느냐?" 하고 세 번이나 물으시므로, 불안해서 "주님, 주님께서는 모든 것을 아십니다. 그러므로 내가 주님을 사랑하는 줄을 주님께서 아십니다" 하고 대답하였다. 예수께서 그에게 말씀하셨다. "내 양 떼를 먹여라(요한복음 21:15-17).

사랑의

레가토

음악의 신동 모차르트는 여섯 살부터 온 유럽을 떠돌며 연주를 해야 했다. 그는 마치 곡마단의 동물처럼 왕들 앞에 구경거리로 내세워지고, 아첨을 받고, 선물을 받고, 두루 귀여움을 받았다. 그런데 모차르트는 자신에게 흥미를 나타내 보이는 사람들에게 종종 이런 천진한 질문을 던지곤 했다. "나를 사랑하세요? 나를 정말로 사랑하세요?" 사람들이 '그렇다'고 대답할 때만 그는 피아노 앞에 앉아 연주를 시작했다 한다. 그의 연주를 듣고 이해하기 위해서는 먼저 그를 사랑하지 않으면 안 되었던 것이다(레기날드 링엔바하, 『하나님은 음악이시다』, 김문환 옮김, 30쪽).

어린 모차르트는 어른들의 대답이 상투적이어도 만족하여 연주를 했을 것이다. 그럼에도 불구하고 그가 던진 질문은 참 중요하다. 그 느닷없는 질문은 청중들에게 음악을 듣는 자세를 가다듬게 만들었을 것이고, 모차르트는 자기가 받아들여지고 있다는 확신을 가지고 연주를 할 수 있었을 것이다. 하나님의 일도 마찬가지이다. 주님은 우리의 사랑을 요구하신다. 우리의 사랑 없이는 설 수 없는 분이기 때문이 아니라, 주님을 사랑해야 우리가 그분의 일을 이해할 수 있기 때문이다.

디베랴 바닷가에서 예수님이 베드로에게 하신 질문은 "네가 나를 믿느냐?"가 아니라 "네가 나를 사랑하느냐?"였다. 예수님은 오직 그것만 물으셨다. 이 질문이 참 무겁다.

소설가 이승우는 『사랑의 생애』에서 "사랑하는 자는 알아가야 하는 숙제를 떠안는 자"라고 말했다. 누군가를 사랑하려고 하는 이는 그 사랑의 대상을 앞으로 알아갈 사람으로 대해야 한다는 것이다. 예수를 사랑한다는 것은 그를 알아가기 위해 노력한다는 뜻이다. 사랑은 어떤 경우에도 상투적일 수 없다. 창조적 긴장에 따른 설렘이 그 사랑의 기쁨이다.

마음을 다해 사랑하는 사람은 사랑하는 이가 기뻐하는 일을 성심껏 해낸다. 찬송가 540장 2절 가사는 하나님을 사랑하는 이의 마음을 적실하게 보여준다.

"주여 넓으신 은혜 베푸사 나를 받아 주시고 나의 품은 뜻 주의 뜻 같이 되게 하여 주소서."

지금은 어긋나는 부분이 많지만 내가 다듬고 또 다듬어 주님의 뜻과 일치하기를 비는 것이다. 이 곡의 원래 가사는 더 극적이다.

"나의 영혼이 확고한 희망으로 주님을 바라보게 하시고, 나의 뜻이 당신의 뜻 안에서 사라지게 하소서 Let my soul look up with a steadfast hope, And my will be lost in Thine."

찬송 시인은 '나의 뜻'이 '당신의 뜻' 안에서 사라지기를

사랑의
레가토

바란다. 베드로가 "내가 주님을 사랑하는 줄을 주님께서 아십니다"라고 고백하자 예수님은 "내 양 떼를 쳐라" 명하셨다. 주님에 대한 사랑은 '양들'에 대한 사랑을 통해서만 확인된다. 해방신학자인 구티에레즈는 "이웃은 눈에 보이지 않는 하나님을 드러내는 존재"라고 말했다. 우리가 맺는 사랑의 관계 속에서 하나님은 현존하신다.

기도

하나님, 예수님은 깊은 자괴감에 빠져 있던 제자들을 책망하지 않으셨습니다. 오히려 지친 그들을 위해 아침 식사를 준비하셨습니다. 그 가없는 사랑은 두려움과 공허에 사로잡혔던 제자들의 마음을 심연에서 끌어올리는 줄이었습니다. "네가 나를 사랑하느냐?" 이 질문과 마주하고 보니 가슴에 전율이 입니다. 주님을 진심으로 사랑하고 싶습니다. 주님을 사랑할 방법을 찾기 위해 노력하겠습니다. 일상 속에서 낯선 이의 모습으로 다가오시는 주님을 따뜻한 사랑으로 맞이하겠습니다. 주님, 우리의 어두운 눈을 밝혀주십시오. 아멘.

영혼의 구조조정

엘리야가 그 곳을 떠나서, 길을 가다가, 사밧의 아들 엘리사와 마주쳤다. 엘리사는 열두 겨릿소를 앞세우고 밭을 갈고 있었다. 열한 겨리를 앞세우고, 그는 열두째 겨리를 끌고서, 밭을 갈고 있었다. 엘리야가 엘리사의 곁으로 지나가면서, 자기의 외투를 그에게 던져 주었다. 그러자 엘리사는 소를 버려 두고, 엘리야에게로 달려와서 말하였다. "아버지와 어머니에게 작별 인사를 드린 뒤에, 선생님을 따르겠습니다." 그러자 엘리야가 말하였다. "돌아가거라. 내가 네게 무엇을 하였기에 그러느냐?" 엘리사는 엘리야를 떠나 돌아가서, 겨릿소를 잡고, 소가 메던 멍에를 불살라서 그 고기를 삶고, 그것을 백성에게 주어서 먹게 하였다. 그런 다음에, 엘리사는 곧 엘리야를 따라가서, 그의 제자가 되었다 (열왕기상 19:19-21).

엘리사는 엘리야를 통해 하나님의 부르심을 받았다. 그는

사랑의
레가토

열 두 겨릿소를 앞세우고 밭을 갈고 있었다. 열두 마리 겨릿소로 밭을 간다는 데서 알 수 있듯이 그는 유복한 사람이다. 그런데도 그는 하나님이 부르셨을 때 즉각적으로 응답했다. 그의 앞에 고생길이 활짝 열렸다. 하나님 편에 가담한다는 것은 예나 지금이나 그렇게 편안한 길이 아니다. 엘리야가 자기 겉옷을 벗어 그의 위에 던졌을 때, 엘리사는 그것이 저항할 수 없는 하나님의 부르심임을 알아차렸다.

그는 먼저 부모님에게 작별 인사를 드린 후, 겨릿소를 잡고, 소가 메던 멍에를 불살라서 그 고기를 삶아 일꾼들에게 나눠주었다. 일종의 작별 예식이다. 그는 돌아갈 다리를 스스로 불태운 것이다. 엘리야를 따라 나선 그가 한 일은 엘리야를 수종드는 것이었다. 부유한 청년이 위험인물로 낙인찍힌 이의 동행이 된 것이다. 극적인 변화이다.

하나님의 말씀은 삶의 구조조정을 요구한다. 말씀 혹은 부름에 응답하려는 이들은 익숙한 세계와 결별해야 한다. 하나님의 말씀은 우리 속에 갈등을 일으킨다. 하나님이 하라고 하시는 일은 우리 본성상 그다지 하고 싶지 않은 일인 경우가 많다. 그래서일까? 우리는 하나님의 부르심에 응답할 수 없는 이유를 차곡차곡 쌓아놓고 경우에 따라서 적절히 사용한다. 하나님으로부터 멀리 달아나는 사람일수록 이유가 많고 응답할 수 없는 사정이 많아진다. 이런 사람들은

『어린왕자』에 나오는 지리학자처럼 신앙에 대한 정보를 수집할 뿐 모험을 시도하지는 않는다. 그러면서도 어려운 일을 만나면 천연덕스럽게 기도한다. "하나님, 내 마음 아시지요? 내 사정 아시지요? 헤아려주세요." 하나님의 마음을 알아차리지 못하는 이가 진실 되게 기도할 수 있을까?

엘리사는 행복한 삶의 조건을 포기하고 하나님의 사람이 되었다. 베드로를 비롯한 많은 제자들도 배와 그물을 버려두고 예수님을 따랐다. 바울도 이전에 그의 삶을 화려하게 장식했던 모든 자부심의 근거들을 배설물처럼 버렸고, 예수님을 위해 고난당하는 것을 영광으로 여겼다. 예수님을 따르려면 뭔가를 버리지 않으면 안된다. 그는 "나를 따라오려는 사람은, 자기를 부인하고, 날마다 자기 십자가를 지고, 나를 따라오너라"(누가복음 9:23) 하고 말씀하셨다. 예수를 따르기 위해 우리는 무엇을 버렸나? 아브라함은 공포와 전율 속에서 이삭을 하나님께 바쳤다. 영생을 얻기 위해 우리는 오늘 무엇을 바치고 있나? 영적인 자유는 버림 혹은 바침에서 비롯된다.

현대인들은 몸의 요구에 민감하게 반응한다. 좋다는 음식은 다 찾아 먹고, 조금 아프면 얼른 병원으로 달려간다. 의사들의 말을 금과옥조로 여기며 따른다. 자기 이미지를 바꾸기 위해서 몸의 구조조정을 단행하는 이들도 많다. 하

사랑의
레가토

지만 영혼을 위한 구조조정에는 매우 게으르다. 버리고 떠나기를 연습해야 할 때이다.

기도

하나님. 삶이 권태로울 때면 우리는 낯선 곳으로 떠나고 싶어 합니다. 새로운 장소와 만남이 주는 긴장이 살아있다는 감각을 생생하게 일깨워주기 때문입니다. 그러나 정작 우리가 떠나야 할 것은 특정한 장소가 아니라 익숙한 것에 집착하는 우리의 마음입니다. 삶의 불확실함을 피하고자 하는 욕망 때문에 우리는 신앙의 모험에 나서지 못합니다. 주님이 부르시는 삶의 자리에 서지 못합니다. 우리의 나태함을 꾸짖어 주십시오. 버리고 떠나는 삶을 연습하게 도와주시고, 그 가운데 참된 자유를 맛보게 해주십시오. 아멘.

두려움을 넘어

한편 우리의 원수들은, 쥐도 새도 모르게 쳐들어와서 우리를 죽여서, 일을 못하게 하려고 계획하고 있었다. 그들 가까이에서 사는 유다 사람들이 우리에게 올라와서, 그들이 사방에서 우리를 치려고 한다고, 열 번이나 일러주었다. 그래서 나는 백성 가운데서 얼마를 가문별로, 칼과 창과 활로 무장시켜서, 성벽 뒤 낮은 빈터에 배치하였다. 백성이 두려워하는 것을 보고, 나는 귀족들과 관리들과 그 밖의 백성들을 격려하였다. "그들을 두려워하지 말아라. 위대하고 두려운 주님을 기억하고, 형제자매와 자식과 아내와 가정을 지켜야 하니, 싸워라"(느헤미야 4:11-14).

바벨론 포로생활에서 귀환한 이들은 폐허로 변한 이스라엘을 보고 깊이 낙심했다. 처연한 절망감이 그들을 지배했다. 그러나 탄식만 한다고 세상이 달라지는 것은 아니다. 역사 변혁은 먹장 구름 너머에 있는 푸른 하늘을 볼 눈이 열린 사

사랑의

레가토

람을 통해 시작된다. 무너진 성벽을 재건하는 일이 시급했다. 대제사장의 가족들이 먼저 일어나자 많은 이들이 그 뒤를 따랐다. 누구의 강요에 의해서가 아니라 자발적인 헌신으로 성벽 공사에 나선 것이다. 그것은 단순한 성벽 공사가 아니었다. 절망의 나락 속에 누워있던 자기 자신들의 존재를 세우는 일이었다. 땅에서 넘어지면 그 넘어진 땅을 딛고 일어서야 한다지 않던가.

하지만 좋은 일이 있으면 나쁜 일이 있게 마련이다. 사마리아 지역의 지방 행정관인 산발랏은 예루살렘 성을 중건하기 위한 공사가 한창이라는 소문을 듣고 몹시 불쾌해했다. 그는 예루살렘이 언제까지라도 자신의 통제 하에 놓여 있기를 바랐던 것이다. 하지만 그는 곧 이스라엘인들이 도저히 해낼 수 없는 일을 시작했다고 비웃었다. 그들의 피폐한 경제적인 상황으로 볼 때 그 거창한 역사를 이룬다는 것은 거의 불가능해 보였기 때문이다. 암몬 사람 도비야도 그 조롱에 가담했다. "다시 쌓으면 뭘 합니까? 돌로 성벽을 쌓는다지만, 여우 한 마리만 기어 올라가도 무너지고 말 겁니다"(느헤미야 4:3). 이 말은 조롱인 동시에 위협이다.

밀물과 싸워서 이길 사람은 없다. 예루살렘을 회복하는 것이 하나님의 뜻이고, 하나님이 허락하신 일이라면 어떤 방해가 있어도 그 일은 성취되게 마련이다. 이스라엘 백성들은 산발랏과 도비야의 방해에도 불구하고 기도하면서 일을 계속했다. 마침내 성벽이 전부 연결되고, 성벽의 높이도 거의 절반가량 진척되었다. 우리도 할 수 있다는 희망과 연대의 감정이 그들을 하나로 묶어줬다.

하지만 희망이 커져갈수록 그것을 고깝게 바라보는 이들의 의구심도 커지게 마련이다. 이스라엘 주변에 있는 여러 부족들은 예루살렘의 회복을 바라지 않았다. 그래서 예루살렘을 칠 기회만 노리고 있었다. 지도자들은 경비병을 세워 밤낮으로 만일의 사태에 대비하게 했다. 하지만 외적인 위협은 노동과 빈곤에 시달린 사람들의 마음에 두려움과 원망의 씨를 심어놓았다. 느헤미야는 절망감이 이성적 통제의 둑을 넘으면 걷잡을 수 없다는 사실을 알았기에 백성들을 모아 놓고 말했다. "그들을 두려워하지 말아라. 위대하고 두려운 주님을 기억하고, 형제자매와 자식과 아내와 가정을 지켜야 하니, 싸워라"(느헤미야 4:14).

가야 할 길이라면 울면서라도 가야 한다. 한번 두려움으로부터 달아나기 시작하면 두려움은 언제까지라도 따라와 우리를 노예로 삼는다. 도망가고 싶은 때야말로 마주 서야 할 때이다. 느헤미야의 말에 고무된 백성들은 한 손으로는 일을 하고, 다른 손에는 무기를 잡았다. 그들은 마침내 일어선 사람이 되었다.

사랑의
레가토

기도

하나님, 세상에서 겪은 많은 일들이 때로 신음소리가 되어 우리를 괴롭힐 때가 있습니다. 상처를 핥는 짐승처럼 우리는 상처의 기억에서 벗어나지 못합니다. 희망의 노래를 부르고 싶어도 목소리가 목구멍을 빠져 나오지 못할 때가 많습니다. 주님, 어떤 경우에도 일어서는 사람이 되고 싶습니다. 우리를 위협하고 비웃는 이들이 많다 해도 기어코 해야 할 일을 감당하는 사람이 되고 싶습니다. 삶이 아무리 암담해도 주님은 우리의 빛과 길이심을 잊지 않게 해주십시오. 아멘.

꽃 피우는 사람

광야와 메마른 땅이 기뻐하며, 사막이 백합화처럼 피어 즐거워할 것이다. 사막은 꽃이 무성하게 피어, 크게 기뻐하며, 즐겁게 소리 칠 것이다. 레바논의 영광과 갈멜과 샤론의 영화가, 사막에서 꽃 피며, 사람들이 주님의 영광을 보며, 우리 하나님의 영화를 볼 것이다. 너희는 맥풀린 손이 힘을 쓰게 하여라. 떨리는 무릎을 굳세게 하여라. 두려워하는 사람을 격려하여라. "굳세어라. 두려워하지 말아라. 너희의 하나님께서 복수하러 오신다. 하나님께서 보복하러 오신다. 너희를 구원하여 주신다" 하고 말하여라(이사야 35:1-4).

가난하고 외로운 하숙생이 있었다. 그는 옆방에 살고 있는 얼굴이 창백하고 아름다운 한 처녀를 짝사랑했다. 성탄절이 되자 외로움이 깊어졌다. 그날 밤 그는 홀로 자기 방에 있다가 벽 너머에서 들려오는 소리를 듣게 되었다. 침대가 삐걱

사랑의
레가토

거리는 소리, 이상한 신음소리… 벽에 귀를 대고 그 소리를 듣고 있던 그는 말할 수 없는 슬픔과 배신감에 사로잡혔다. 세상에 더할 수 없이 순결하게만 여겨졌던 처녀에 대한 환상이 깨졌던 것이다. 잠시 후 옆방에서는 아무 소리도 들려오지 않았다. 젊은이는 마침내 살 희망을 잃고 목을 매고 말았다. 경찰이 와서 그 젊은이의 시신을 수습해가는 동안, 하숙집 아주머니는 처녀의 방을 열다가 비명을 지른다. 처녀가 침대에 엎딘 채 죽어있었던 것이다. 비소중독이었다. 처녀의 유서는 '고통스러운 고독'과 '삶에 대한 총체적인 혐오감'이 그녀를 죽음에 이르게 했음을 보여주고 있었다. 외로운 두 혼이 벽 하나를 사이에 두고 쓸쓸해하다가 죽고 만 것이다. 로맹 가리의 소설 『벽』에 나오는 이 이야기는 소통을 가로막는 벽에 갇힌 삶의 절망감을 증언한다.

인정이 메말라 팍팍한 세상이다. 저마다 바쁘다고 아우성이다. 이웃들의 처지를 살뜰하게 보살펴주는 사람 찾기가 쉽지 않다. 하지만 전혀 없는 것은 아니다. 이 메마른 대지에 단비가 되어 내리는 사람들, 우리의 눈길이 미치지 않는 그늘진 곳에서 인정의 꽃을 말없이 피워 올리는 사람들이 있다.

"광야와 메마른 땅이 기뻐하며, 사막이 백합화처럼 피어 즐거워할 것이다. 사막은 꽃이 무성하게 피어, 크게 기뻐하며, 즐겁게 소리 칠 것이다. 레바논의 영광과 갈멜과 샤론의 영화가, 사막에서 꽃 피며, 사람들이 주님의 영광을 보며, 우리 하나님의 영화를 볼 것이다"(이사야 35:1-2).

이 대목은 미래에 어떠어떠한 일이 벌어질 지에 대한 서술이다. 그런데 성경에서 서술법은 항상 명령법으로 이해해야 한다. 이런 세상을 막연히 기다리기만 하면 안 된다. 그런 세상을 지금 여기서 시작해야 한다.

가수 조영남 씨가 촬영감독인 정일성씨와 인터뷰하는 것을 보았다. 정 감독은 한 때 직장암으로 다 죽게 되어 인생을 정리해야 한다는 생각에 골몰하고 있었다. 어느 날 임권택 감독이 그를 찾아왔다. 임 감독은 자기가 구상하고 있는 새 영화 이야기를 한참 하더니, 그 영화를 당신이 꼭 찍어야 한다고, 당신이 아니면 안 된다고 말했다. 정 감독은 그 말 때문에 일어설 수 있었다고 고백했다. 이야기를 듣던 조영남 씨가 무릎을 탁 치면서 말했다. "하, 세상에 그보다 더 좋은 치료제는 없네요!" 그렇다. 희망보다 더 좋은 치료제는 없다. 하나님의 꿈을 가슴에 품은 사람은 맥 풀린 손을 힘이 쓰게 하고, 떨리는 무릎을 굳세게 하고, 두려워하는 사람을 격려한다.

사랑의
레가토

하나님. 벽 앞에 선 것처럼 암담할 때가 있습니다. 완강하게 소통을 거부하는 듯한 표정과 자꾸 마주치다 보면 우리 마음도 닫히고 맙니다. 벽을 밀면 문이 된다고들 말하지만 벽을 밀 엄두가 나질 않습니다. 우리는 벽너머의 세상을 제멋대로 상상할 뿐. 그 너머에 있는 이들의 아픔을 이해하지 못합니다. 주님. 광야와 메마른 땅 같은 세상을 탓하기보다는 씨앗을 심고 물을 주고 벌레를 잡아주어 꽃을 피워내는 사람이 되고 싶습니다. 지레 지치지 않도록 우리 속에 주님의 생기를 불어넣어주십시오. 아멘.

뭔가를 보며 '아!' 하고 경탄할 줄 안다는 것, 그것처럼 사람을 사람답게 하는 것은 없다. 놀랄 줄 모르는 것이 타락한 영혼의 특색이라지 않던가. 인간이 인간답게 되기 위해서는 '우러러보는 법, 놀라고 경외하는 법'을 배워야 한다. 이런 눈이 열릴 때 세상은 욕망이 진창이 아니라 신비가 깃든 땅이 된다.

Monday ~~~~~~

Tuesday ~~~~~~

Wednesday ~~~~~~

사랑의
레가토

Thursday ~~~~~

Friday ~~~~~

Saturday ~~~~~

Sunday ~~~~~

아름다운 순간

지극히 작은 일에 충실한 사람은 큰 일에도 충실하고, 지극히 작은 일에 불의한 사람은 큰 일에도 불의하다(누가복음 16:10).

개울을 건너는데 징검다리가 필요하듯이, 우리가 시간의 강물을 건너는 데도 징검다리가 필요하다. 살아온 나날을 돌아보면 우리의 기억 속에 비교적 선명하게 남아있는 순간들이 있다. 슬픔과 기쁨이 갈마드는 인생이지만, 대부분의 일들은 세월과 더불어 잊혀진다. 하지만 세월이 흘러가도 지워지지 않는 기억들, 어쩌면 점점 더 생생해지는 기억이 있다. 그것은 가슴 뿌듯한 순간일 수도 있고, 남에게 밝히기 어려운 부끄러운 순간일 수도 있다. 그런 기억들은 알게 모르게 삶에 어떤 형태로든 영향을 끼쳐서 우리 삶의 방향을 결정짓곤 한다.

콜택시 기사였던 토니는 어느 해 크리스마스 날 새벽에

사랑의
레가토

시내 어떤 주소로 가라는 연락을 받았다. 도어벨을 누르니 한참 있다가 문이 열렸고, 거기에는 마치 40년대 영화에서 막 걸어 나온 듯한 복장에 모자까지 단정히 쓴 연세 지긋한 할머니가 서 있었다. 그 뒤로 보이는 방에는 가구가 다 흰색 천으로 덮여 있었다. 차에 탄 할머니는 주소를 내밀면서 시내를 가로질러 가 달라고 부탁했다. "그러면 돌아서 가는 건데요. 할머니." "괜찮아요. 난 시간이 아주 많아. 호스피스 병원으로 가고 있는 중이거든. 난 식구도 없고, 의사선생님 말씀이 이젠 갈 때가 얼마 안 남았다더군요."

어둠 속에서 할머니 눈에 이슬이 반짝였다. 토니는 요금 미터기를 껐다. 그로부터 두 시간 동안 토니와 할머니는 함께 조용한 크리스마스 새벽 거리를 드라이브 했다. 그녀가 젊은 시절 엘리베이터걸로 일하던 빌딩, 처음으로 댄스파티에 갔던 무도회장, 신혼 때 살던 동네 등을 천천히 지났다. 때로는 어떤 건물 앞에 차를 세우고 그냥 오랫동안 어둠 속을 쳐다보기도 했다. 어슴프레 날이 밝아오자 할머니는 "이제 피곤해, 그만 갑시다"라고 말했다. 병원에 도착하자 토니는 몸을 굽혀 할머니를 안아 작별인사를 했다. "자네는 늙은 이에게 마지막 행복을 줬어. 아주 행복했다우." 할머니의 말씀이었다. 노인이 된 토니는 그날을 이렇게 회상했다.

"난 그날 밤 한참동안을 할머니를 생각하며 돌아다녔지.

그 때 내가 그냥 경적만 몇 번 울리고 떠났다면? 그래서 크리스마스 날 당번이 걸려 심술 난 다른 기사가 가서 할머니에게 불친절하게 대했더라면…. 돌이켜보건대 난 내 일생에 그렇게 위대한 일을 해 본적이 없어. 내가 대통령이었다 해도 아마 그렇게 중요한 일은 하지 못했을지 몰라"(2002년 8월 24일자 〈중앙일보〉 「삶과 문화」에 실린 장영희 칼럼 중에서).

토니가 요금 미터기를 끈 그 순간이야말로 위대한 순간이었다. 자기 속에 있는 가장 아름다운 존재를 불러낸 순간이었으니 말이다. 이윤 동기에서 일하던 그가 한 할머니의 외로움과 쓸쓸함에 공감하는 사람으로 바뀐 그 변화의 순간은 또한 은총의 순간이기도 했다.

"지극히 작은 일에 충실한 사람은 큰 일에도 충실하고, 지극히 작은 일에 불의한 사람은 큰 일에도 불의하다"(누가 복음 16:10).

사랑의
레가토

하나님. 큰 일을 꿈꾸면서도 작은 일은 소홀히 하는 우리들을 불쌍히 여겨주십시오. 그리스도인들은 온 세상을 사랑하지만 정작 가장 가까이에 있는 이들을 사랑하지 못한다는 도스토예프스키의 지적이 통렬하게 다가옵니다. 사랑은 누군가와 연루되는 것이고, 수고를 통해서만 입증되는 것임을 잘 압니다. 이제는 말로만 사랑하는 사람이 아니라 몸으로 사랑하는 사람들이 되고 싶습니다. 할 수 있는 한 모든 이들에게, 할 수 있는 한 모든 순간에, 할 수 있는 한 모든 방법으로, 할 수 있는 한 오랫동안 사랑하며 살도록 우리에게 은총을 내려주십시오. 아멘.

광야학교

당신들은 오늘 내가 당신들에게 명하는 모든 명령을 잘 지키십시오. 그러면 당신들이 살아서 번성할 것이며, 주님께서 당신들 조상에게 약속하신 땅에 들어가서 그 땅을 차지할 것입니다. 당신들이 광야를 지나온 사십 년 동안, 주 당신들의 하나님이 당신들을 어떻게 인도하셨는지를 기억하십시오. 그렇게 오랫동안 당신들을 광야에 머물게 하신 것은, 당신들을 단련시키고 시험하셔서, 당신들이 하나님의 계명을 지키는지 안 지키는지, 당신들의 마음속을 알아보려는 것이었습니다. 주님께서 당신들을 낮추시고 굶기시다가, 당신들도 알지 못하고 당신들의 조상도 알지 못하는 만나를 먹이셨는데, 이것은, 사람이 먹는 것으로만 사는 것이 아니라 주님의 입에서 나오는 모든 말씀으로 산다는 것을, 당신들에게 알려 주시려는 것이었습니다. 지난 사십 년 동안, 당신들의 몸에 걸친 옷이 해어진 일이 없고, 발이 부르튼 일도 없었습니다(신명기 8:1-4).

사랑의
레가토

광야 길은 강인한 이들만 걸을 수 있다. 햇볕을 가려줄 나무나 갈증을 해소시켜 줄 물줄기를 만날 가능성도 많지 않다. 광야 길에 접어든 사람은 자기 속에 슬그머니 자리 잡으려는 두려움과 회의와 맞서야 한다. 막막하고 아득한 길, 그 길은 사람을 단련시킨다. 그래서 광야는 학교이다.

광야 학교는 우리 속에 있는 뿌리 깊은 교만을 치유해준다. 교만은 자기의 분수를 지키지 않으려는 마음, 자기의 영향력을 자꾸 확대함으로 남을 지배하려는 마음이다. 교만한 이들은 자기도 모르는 사이에 '네가 하나님처럼 되리라' 말했던 뱀의 유혹에 넘어가게 마련이다. 뱀의 유혹은 달콤하지만 그 유혹에 넘어가는 순간 지옥이 시작된다. 인생의 광야를 만나 암담할 때 낙심하지 말자. 오히려 그 시간을 바람을 타고 날아오르는 연처럼 한없이 높아지려는 우리 마음을 낮추시기 위한 하나님의 개입으로 받아들이자.

광야학교는 우리를 믿음의 사람으로 거듭나게 해준다. 광야에서 히브리인들은 철저히 무기력했다. 스스로 할 수 있는 일이라곤 아무 것도 없었다. 먹을 것을 구할 수도, 마실 물을 구할 수도 없었다. 그들은 다만 희망을 하나님께 둘 수밖에 없었다. 하나님이 가라 하시면 가고, 서라 하시면 섰다. 자기를 위해 할 수 있는 일이 아무 것도 없을 때 우리는 생명의 주인이신 하나님의 신비 앞에 서게 된다.

필립 시먼스는 일리노이주의 레이크 포레스트 대학 영문과 교수였고 주목받는 작가였다. 그러던 그가 루게릭병(근위축성측색경화증)에 걸려 5년이라는 시한부 인생을 선고받게 되었다. 그의 나이 서른 다섯이었다. 그는 날마다 찻 숟가락 하나로 생명을 덜어내는 것 같은 시간을 보내면서 오히려 생의 충만함을 맛보았다. 시먼스는 어느 날 근심스런 표정으로 자신을 바라보는 다섯 살배기 딸 애밀리아와 이런 대화를 나눴다.

"내 손은 제대로 움직이지 않지만, 아직은 너를 안아줄 수 있어." "팔이 움직이지 않으면 어떻게 해?" "그러면 네가 '나'를 안아주어야겠지. 네가 안아주기만 하면 난 괜찮을 거야"(『소멸의 아름다움』 중에서).

우리가 완전히 무력하게 되어도 하나님이 우리를 안아주신다. 이것이 우리의 희망이다. 살다보면 우리는 벼랑가로 내몰리는 것 같은 상황에 처할 때가 있다. 그때 우리 앞에는 두 가지 길이 있다. 하나는 뒷걸음질을 치면서 쓰라린 고통과 혼란 속으로 빠져드는 것이다. 다른 하나는 이런저런 나름대로의 해결책을 버리고 하나님의 섭리 속으로 뛰어드는 것이다. 광야 학교에 적응을 잘하는 이들에게 삶은 신비이다.

광야학교는 탐욕의 우상숭배로부터 벗어나는 길을 우리

사랑의
레가토

에게 가르쳐준다. 만나 이야기가 바로 그것을 보여준다. 노자는『도덕경』77장에서 '하늘의 도는 남는 것을 덜어 모자라는 것을 보태는데, 사람의 도는 그렇지 않아서 모자라는 것을 덜어 남는 데 보탠다고 말했다天之道 損有餘而補不足 人之道則不然 損不足以奉有餘 천지도 손유여이보부족 인지도칙불연 손부족이봉유여.'

광야학교는 우리를 비움과 나눔의 신비 가운데로 인도한다.

하나님, 사람은 누구나 안락하고 편안한 삶을 구합니다. 새로운 것을 추구하면서도 습관처럼 익숙한 것으로 돌아가곤 합니다. 그러나 예기치 않은 일들이 찾아와 우리 삶을 뒤흔들어 놓을 때가 있습니다. 그 동안 애집하던 것들조차 우리를 지켜주지 못할 때 마치 광야에 선듯 마음이 스산해집니다. 하지만 광야는 우리 삶이 정초되어야 할 소중한 가치가 무엇인지를 일깨워줍니다. 주님, 버릴 것은 단호하게 버리고, 붙잡아야 할 것은 꼭 붙들 수 있는 용기를 우리 속에 심어 주십시오. 아멘.

영혼의 계승

요단 강 맞은쪽에 이르러, 엘리야가 엘리사에게 말하였다. "주님께서 나를 데려가시기 전에 내가 네게 어떻게 해주기를 바라느냐?" 엘리사는 엘리야에게 "스승님이 가지고 계신 능력을 제가 갑절로 받기를 바랍니다" 하고 대답하였다. 엘리야가 말하였다. "너는 참으로 어려운 것을 요구하는구나. 주님께서 나를 너에게서 데려가시는 것을 네가 보면, 네 소원이 이루어지겠지만, 그렇지 않으면 그것이 이루어지지 않을 것이다." 그들이 이야기를 하면서 가고 있는데, 갑자기 불병거와 불말이 나타나서, 그들 두 사람을 갈라놓더니, 엘리야만 회오리바람에 싣고 하늘로 올라갔다. 엘리사가 이 광경을 보면서 외쳤다. "나의 아버지! 나의 아버지! 이스라엘의 병거이시며 마병이시여!" 엘리사는 엘리야를 다시는 볼 수 없었다. 엘리사는 슬픔에 겨워서, 자기의 겉옷을 힘껏 잡아당겨 두 조각으로 찢었다. 그리고는 엘리야가 떨어뜨리고 간 겉옷을 들고 돌아와, 요단 강 가에 서서,

사랑의
레가토

엘리야가 떨어뜨리고 간 그 겉옷으로 강물을 치면서 "엘리야의 주 하나님, 주님께서는 어디에 계십니까?" 하고 외치고, 또 물을 치니, 강물이 좌우로 갈라졌다. 엘리사가 그리로 강을 건넜다(열왕기하 2:9-14).

프랑코 제피렐리 감독의 영화 〈나사렛 예수〉에 나오는 한 장면이 참 인상적이었다. 권력자들에게 독설을 서슴지 않던 세례자 요한이 군인들에게 붙잡혀갈 때, 그 소란 속에서 요한의 겉옷이 땅바닥에 떨어진다. 조금 떨어진 곳에서 물끄러미 그 광경을 지켜보던 예수님이 슬그머니 다가가 그 옷을 집어 들고는 반대 방향으로 걸어가셨다. 함께 영화를 본 한 청년은 '예수님이 참 치사하다는 생각이 들었다'고 말했다. 사실 그 장면은 "요한이 잡힌 뒤에, 예수께서 갈릴리에 오셔서, 하나님의 복음을 선포하셨다"라는 마가복음 1장 14절의 말씀을 이미지화한 것으로 보아야 한다. 그 장면은 세례자 요한의 길과 예수님의 길은 다르지만 두 분 모두 하나님 나라를 지향했음을 우리에게 시각적으로 보여준 셈이다.

하나님께로 돌아갈 날이 가까워지자 엘리야는 자신의 생도들을 마지막으로 돌아보려 한다. 하나님을 등졌던 아합과 이세벨에 맞서 싸우느라 지쳤을 때, 하나님은 그에게 힘을 내라시면서 아직도 바알에게 무릎을 꿇지 않은 선지자 7천명이 남아 있다고 말씀하셨다. 내 눈에 보이지 않는다고 세상에 의인이 없는 것은 아니다. 그렇기에 쉽게 절망하고 낙심하는 것은 믿는 이의 마땅한 태도가 아니다. 세상 어딘가에는 하나님의 뜻을 받들고 있는 이들이 있다. 선지자의 생도라 하는 이들은 어쩌면 그 7천에 속하는 사람들이었을 것이다. 그들은 오랜 싸움에 지친 엘리야의 가슴에 다시 한 번 용기의 불꽃을 지펴주었던 소중한 동지들이었다. 하나님께 돌아가기 전 이들을 만나 용기를 북돋고 싶었던 것이리라.

엘리야는 산지인 길갈을 떠나면서 엘리사에게 그곳에 남아있으라고 권했지만, 엘리사는 스승 곁에서 떨어지려 하지 않았다. 엘리사는 스승이 가는 곳마다 끈질기게 달라붙었다. 길갈에서 벧엘로, 벧엘에서 여리고로, 여리고에서 요단강가로…. 요단강을 앞에 두고 엘리야가 겉옷을 말아서 물을 치자 물이 갈라지고 두 사람은 걸어서 강을 건넜다. 강을 건넌 후에 엘리야가 엘리사에게 무엇을 구하는지를 묻자 엘리사는 아주 간결하게 답한다.

"스승님이 가지고 계신 능력을 제가 갑절로 받기를 바랍니다"(열왕기하 2:9b).

머지않아 떠나실 스승에게 엘리사가 구하는 것은 유형적인 유산이 아니라 영적인 능력과 깊이였다. 엘리야를 휘몰아갔던 하나님의 영이 자신에게 갑절이나 부어지기를 그는

사랑의
레가토

바랐다. 이윽고 엘리야가 회오리바람에 실려 하늘로 올라가자, 슬픔에 잠긴 엘리사는 엘리야의 겉옷을 들고 요단 강가에 섰다. 그리고 겉옷으로 강물을 치자 강이 갈라졌다. 둘 사이에 일어난 영적 계승을 하나님께서 허락하신 것이다. 지금 우리는 어떤 정신의 계승자로 살고 있는가 돌아볼 일이다.

기도

하나님. 삶이 고단하고 팍팍하기 때문인지 사람들은 뜻하지 않은 행운이 자기에게 찾아오기를 바랍니다. 그런 헛된 바람을 한번 웃음으로 소비하면 그만이지만, 그런 생각에 사로잡히는 순간 삶이 지리멸렬해집니다. '왜 사는지를 알면 어떻게든 살 수 있다'는 격언처럼 우리에게 정말 필요한 것은 삶의 방편이 아니라 삶의 의미입니다. 하나님의 정념을 품고 살기를 원했던 엘리사처럼 우리 또한 하나님의 마음에 깊이 접속된 사람이 되어 살게 해주십시오. 아멘.

멍에까지
메라구요?

> 수고하며 무거운 짐을 진 사람은 모두 내게로 오너라. 내가 너
> 희를 쉬게 하겠다. 나는 마음이 온유하고 겸손하니, 내 멍에를
> 메고 나한테 배워라. 그리하면 너희는 마음에 쉼을 얻을 것이
> 다. 내 멍에는 편하고, 내 짐은 가볍다(마태복음 11:28-30).

예수님은 '수고하고 무거운 짐을 지고 사는 사람들'을 부르
신다. 물론 복음서의 맥락에서 보자면 '수고하고 무거운 짐
을 진 자들'은 율법이라는 그물에 걸려 옴짝달싹 못하는 사
람들을 가리킨다. 그들에게 생은 선물이 아니라 부담이다.
명령과 금령이 마치 촘촘한 거미줄처럼 그들을 얽어맨다.
하나님이 인간에게 율법을 주신 것은 사람들을 자유와 해
방의 길로 이끌기 위함이지만, 권위자들에게 장악된 율법은
오히려 사람들의 자연스러운 삶의 장애처럼 작동하고 있었
다. 안식일의 조문에 매어 있는 이들을 향해 예수님은 '내가

사랑의
레가토

안식일의 주인'이라고 말씀하셨다. 그것은 용서받기 어려운 도발이었다.

지금 율법의 멍에를 메지 않고 있는 우리에게 이 말씀은 어떤 의미가 있을까? 삶이 참 무겁다. 어깨에 얹힌 인생의 무게에 짓눌려 비틀거릴 때마다 그 짐으로부터 벗어나 홀가분하게 살 수 있기를 꿈꾼다. 그러나 그런 홀가분한 자유는 여간해선 허용되지 않는다. 가지 많은 나무에 바람 잘 날 없다는 말처럼 살아있다는 것 자체가 바람을 타는 일인진대 인생의 짐에 짓눌리지 않는 사람이 누가 있겠나? 때로는 포기하고 싶고, 때로는 달아나고 싶지만, 그래도 그 짐을 지고 가야 하는 것이 인생이다.

세상에서 유력한 이들은 자기 짐을 남에게 떠맡기는 일에 익숙하다. 하지만 대부분의 사람들은 자기 짐을 지고 살아야 한다. 짐이 무겁기에 우리는 될 수 있으면 속히 그 짐을 벗고 싶어 한다. 오래 전에 방영되었던 오락 프로그램 중에 부풀어 오르는 풍선을 주고받으면서 제시된 상황에 맞는 말을 하는 게임이 있었다. 처음에는 다들 여유롭게 말을 하지만 풍선이 커질수록 상황은 달라진다. 사람들의 얼굴은 긴장되고 말은 빨라지고 논리는 사라지고 오직 떠넘기자는 생각밖에 없다. 우리 삶이 꼭 그렇지 않던가? 예수님은 이처럼 전전긍긍하는 우리를 부르신다.

그런데 예수님은 우리 어깨에서 무거운 짐을 벗겨주시겠다고 말씀하시지 않았다. 오히려 '나의 멍에를 메고 내게 배우라'고 말씀하셨다. 혹 떼러 갔다가 혹 붙이는 격 아닌가? 짐이 무거워 비틀거리는 이에게 주님의 멍에까지 메라니 너무 가혹한 요구 아닌가? 주님의 멍에는 다른 이를 복되게 하기 위해 자기 안일을 내려놓는 것을 의미한다. 할 수 없다고 말하고 싶다. 하지만 바로 이 요구야말로 주님의 사랑이 우리에게 부어지는 통로이다.

눈물을 흘리면서라도 주님의 멍에를 메려 할 때 우리 짐이 오히려 가벼워진다. 이것은 이론도 논리도 아니다. 오직 경험을 통해서만 알 수 있는 진실이다. 바울 사도는 이 놀라운 신비를 경험했기에 "나는 어느 누구에게도 얽매이지 않은 자유로운 몸이지만, 많은 사람을 얻으려고, 스스로 모든 사람의 종이 되었습니다"(고린도전서 9:19)라고 고백했다. 믿음 안에서 무거움과 가벼움은 이렇게 홀연히 자리를 바꾸고 있다.

사랑의
레가토

하나님, 수고하고 무거운 짐 진 자를 부르시는 주님의 음성이 참 달콤했습니다. 우리는 상처투성이인 몸과 마음을 가지고 주님 앞에 나와 응석받이처럼 위로를 기다리곤 했습니다. 그러나 주님은 나의 멍에를 메고 내게 배우라 하십니다. 울고 싶을 때 뺨 때려주는 격이라는 말이 떠오릅니다. 힘겹지만 주님의 말씀을 따르겠습니다. 지긋지긋한 자기 연민에서 벗어나 예수님의 마음으로 이웃을 대하겠습니다. '너희가 서로 짐을 지라'는 권고를 따르겠습니다. 그 길 위에서 낙심하거나 지치지 않도록 우리를 보호하여 주십시오. 아멘.

경외심을 잃을 때

하늘로부터 굽어 살펴 주십시오. 주님이 계시는 거룩하고 영화로우신 곳에서 굽어보아 주십시오. 주님의 열성과 권능은 이제 어디에 있습니까? 이제 나에게는 주님의 자비와 긍휼이 그쳤습니다. 주님께서는 우리의 아버지이십니다. 아브라함은 우리를 모르고, 이스라엘은 우리를 인정하지 않는다 하여도, 오직 주 하나님은 우리의 아버지이십니다. 옛적부터 주님의 이름은 '우리의 속량자'이십니다. 주님, 어찌하여 우리를 주님의 길에서 떠나게 하시며, 우리의 마음을 굳어지게 하셔서, 주님을 경외하지 않게 하십니까? 주님의 종들 곧 주님의 유산인 이 지파들을 보셔서라도 돌아와 주십시오. 주님의 거룩한 백성이 주님의 성소를 잠시 차지하였으나, 이제는 우리의 원수들이 주님의 성소를 짓밟습니다. 우리는 오래 전부터 주님의 다스림을 전혀 받지 못하는 자같이 되었으며, 주님의 이름으로 불리지도 못하는 자같이 되었습니다(이사야 63:15-19).

하인리히 뵐의 소설 『그리고 아무 말도 하지 않았다』는 2차 대전이 끝난 후에 사람들이 겪을 수밖에 없었던 빈곤과 주택난, 그리고 전쟁이 사람들의 마음에 입힌 상처와 그에 따른 허무주의 등을 다루고 있다. 서른여덟 살의 캐테는 세 아이를 데리고 외롭게 살아가고 있었다. 남편인 프레드는 가족들을 사랑했지만 자기의 무능력 때문에 그들이 상처 입는 것이 싫어서 가출했다. 이 가엾은 부부는 한 달에 한 번씩 더러운 여인숙에서 만나곤 했다. 어느 날 캐테는 벽에 등을 기댄 채 '하나님이 너무 멀리 계시다'고 탄식하고 있는 남편을 바라보며 안타까워한다. 가난과 생의 괴로움으로 일그러진 남편의 늙은 얼굴을 보며 캐테는 말한다.

"당신은 기도를 해야 해요. 정말 그래야 해요. 기도만이 우리를 도울 수 있는 유일한 길이란 걸 당신은 왜 외면하는 거예요?" 남편은 맥없이 대답한다. "당신이 날 위해 기도해 줘. 나는 기도하는 법을 잃어버렸어." 아내는 다급하게 말한다. "연습이 필요해요. 끈질기게 해야 해요. 계속해서 다시 시작해 봐요. 술 마시는 건 소용없어요." 남편은 자조적인 미소를 띠고 말한다. "취하면 어떤 때 기도가 아주 잘 돼." 캐테는 안타까워하며 말한다. "그건 소용없어요, 프레드. 기도는 정신이 맑은 사람이 하는 거예요."

삶이 힘겨워 기도조차 할 수 없는 때, 하나님조차 너무 멀리 계신 것 같아 암담할 때, 나 홀로 섬처럼 외로울 때도 있다. 세상에서 가장 비참한 것은 꿈조차 잃어버리는 것이라는 데, 꿈조차 빼앗긴 것처럼 여겨질 때도 있다. 바벨론에 포로로 잡혀간 이스라엘 사람들의 신세가 그러했다. 그들은 낯선 땅의 영원한 이방인이었다. 하늘을 올려보아도 하늘은 그저 무심할 뿐이다. 그래서 그들은 탄식한다.

"하늘로부터 굽어 살펴 주십시오. 주님이 계시는 거룩하고 영화로우신 곳에서 굽어보아 주십시오. 주님의 열성과 권능은 이제 어디에 있습니까? 이제 나에게는 주님의 자비와 긍휼이 그쳤습니다"(이사야 63:15).

조상들의 신음소리를 기도로 들으시고, 그들을 찾아오시어 출애굽의 대업을 이루신 하나님, 불기둥과 구름기둥으로 그들을 인도하시고, 하늘에서 만나를 내려 먹이시고, 반석에서 샘물을 내신 그 하나님, 우렛소리와 우박으로 적들을 물리치신 그 하나님의 기세가 지금은 어디에 계신가? 하나님의 사랑이 식어 버린 것일까? 하나님은 깊은 침묵 속에 계실 뿐 응답하실 마음조차 없으신 것 같다. 기쁨도 감격도 없는 삶이다.

"우리는 오래 전부터 주님의 다스림을 전혀 받지 못하는 자같이 되었으며, 주님의 이름으로 불리지도 못하는 자같이 되었습니다"(이사야 63:19).

사랑의
레가토

이것은 분명 비극적 상황이다. 어찌하여 이 지경이 된 것일까? 주님의 길에서 떠나고, 마음이 굳어져 하나님을 경외치 않았기 때문이다. 삶의 가장 큰 전락은 가난도 아니고, 질병의 고통도 아니고, 명예를 잃거나, 어떤 자리에서 물러나는 것이 아니다. 경외심을 잃는 것이다. 본本이 바로 서야 말末이 누추하지 않은 법이다.

하나님, 든든한 줄만 알았던 삶의 토대가 흔들릴 때면 우리는 어찌할 줄 몰라 허둥거립니다. 내 것이라 생각했던 것들이 홀연히 사라지고 나면 허무가 그 빈자리를 채웁니다. 삶이 온통 뒤죽박죽으로 변할 때 근본을 성찰할 수 있는 용기와 여백을 우리에게 허락하여 주십시오. 삶의 꼴을 새롭게 가다듬고, 하나님을 진심으로 경외하는 새 사람이 되게 해주십시오. 주님이 이끌어주시지 않으면 우리는 눈 먼 사람처럼 더듬거릴 수밖에 없습니다. 세상의 유혹에 이끌리지 않도록 우리 마음을 든든히 붙잡아 주십시오. 아멘.

다리 놓는 사람

너희는 율법, 곧 율례와 법도를 기억하여라. 그것은 내가 호렙산에서 내 종 모세를 시켜서, 온 이스라엘이 지키도록 이른 것이다. 주의 크고 두려운 날이 이르기 전에, 내가 너희에게 엘리야 예언자를 보내겠다. 그가 아버지의 마음을 자녀에게로 돌이키고, 자녀의 마음을 아버지에게로 돌이킬 것이다. 돌이키지 아니하면, 내가 가서 이 땅에 저주를 내리겠다(말라기 4:4-6).

신앙인은 다리 놓는 사람이어야 한다. 너와 나 사이에 무너진 다리를 놓아, 너는 나에게로 나는 너에게로 나아갈 수 있도록 해야 한다. 연암 박지원 선생의 문장론은 '법고창신法古創新'이란 말로 요약할 수 있다. 옛것을 모범으로 삼되 변화를 주어 새롭게 만들 줄 알아야 한다는 말이다. 이것을 인간 관계에 적용해보면 젊은이들은 삶의 경험이 많은 어른들에게 여쭐 줄 알아야 경박함을 면할 수 있고, 어른들은 젊은이들을 통해 새로운 것을 배우려는 마음을 가져야 고루함을 면할 수 있다는 말이 될 것이다. 세대 간의 갈등이 심각한 이 시대가 치유될 수 있을까?

말라기는 여호와의 날, 곧 심판의 날이 이르기 전에 하나님께서 엘리야를 보내실 것이라고 말한다. 엘리야는 과거에 이스라엘 백성들이 해방자 하나님을 등지고 풍요의 신을 섬길 때 그들을 바른 길로 이끈 사람이다. 그가 와서 할 일을 말라기는 생각보다 소박하게 소개한다.

"그가 아버지의 마음을 자녀에게로 돌이키고, 자녀의 마음을 아버지에게로 돌이킬 것이다. 돌이키지 아니하면, 내가 가서 이 땅에 저주를 내리겠다"(말라기 4:6).

아버지의 마음을 자녀에게로, 자녀의 마음을 아버지에게로 돌이키게 하는 것, 서로의 마음을 헤아리며 서로의 부름에 응답하도록 하는 것이 바로 보냄을 받은 자가 할 일이다.

말라기가 활동하던 시대에도 세대 간의 갈등은 상당히 심각한 수준이었던 것 같다. 젊은 세대들은 밀물처럼 몰려오는 헬레니즘 문화에 깊이 경도되어 있었다. 그들은 새로운 것, 선진적인 것을 받아들이는 것이 진보라고 생각했다. 하지만 부모 세대는 과거의 전통적인 삶의 방식과 신앙을 버릴 수 없었다. 그러다보니 부모와 자식이 서로를 낯선 타자처럼 바라보는 세상이 되고 말았다. 가장 기본적인 관계가 무너지면 사회 전체가 위기에 빠진다. 십계명의 제5계명은 부모공경이 인간 윤리의 기본임을 가르친다.

박노해 시인의 시 〈거룩한 사랑〉은 어머니의 사랑이 얼마나 거룩한 것인지를 노래한다. 서울에서 고학을 하던 그의 형은 방학이 되면 몸이 허약해져서 고향에 내려오곤 했다. 어머니는 그런 아들이 안쓰러워 애지중지 기르던 암탉을 잡으셨다. 성호를 그은 뒤 손수 닭 모가지를 비틀고, 칼에 피를 묻혀가면서 맛있는 닭죽을 끓여 객지에서 고생하고 돌아온 아들에게 먹이셨던 것이다. 어머니 치맛자락을 붙잡고 두려워 떨면서 그 살생을 지켜보곤 했던 시인은 어머니를 통해 배운 삶의 지혜를 이렇게 노래한다.

"사랑은/자기 손으로 피를 묻혀 보살펴야 한다는 걸//사랑은/가진 것이 없다고 무능해서는 안 된다는 것을//사랑은/자신의 피와 능能과 눈물만큼 거룩한 거라는 걸."

부모의 마음이 자식에게로, 자식의 마음이 부모에게 향하고, 마침내 고마워하고 대견해하는 마음이 가족의 경계를 넘어 사회로 파급되기까지 온몸으로 불통 세상과 맞서는 노고가 필요하다. 담을 허무는 분으로 사셨던 주님이 우리에게 그 일을 함께 하자 부르신다.

사랑의
레가토

하나님. 기대가 크면 실망도 크다는 말을 우리는 날마다 실감하며 삽니다. 우리는 다른 사람들이 우리 마음에 맞게 행동해주기를 바랍니다. 그런 바람이 무너질 때 서운한 감정에 사로잡히거나 적대감정을 품기도 합니다. 그러면서도 우리는 다른 이들의 마음을 헤아리는 일을 소홀히 합니다. 부끄럽지만 이기적이고 편협한 우리 마음을 주님 앞에 내려놓습니다. 좁아진 마음을 넓혀 주시고, 더러워진 마음을 깨끗이 닦아 주십시오. 먼저 용서하고, 먼저 다가가고, 먼저 말을 건넬 용기를 우리 속에 심어주십시오. 아멘.

다듬은 돌을
쓰지 말라

주님께서 모세에게 말씀하셨다. "너는 이스라엘 자손에게 이렇게 말하여라. '내가 하늘에서부터 너희에게 말하는 것을 너희는 다 보았다. 너희는, 나 밖에 다른 신들을 섬기려고, 은이나 금으로 신들의 상을 만들지 못한다. 나에게 제물을 바치려거든, 너희는 흙으로 제단을 쌓고, 그 위에다 번제물과 화목제물로 너희의 양과 소를 바쳐라. 너희가 나의 이름을 기억하고 예배하도록 내가 정하여 준 곳이면 어디든지, 내가 가서 너희에게 복을 주겠다. 너희가 나에게 제물 바칠 제단을 돌로 쌓고자 할 때에는 다듬은 돌을 써서는 안 된다. 너희가 돌에 정을 대면, 그 돌이 부정을 타게 된다. 너희는 제단에 층계를 놓아서는 안 된다. 그것을 밟고 올라설 때에, 너희의 알몸이 드러나서는 안 되기 때문이다'"(출애굽기 20:22-26).

율법은 하나님께 번제와 화목제를 드리는 단을 세울 때 가

사랑의
레가토

급적이면 흙으로 쌓아야 한다고 말한다. 돌로 쌓아도 무방하지만 다듬은 돌로 쌓아서는 안 된다고 말한다. 굳이 이런 지시를 내리는 까닭은 무엇일까? 일단은 애굽에서의 종살이를 연상시키는 것들을 피하라는 말이 아닐까 싶다. 국가 사업에 동원되었던 하비루들은 어마어마한 규모의 신전을 건립하고 피라미드를 만들고 국고성을 만드는 일에 동원되었다. 정교하게 돌을 다듬고 그것을 쌓아올리는 일을 하면서 그들은 피와 땀과 눈물을 쏟았을 것이다. 다듬은 돌로 제단을 쌓지 말라는 말은 하나님을 섬긴다는 미명하에 또 다시 백성들의 땀과 눈물을 요구해서는 안 된다는 뜻이 아닐까?

다듬은 돌로 제단을 쌓지 말라는 말은 또 다른 측면에서도 우리에게 귀한 교훈을 준다. 가난한 이들은 멋지고 큰 교회에 들어가기를 주저한다. 크고 화려한 시설은 그들의 초라함을 도드라지게 드러내주기 때문이다. 존 웨슬리는 고-교회high-church라고 불리었던 성공회를 박차고 나왔다. 고-교회에는 거칠고 투박한 사람들이 숨 쉴 만한 여백이 없었기 때문이다. 예수님은 율법의 정교한 체계 밖에서 살 수 밖에 없는 땅의 사람들을 도외시하는 유대교의 세계를 박차고 나왔다. 그들을 품기 위해서 말이다.

우리에게 가장 중요한 것은 화려한 교회를 짓는 것도 아니고, 정교한 교리의 체계를 만드는 것도 아니다. 예수 정신을 잃지 않는 것이다. 옛 사람은 말했다.

"모름지기 속해야 할 곳이 있으니, 본래의 깨끗함을 드러내고, 타고난 본바탕을 지키고, 자기를 작게 하고, 욕심을 버리는 것이 그것이다 故令有所屬 見素抱樸 少私寡欲고령유소속 견소포박 소사과욕"(노자, 『도덕경』 19장).

여기서 타고난 본성을 지키라는 말은 '포박抱樸'을 번역한 것이다. '안을 포'에 '통나무 박'자이다. 사람들은 통나무를 다듬어서 그릇도 만들고 가구도 만든다. 하지만 그릇이나 가구보다 더 근원적인 것은 통나무 그 자체이다. 거기에서 다른 것이 나오기 때문이다. 그것 없이는 그릇도 가구도 없다. 우리는 모든 것의 바탕이 되는 그 근본 마음, 즉 예수 정신을 온 몸으로 안아야 비로소 참 그리스도인이 될 수 있다.

예수 정신은 투박하고 거친 것처럼 보인다. 그래서 스스로 지혜롭다 생각하는 사람들에게 인기가 없었다. 하지만 오늘의 교회는 어떠한가? 화려한 교회와 세련된 교회 생활이 투박한 예수 정신을 대치하고 있다. 다듬은 돌로 제단을 쌓는 일이 자행되고 있다는 말이다. 이제 우리가 회복해야 할 것은 공교한 신학 이론이 아니라 어려운 사람들의 삶 속에 화육해 들어가 어김없이 그들에게 살맛을 되돌려주신 예수 정신이다.

사랑의
레가토

하나님. 아름답고 웅장한 고대의 유물을 볼 때마다 그 장엄함에 놀라곤 합니다. 그러다가 문득 그 건축물을 세우기까지 얼마나 많은 이들이 희생되었을까 생각하는 순간 마음이 아뜩해집니다. 흙으로 제단을 쌓으라 명하신 그 마음. 굳이 돌을 쓰려거든 다듬지 않은 돌을 사용하라 하신 주님의 섬세한 배려가 그저 놀랍고 고마울 따름입니다. 누릴 것을 다 누리며 살던 이들은 '세리와 죄인의 친구'라며 예수님을 조롱했습니다. 하지만 오늘의 교회가 서야 할 자리가 바로 그런 아픔의 자리임을 우리는 잊지 않게 해주십시오. 아멘.

삶의 가장 큰 전략은 가난도 아니고, 질병의 고통도 아니고, 명예를 잃거나, 어떤 자리에서 물러나는 것이 아니다. 경외심을 잃는 것이다. 본本이 바로 서야 말末이 누추하지 않은 법이다.

Monday ～～～

Tuesday ～～～

Wednesday ～～～～

사랑의
레가토

Thursday ~~~~~~

Friday ~~~~~~

Saturday ~~~~~~

Sunday ~~~~~~

213

놀라운 신비

하나님이 말씀하시기를 "땅은 푸른 움을 돋아나게 하여라. 씨를 맺는 식물과 씨 있는 열매를 맺는 나무가 그 종류대로 땅 위에서 돋아나게 하여라" 하시니, 그대로 되었다. 땅은 푸른 움을 돋아나게 하고, 씨를 맺는 식물을 그 종류대로 나게 하고, 씨 있는 열매를 맺는 나무를 그 종류대로 돋아나게 하였다. 하나님 보시기에 좋았다. 저녁이 되고 아침이 되니, 사흗날이 지났다 (창세기 1:11-13).

헬렌 켈러는 보지 못하고 듣지 못하고 말하지 못하는 삼중고에 시달리면서도 생의 아름다움을 우리에게 전해준 분이다. 그분의 수필 〈사흘만 볼 수 있다면Three Days to See〉은 정말 우리가 얼마나 놀라운 세계에 살고 있는지를 잘 보여주고 있다. 사람은 누구나 삶이 무의미하고 권태롭다는 생각에 사로잡힐 때가 있다. 바라보는 것들이 다 지루하고, 시시

해서 스스로의 무게를 견딜 수 없을 때 말이다. "누구든 젊었을 때 며칠간만이라도 시력이나 청력을 잃어버리는 경험을 하는 것은 큰 축복이라고 생각합니다"라는 말로 시작되는 헬렌의 글은 '단 사흘만이라도 볼 수 있다면'이라는 가정 아래 이야기를 전개한다. 어느 날 헬렌 켈러는 방금 숲 속에서 산책하고 돌아온 친구에게 무엇을 보았느냐고 물었다. "뭐 특별한 건 없었어." 헬렌은 그 말을 이해할 수 없었다.

"보지 못하는 나는 촉감만으로도 나뭇잎 하나하나의 섬세한 균형을 느낄 수 있습니다… 봄이면 혹시 동면에서 깨어나는 자연의 첫 징조, 새순이라도 만져질까 살며시 나뭇가지를 쓰다듬어 봅니다. 아주 재수가 좋으면 한껏 노래하는 새의 행복한 전율을 느끼기도 합니다."

그러면서 헬렌은 손으로 느끼는 그 모든 것을 눈으로 볼 수 있으면 하는 갈망에 사로잡힌다고 말한다. 촉감으로도 그렇게 큰 기쁨을 맛볼 수 있는데, 눈으로 보는 세상은 얼마나 아름다울까 상상해보는 것이다. 친구들의 얼굴, 찬란한 노을, 새벽에 일찍 일어나 밤이 낮으로 변하는 기적의 시간도 지켜보고 싶었다. 우리는 주변 세계에 너무나 익숙해져서 아무런 놀람도 없이 살아간다. 누군가 내 곁에 있다는 사실도 전혀 의식하지 못하고 산다. 신비도 감탄도 없이 우리는 서로를 울적한 눈빛으로 바라보며 살아갈 뿐이다.

"하나님의 의미와 예배의 중요함을 이해하는 우리의 능력을 억압하는 분명한 방법이 있으니, 사물들을 당연한 것으로 받아들이는 것이다. 살아 있음의 놀라운 신비에 무관심한 것이 죄의 뿌리다"(아브라함 요수아 헤셸, 『사람을 찾는 하느님』, 이현주 옮김, 46쪽).

무엇이든 당연하게 받아들이는 사람에게는 감사도 감격도 없다. 누가 나를 위해 밥을 짓고 빨래를 해주어도, 출근 시간/등교 시간에 늦지 않게 깨워주고 불편함이 없도록 세심하게 돌봐주어도 고마운 줄을 모른다. 이게 우리들의 질병이다. 살아 있음의 신비에 무관심한 것이 죄의 뿌리이다.

놀람과 감사가 없이는 하나님께 예배를 드릴 수도 없다. 우리는 음식을 앞에 놓고 감사의 기도를 드린다. 그것은 말씀으로 모든 것을 있게 하신 하나님의 창조의 신비를 기억하는 행위이다. 누가 믿음의 사람인가? 음식을 먹고, 꽃의 향기를 맡고, 구름과 노을을 바라보면서 하나님이 하시는 일을 찬미하는 사람이다. 우리가 날마다 경험하는 일들 속에서 하나님의 손길을 느끼는 사람이다. 창조된 세상을 보고 기뻐하셨던 하나님의 마음을 배워야 할 때이다.

사랑의
레가토

하나님, "영혼의 눈에 끼었던 무명의 백태가 벗겨지며 나를 에워싼 만유 일체가 말씀임을 깨닫습니다"(구상)라고 고백한 시인의 마음이 참 아름답습니다. 우리는 많은 것을 누리며 살면서도 늘 결핍된 것들에 마음을 빼앗겨 감사를 잊고 삽니다. 하나님이 지으신 세상을 보면서도 무덤덤하게 지냅니다. 그로 인해 영혼은 궁핍해졌습니다. 당연의 세계에는 감사가 없습니다. 주님, 우리가 누리고 있는 모든 것들이 당연한 것이 아니라 하나님의 선물임을 알아차리며 살도록 우리 눈을 열어주십시오. 아멘.

삶은 계속된다

나 주가 말한다. 너희들은 '이 곳이 황폐하여 사람도 없고 짐승도 없다'고 말하지만, 지금 황무지로 변하여, 사람도 없고 주민도 없고 짐승도 없는 유다의 성읍들과 예루살렘의 거리에 또다시, 환호하며 기뻐하는 소리와 신랑 신부가 즐거워하는 소리와 감사의 찬양 소리가 들릴 것이다. 주의 성전에서 감사의 제물을 바치는 사람들이 이렇게 찬양할 것이다. '너희는 만군의 주님께 감사하여라! 진실로 주님은 선하시며, 진실로 그의 인자하심 영원히 변함이 없다.' 내가 이 땅의 포로들을 돌아오게 하여 다시 옛날과 같이 회복시켜 놓겠다. 나 주의 말이다. 나 만군의 주가 말한다. 지금은 황폐하여 사람도 없고 짐승까지 없는 이 곳과 이 땅의 모든 성읍에, 다시 양 떼를 뉘어 쉬게 할 목자들의 초장이 생겨날 것이다. 산간지역의 성읍들과 평지의 성읍들과 남쪽의 성읍들과 베냐민 땅과 예루살렘의 사방과, 유다의 성읍들에서, 목자들이 그들이 치는 양을 셀 것이다. 나 주의 말

사랑의
레가토

이다(예레미야 33:10-13).

예루살렘이 초토화되었을 때 사람들은 깊은 절망에 빠졌다. 가까운 이들이 죽는 비극을 경험했고, 사랑하는 이들이 굴비 두름처럼 엮인 채 먼 이방 나라로 끌려가는 것을 목격했다. 먹을 것과 입을 것도 마땅찮았고, 찬 이슬과 비바람을 피할 집도 파괴되었다. 하지만 그보다 이스라엘 사람들이 더 견딜 수 없었던 것은 거룩한 도성 예루살렘이 속절없이 무너졌다는 사실이었다. 그들에게 예루살렘은 세상의 어떤 힘도 무너뜨릴 수 없는 만세반석이었다. 하나님이 함께 계셨다고 믿었기 때문이다. 하지만 현실은 그렇지 못했다. 그들은 넋이 나간 듯이 하늘을 보며 믿을 수 없는 현실 때문에 울부짖을 수밖에 없었다.

하지만 그들은 눈물을 닦고 다시 일어서야 했다. 인간의 위대함은 '생각'에 있다. 생각을 나타내는 '생각 사思'자는 '밭 田'과 '마음 心'이 결합된 단어이다. 생각이야말로 우리의 마음이 자라나는 밭이다. 생각하고 반성하지 않는 정신은 클 수 없다. 생각을 거듭하던 그들의 입에서 이런 고백이 흘러나왔다.

"주님, 우리는 길들지 않은 짐승 같았습니다"(예레미야 31:18).

하나님의 뜻을 따라 살지 않고, 제멋대로 욕망에 따라 춤을 춘 결과가 오늘의 삶이라는 자각이 비로소 생긴 것이다.

바로 이것이 고난의 신비이다. 고난이 없으면 생각도 일어나지 않는다. 오죽하면 히브리서 기자가 "그는 아드님이시지만, 고난을 당하심으로써 순종을 배우셨습니다"(히브리서 5:8)라고 말했겠는가? 고난은 우리 영혼을 벼리는 숫돌이다. 사람은 넘어지기도 하고 죄를 짓기도 한다. 중요한 것은 그 후의 일이다. 그것을 통해 무엇을 배우느냐가 중요하다. 하나님은 고난을 통해 우리가 삶을 깊이 돌아보고, 자기 자리를 찾을 때면 우리에게 새로운 선물을 마련해주신다.

산그늘이 내린 밭 귀퉁이에서 할머니와 손자가 참깨를 털고 있다. 할머니는 슬슬 막대기질을 하신다. 어두워지기 전에 집으로 돌아가고 싶은 손자는 한번을 내리치는 데도 힘을 더한다. 세상사에서 어려움을 많이 겪었던 손자는 한번을 내리쳐도 쏴아쏴아 쏟아지는 참깨를 보며 신이 난다. 그런데 할머니는 그런 손자를 가볍게 나무란다. "아가, 모가 지까지 털어져선 안 되느니라." 김준태 시인의 시 〈참깨를 털면서〉에 나오는 한 장면이다. 하나님은 바로 이 마음으로 백성들을 대하신다. 하나님은 그의 백성들이 고난의 짐에 짓눌려 무너지는 것을 차마 보실 수 없기에 새로운 삶의 길을 예비하신다.

사랑의
레가토

하나님은 예레미야를 통해 회개한 이스라엘이 회복될 것이라고 약속하신다. 황무지로 변하여 사람도 없고 주민도 없고 짐승도 없던 유다의 성읍들과 예루살렘의 거리에서, 사람들이 환호하며 기뻐하는 소리, 신랑 신부가 즐거워하는 소리와 감사의 찬양 소리가 들려올 것이라는 것이다. 황폐하던 그 땅에 목자들의 초장이 생길 것이고, 그곳에서 한가롭게 풀을 뜯는 양떼를 보게 될 것이라는 것이다. 지금 불모의 시간을 보내는 이들은 이 희망을 굳게 붙들어야 한다.

기도

하나님, 슬픔과 분노로 인해 심장이 멎을 것 같은 고통을 느낄 때, 불의한 이들이 의로운 이들을 억압하고, 사악한 이들이 정직한 사람들을 조롱하는 세상으로 인해 낙담할 때 우리는 깊은 침묵 속에 계신 하나님을 원망합니다. 평안도 위안도 없는 삶이 우리 마음을 조각조각 찢을 때면 절망의 어둠이 확고히 우리를 사로잡습니다. 그러나 주님은 우리를 고아처럼 버려두지 않으십니다. 새로운 삶을 시작할 용기를 우리 속에 심어주십시오. 절망의 땅에 희망을 파종하는 일은 우리 힘만으로는 불가능합니다. 주님, 우리 속에 하늘의 숨결을 불어넣어주십시오. 아멘.

아나니아

아나니아가 대답하였다. "주님, 그가 예루살렘에서 주님의 성도들에게 얼마나 해를 끼쳤는지를, 나는 많은 사람에게서 들었습니다. 그리고 그는 주님의 이름을 부르는 사람들을 잡아 갈 권한을 대제사장들에게서 받아 가지고, 여기에 와 있습니다." 주님께서 그에게 말씀하셨다. "가거라, 그는 내 이름을 이방 사람들과 임금들과 이스라엘 자손들 앞에 가지고 갈, 내가 택한 내 그릇이다. 그가 내 이름을 위하여 얼마나 많은 고난을 받아야 할지를, 내가 그에게 보여주려고 한다." 그래서 아나니아가 떠나서, 그 집에 들어가, 사울에게 손을 얹고 "형제 사울이여, 그대가 오는 도중에 그대에게 나타나신 주 예수께서 나를 보내셨소. 그것은 그대가 시력을 회복하고, 성령으로 충만하게 되도록 하시려는 것이오." 하고 말하였다. 곧 사울의 눈에서 비늘 같은 것이 떨어져 나가고, 그는 시력을 회복하였다. 그리고 그는 일어나서 세례를 받고 음식을 먹고 힘을 얻었다(사도행전 9:13-19).

사랑의
레가토

예수를 믿고 따르는 이들을 박해하던 사울에게 가라는 명령을 받았을 때 아나니아는 망설일 수밖에 없었다. 그것은 섶을 지고 불로 뛰어들라는 말과 다를 바 없었기 때문이다. 하지만 '가거라'라는 명령이 거듭되자 아나니아는 그 명령에 순종했다. 하나님이 하시려는 일을 온전히 이해할 수는 없지만, 그리고 사울에 대한 두려움이 사라진 것도 아니지만, 그는 말씀에 의지하여 사울을 찾아간다. 하나님을 전적으로 신뢰하였기에 가능한 일이다. 이게 바로 믿음이다. 믿음이란 비록 이해할 수 없다 해도 하나님이 세우신 계획에 대해 '아멘!' 하는 것이다.

가나안 정복을 앞두고 있던 이스라엘은 적을 목전에 둔 길갈에서 전투에 나설 젊은이들에게 할례를 행했다(여호수아 5장). 전투에 대한 상식이 없는 사람이 보더라도 그것은 있을 수 없는 일이었다. 하지만 그들은 말씀에 순종해 그렇게 했고 마침내 승리를 거둘 수 있었다. 미디안과의 전투를 앞두고 있던 기드온은 군인들이 너무 많다는 주님의 말씀에 따라 처음엔 이천 명을, 그리고 그 다음엔 만 명을 돌려보내고 오직 삼백 명만 데리고 전투를 벌여 대승을 거뒀다(사사기 7장). 하나님의 생각은 우리의 생각과 다르고, 하나님의 길은 우리의 길과 다르다. 이걸 인정해야 한다.

아나니아는 '곧은 거리'에 있던 유다의 집을 찾아가 사울과 만난다. 그는 사울이 경험하고 있는 어둔 밤의 체험은 오히려 그의 생을 바로 세우기 위한 창조적 혼돈임을 깨우쳐 주었다. 지금까지 사울은 맹목적 열정에 사로잡힌 채 살았다. 그것은 눈 먼 자의 행로였다. 하지만 하나님은 그의 그릇된 열정을 변화시켜 복음을 위한 열정으로 변화시키려 하셨다. 아나니아는 "형제 사울이여, 그대가 오는 도중에 그대에게 나타나신 주 예수께서 나를 보내셨소. 그것은 그대가 시력을 회복하고, 성령으로 충만하게 되도록 하시려는 것이오"(사도행전 9:17)라고 말했다.

아나니아는 사울을 '형제'라고 부른다. 형제를 뜻하는 그리스어 아델포스adelphos는 '자궁'을 뜻하는 델푸스delphus에서 나온 말이다. 아나니아는 사울을 골육지친으로 받아들이고 있다. 그 자신은 물론이고 사울도 그리스도라는 생명의 자궁에서 새롭게 태어난 혹은 태어날 사람이었던 것이다.

사울의 몸에 닿은 아나니아의 손길은 어쩌면 주님의 손길이었는지도 모르겠다. 마침내 바울의 눈에서 비늘 같은 것이 떨어져 나갔다. 그릇된 열정의 비늘, 편견과 경쟁심의 비늘, 자기 의라는 비늘이 떨어져 나가자, 그는 세상을 새롭게 보게 되었다. 영혼의 어둔 밤에서 벗어나자 그는 하나님의 은총으로 충만한 세상을 감격 속에서 바라보게 된 것이다. 새로운 생의 열정이 그를 사로잡았다. 거기에는 타인에

사랑의
레가토

대한 미움도, 남보다 앞서야 한다는 조바심도 없었다. 궁극적인 평안과 기쁨이 그의 내면에서 솟아나고 있었다. 그는 주님의 이름으로 세례를 받고, 음식을 먹고 힘을 얻었다. 아나니아라는 이름은 '주님은 은혜로우시다'라는 뜻의 하나니아hananiah와 연결된다. 세상에는 이처럼 은혜를 매개하는 이들이 있다.

기도

하나님. 만나기 꺼려지는 이들이 있습니다. 살아가는 방식이나 지향이 다른 이들을 만나면 본의 아니게 불쾌한 상황에 직면할 때가 많습니다. 그래서 우리는 마음에 맞는 이들과만 친밀한 관계를 유지하려 합니다. 하지만 주님은 우리가 만나고 싶지 않은 이들에게 가라 하십니다. 아나니아는 그 명령에 순종함으로 하나님의 은총을 매개했습니다. 하나님이 귀하게 세우신 사람들을 우리 멋대로 판단하고 도외시하는 어리석음에 빠지지 않도록 우리 마음을 넓혀 주십시오. 아멘.

그러므로 여러분은 마음을 단단히 먹고 정신을 차려서, 예수 그리스도께서 나타나실 때에 여러분이 받을 은혜를 끝까지 바라고 있으십시오. 순종하는 자녀로서 여러분은 전에 모르고 좇았던 욕망을 따라 살지 말고, 여러분을 불러주신 그 거룩하신 분을 따라 모든 행실을 거룩하게 하십시오. 성경에 기록하기를 "내가 거룩하니 너희도 거룩하여라" 하였습니다(베드로전서 1:13-16).

"썩지 않고 더러워지지 않고, 낡아 없어지지 않는 유산"(베드로전서 1:4)을 물려받은 이들에게 베드로는 이렇게 신신당부를 한다.

　"그러므로 여러분은 마음을 단단히 먹고 정신을 차려서, 예수 그리스도께서 나타나실 때에 여러분이 받을 은혜를 끝까지 바라고 있으십시오"(베드로전서 1:13).

'마음'을 단단히 먹으라고 할 때의 그 '마음dianoia'은 우리 자연인의 마음이 아니라, 그리스도의 구속을 경험한 성도들에게 하나님이 주신 이해력이나 감정, 의지를 두루 뜻하는 말이다. '먹다'라는 말은 '어떤 뜻을 품는다'는 뜻이다. 따라서 마음을 단단히 먹으라는 말은 하나님이 주신 그 마음을 온 힘을 다해 붙들라는 말이다. 적당히 살다가는 하나님이 주신 마음을 다 잃어버리게 마련이다.

믿는 이들에게 요구되는 것은 또 있다. 받을 은혜를 끝까지 바라는 인내이다. 현대인들은 누구나 조급증이라는 병을 앓고 있다. 뭐든 쉽게 결론을 내고 싶어 한다. 오늘 기도한 것이 내일 응답되기를 기대한다. 하지만 신앙은 장거리 경주이다. 진정한 재능이란 어쩌면 '지속의 열정'인지도 모르겠다. 일단 분명한 목표가 세워지면 주변에서 뭐라 하든 흔들리지 않고 끊임없이 그 목표를 향해 한 걸음씩 나가는 사람이 어떤 일이든 성취해낸다. 소걸음으로 천리를 가겠다는 마음으로, 주님이 위임해주신 일들을 천천히 하다 보면 어느 결에 주님 품에 안겨 걷고 있는 자신을 발견하게 될 것이다.

베드로는 산 소망을 품은 이들이 지향해야 할 삶을 이렇게 요약한다. "순종하는 자녀로서 여러분은 전에 모르고 좇았던 욕망을 따라 살지 말고, 여러분을 불러주신 그 거룩하신 분을 따라 모든 행실을 거룩하게 하십시오.”(베드로전서 1:14-15). 그리스도와 만나기 이전의 삶을 베드로는 '욕망을 따라 사는 삶'이라고 말한다. 욕망이란 매우 주관적이고 이기적인 것이다. 욕망은 늘 어떤 대상을 향하지만, 그 대상을 위하는 경우는 거의 없다. 이것이 그리스도를 모를 때의 삶이다. 믿는 이들은 욕망이 아니라 우리를 불러주신 주님의 뜻을 삶의 기준으로 삼아야 한다. 주님은 우리가 생명을 아끼고 존중하며 살기를 바라신다. 세상의 아름다움을 한껏 향유하고, 이웃이 겪는 고통 앞에 멈춰 서는 동시에 그들의 선한 이웃이 되기 위해 마음 쓸 줄 아는 사람이 될 때 우리는 비로소 거룩한 삶의 입구에 서 있다 할 것이다.

최영철 시인의 〈우짜노〉라는 시는 '어, 비 오네'로 시작하여 "자꾸 비 오면 꽃들은 우째 숨쉬노, 자꾸 천둥 번개 치면 새들은 우째 날겠노, 몸 간지러운 햇빛 우째 기지개 펴겠노, 바람은 저 빗줄기 뚫고 우째 먼길 가겠노" 하는 탄식으로 이어진다. 남들이야 죽든 말든 나만 잘 살면 그만이라 생각하는 사람들 틈에서 듣는 '우짜노'라는 탄식이 참 신선하다. 이 마음 하나 얻지 못한다면 우리 신앙생활은 헛것이 된다.

사랑의
레가토

하나님, 사람답게 산다는 게 뭔지 잘 알면서도 우리는 그것과 거리가 먼 행동을 합니다. 게으름과 냉담 속에서 우리에게 위임된 일들을 소홀히 합니다. 세상에 정신이 팔린 채 지향해야 할 목표를 잊고 삽니다. 욕망의 벌판에서 살아남기 위해 발버둥치다가 그만 하나님의 형상을 잃어버리고 말았습니다. 이제 다시 시작하고 싶습니다. 기뻐하는 이들과 함께 기뻐하고, 슬퍼하는 이들과 함께 슬퍼하고, 아름다움 앞에 멈춰서고, 누군가의 짐을 덜어주기 위해 기꺼이 몸을 낮추는 사람이 되게 해주십시오. 아멘.

무지개 백성

나는 이 사람들을 위해서만 비는 것이 아니고, 이 사람들의 말을 듣고 나를 믿는 사람들을 위해서도 빕니다. 아버지, 아버지께서 내 안에 계시고, 내가 아버지 안에 있는 것과 같이, 그들도 하나가 되어서 우리 안에 있게 하여 주십시오. 그래서 아버지께서 나를 보내셨다는 것을, 세상이 믿게 하여 주십시오. 나는 아버지께서 내게 주신 영광을 그들에게 주었습니다. 그것은, 우리가 하나인 것과 같이, 그들도 하나가 되게 하려는 것입니다. 내가 그들 안에 있고, 아버지께서 내 안에 계신 것은, 그들이 완전히 하나가 되게 하려는 것입니다. 그것은 또, 아버지께서 나를 보내셨다는 것과, 아버지께서 나를 사랑하신 것과 같이 그들도 사랑하셨다는 것을, 세상이 알게 하려는 것입니다(요한복음 17:20-23).

교회의 교회됨은 서로 지체가 되는 데 있다. 신자는 서로의

사랑의
레가토

부족함을 채워주라는 주님의 명령을 받은 사람들이다. 그렇기에 부족함은 부끄러움이 아니라 형제자매의 사랑이 흘러들어오는 통로이다. 경쟁 구도 속에서의 부족함은 약점이지만, 사랑의 관계 속에서의 부족함은 그들을 더욱 굳게 결합시켜 주는 계기이다. 물론 성도들의 사귐의 중심에는 주님이 계셔야 한다. '너'를 향한 '나'의 사랑은 매개된 사랑이라는 말이다.

불교의 전유물 같아서 사람들이 꺼리기는 하지만 합장合掌한 모습은 참 보기 좋다. 손을 모은다는 것은 오른쪽과 왼쪽, 당신과 나, 인간과 신성을 합치는 것을 뜻한다고 한다. 즉 생명은 서로 조화를 이루며 살아야 한다는 것을 즉물적으로 보여주는 것이 바로 합장이라는 말이다.

분리되고 고립되며 연결되어 있지 않은 '나'라는 존재는 없다. 문화인류학자 그레고리 베이트슨Gregory Bateson, 1904-1980은 "손은 다섯 개의 손가락으로 이루어져 있는 것이 아니라 네 개의 관계로 이루어져 있다"고 말했다. 교회는 이런 관계적 실존을 배우고 익히는 학교가 되어야 한다. 아버지께로 돌아갈 날이 다가옴을 직감하신 예수님은 남겨질 제자들을 위해 기도를 바친다. 세상에서 살아갈 제자들을 악한 자들로부터 지켜달라고, 또한 그들을 진리로 거룩하게 하여 달라고.

예수님은 또한 제자들의 하나 됨을 위해 기도하셨다.

"아버지, 아버지께서 내 안에 계시고, 내가 아버지 안에 있는 것과 같이, 그들도 하나가 되어서 우리 안에 있게 하여 주십시오"(요한복음 17:21).

주님은 하나가 된다는 것이 무엇인지를 삶으로 보여주셨다. 그것은 거래도 아니고 협상도 아니다. 예수님은 오직 아버지이신 하나님의 뜻을 이루기 위해 끝없이 자기를 비웠다. 그것은 자기 상실이 아니라 자기 초월이었다. 시냇물은 강물에 흘러들어가고, 강물은 바다로 흘러가 더 큰 몸을 얻는다. 바로 그것이 초월이다. 하나가 되는 것은 이처럼 커지는 것이다. 사탄은 사람들 사이를 파고들어 그들이 분열되게 만든 후 그들을 지배한다. '가르고 지배하라'가 사탄의 모토이다. 하지만 하나님은 하나가 되게 하심으로 사람들을 강화하신다.

남아프리카 공화국의 민주화운동을 이끌었던 데스몬드 투투Desmond Tutu 대주교가 한 번은 자기 교회 회중들을 바라보다가 말했다. "여러분, 손을 들어보십시오." 영문을 몰라 하면서도 사람들은 손을 들었다. "이제 손을 흔들어 보십시오." 높이 치켜든 채 손을 흔들자 그 손은 반짝이는 별처럼 보였다. 그 모습을 감격스레 바라보던 투투 주교가 마침내 말했다. "이제 여러분의 손을 보십시오. 저마다 색깔이 다릅니다. 우리는 무지개 백성입니다." 무지개는 다양한 색깔의 조화를 통해 우리를 꿈의 세계로 인도한다. 놀랍지 않은가? 하나님의 사람들은 무지개 백성이다.

기도

하나님, 허둥지둥 정신없이 질주하며 살지만 정작 마음은 스산하기 이를 데 없습니다. 친밀한 사귐을 갈구하면서도 우리는 누군가와 관계를 맺는 일에 서툽니다. 상처를 받을까 미리 염려할 때가 많습니다. 하지만 주님은 하나 됨의 길로 우리를 부르십니다. 낯선 이들과 만나 공동체를 이루기란 여간 어려운 일이 아닙니다. 우리의 편협한 마음을 넓혀주시고, 이웃들과의 친밀한 만남을 통해 이전에는 경험하지 못했던 기쁨과 든든함을 맛보게 해주십시오. 아멘.

하나님의 뜻을
앞지르지 말라

성막을 세우던 날, 구름이 성막, 곧 증거궤가 보관된 성막을 덮었다. 저녁에는 성막 위의 구름이 불처럼 보였으며, 아침까지 그렇게 계속되었다. 그것은 늘 그러하였다. 구름이 성막을 덮고 있었으며, 밤에는 그 구름이 불처럼 보였다. 구름이 성막 위로 걷혀 올라갈 때면, 이스라엘 자손은 그것을 보고 난 다음에 길을 떠났고, 구름이 내려와 머물면, 이스라엘 자손은 바로 그 자리에 진을 쳤다. 이스라엘 자손은 이렇게 주님의 지시에 따라 길을 떠났고, 또한 주님의 지시에 따라 진을 쳤다. 구름이 성막 위에 머물러 있는 날 동안에는, 진에 머물렀다(민수기 9:15-18).

하나님의 지시에 따라 성막을 세운 날, 구름이 성막을 뒤덮었다. 저녁에는 성막 위의 구름이 불처럼 보였다. 성경에서 구름과 불은 하나님의 현존을 드러내는 상징이다. 그런데 민수기의 기자는 구름이 성막에 덮였다고 말하면서 '증거궤가 보관된 성막'이라고 재차 강조한다. 왜 그럴까? 사람들의 시선이 신적 현현을 드러내는 구름과 불에 머물까 염려되기 때문이다. 사실은 구름과 불은 하나님을 드러내는 동시에 숨기는 역할을 한다고 말할 수 있다. 구름과 불의 이면에 있는 증거궤 곧 하나님의 말씀이야말로 백성들이 잊지 말아야 할 것이었다.

아버지로부터 멀리 떨어진 곳에 한 왕자가 살고 있었다. 그는 아버지가 너무도 그리웠다. 어느 날 아버지께서 보내주신 편지를 받고는 뛸 듯이 기뻐했다. 그는 편지를 소중하게 갈무리했다. 그러나 편지를 받고 기뻐하며 즐거워하는 만큼 아버지가 더욱더 그리워졌다. 그는 자리에 앉아 탄식을 쏟아냈다. "아아, 아버지의 손을 만질 수만 있다면 얼마나 좋을까? 나에게 손을 내밀어주신다면 그 손을 꼭 껴안으련만. 내 아버지요 스승이며 빛이신 그분에 대한 애타는 그리움을 입술에 담아 그 손가락마다에 입을 맞추리라!" 그가 이렇게 아버지를 만져 보고 싶은 그리움으로 탄식하는 동안, 머리에 번갯불처럼 스쳐가는 생각이 있었다. 나에게는 아버지의 편지가, 당신 손으로 직접 쓰신 편지가 있지 않은가? 아버지의 친필이라면 그분의 손과 맞먹는 것이 아닌가? 생각이 거기에 미치자 그의 가슴에서 큰 기쁨이 솟구쳤다 (아브라함 요수아 헤셸, 『사람을 찾는 하느님』, 이현주 옮김, 95쪽).

하나님의 말씀이야말로 하나님 현존의 징표이다. 초대교회 교인들은 예수님을 거룩의 현존인 성막으로 이해했다.

"그 말씀은 육신이 되어 우리 가운데 사셨다. 우리는 그의 영광을 보았다. 그것은 아버지께서 주신, 외아들의 영광이었다. 그는 은혜와 진리가 충만하였다"(요한복음 1:14).

여기서 말하는 '은혜와 진리'를 표상적 언어로 말하자면 구름과 불이 될 것이다. 사도들은 예수님의 인격 속에서 현존하시는 하나님을 보았다. 하나님을 드러내는 사람을 사람들은 하나님의 자녀라 부른다.

하나님의 현존의 징표인 구름 기둥과 불 기둥은 또한 하나님의 백성들이 떠나야 할 때와 머물 때를 가리키는 표징이었다. 출애굽 공동체는 성막을 뒤덮고 있는 구름과 불이 성막 위로 걷혀 올라갈 때면 길을 떠났고, 구름이 내려와 머물면 바로 그 자리에 진을 쳤다. 구름이 성막 위에 하루만 머물 때도 있었고 며칠 동안 머물 때도 있었고 몇 달 동안 머물 때도 있었다. 그들은 어떤 경우에도 하나님의 뜻을 앞지르려고 하지 않았다. 어떤 때는 여건이 좋아 더 머물고 싶을 때도 있었을 것이고, 바로 떠나고 싶은 때도 있었을 것이다. 내 경험, 내 판단, 내 편의대로 움직이지 않고 하나님의 뜻을 수행하기 위해 기다리는 것이 믿음이다.

사랑의
레가토

하나님. 살다보면 어느 순간 길을 잃은 것 같은 느낌에 사로잡힐 때가 있습니다. 방향 감각을 잃은 채 시간 속을 떠돌고, 지향해야 할 목표조차 분명하지 않을 때 어지럼증이 몰려옵니다. 그럴 때면 실존의 어둠을 밝혀줄 빛 한 점이 그립습니다. 구름 기둥과 불기둥으로 이스라엘을 인도하셨던 주님과 만나고 싶습니다. 그 빛과 만나 흔들림 없는 발걸음으로 걷고 싶습니다. 외로운 인생길에 지쳐있을 때 슬며시 다가와 손을 내미시는 주님을 알아차릴 분별력을 허락하여 주십시오. 주님과 동행하는 삶을 통해 마침내 하나님의 마음에 이를 수 있게 해주십시오. 아멘.

탄식을 넘어 기쁨으로

학자 에스라는 높은 단 위에 서 있었으므로, 백성들은 모두, 그가 책 펴는 것을 볼 수 있었다. 에스라가 책을 펴면, 백성들은 모두 일어섰다. 에스라가 위대하신 주 하나님을 찬양하면, 백성들은 모두 손을 들고 "아멘! 아멘!" 하고 응답하고, 엎드려 얼굴을 땅에 대고 주님께 경배하였다. 레위 사람인 예수아와 바니와 세레뱌와 야민과 악굽과 사브대와 호디야와 마아세야와 그리다와 아사랴와 요사밧과 하난과 블라야는, 백성들이 제자리에 서 있는 동안에, 그들에게 율법을 설명하여 주었다. 하나님의 율법책이 낭독될 때에, 그들이 통역을 하고 뜻을 밝혀 설명하여 주었으므로, 백성은 내용을 잘 알아들을 수 있었다. 백성은 율법의 말씀을 들으면서, 모두 울었다. 그래서 총독 느헤미야와, 학자 에스라 제사장과, 백성을 가르치는 레위 사람들이, 이 날은 주 하나님의 거룩한 날이니, 슬퍼하지도 말고 울지도 말라고 모든 백성을 타일렀다. 느헤미야는 그들에게 말하였

사랑의
레가토

다. "돌아들 가십시오. 살진 짐승들을 잡아 푸짐하게 차려서, 먹고 마시도록 하십시오. 아무것도 차리지 못한 사람들에게는, 먹을 몫을 보내 주십시오. 오늘은 우리 주님의 거룩한 날입니다. 주님 앞에서 기뻐하면 힘이 생기는 법이니, 슬퍼하지들 마십시오." 레위 사람들도 모든 백성을 달래면서, 오늘은 거룩한 날이니, 조용히 하고, 슬퍼하지 말라고 타일렀다. 모든 백성은 배운 바를 밝히 깨달았으므로, 돌아가서 먹고 마시며, 없는 사람들에게는 먹을 것을 나누어 주면서, 크게 기뻐하였다(느헤미야 8:5-12).

백성들과 협력하여 예루살렘 성벽 공사를 마무리한 느헤미야에게 남은 과제는 무너졌던 하나님의 백성들의 정체성을 회복시키는 일이었다. 어쩌면 그것은 성벽을 세우는 일보다 더 어려운 일일 수도 있었다. 그런데 놀라운 일이 벌어졌다. 느헤미야가 어떤 일을 기획하기도 전에 백성들이 먼저 그 일에 착수했다. 불가능해 보이던 일을 기도와 눈물과 땀과 희생과 용기로 이루어낸 백성들은 이제 비로소 자기들이 누구인지를 알게 되었다. 그들은 언약의 백성이었던 것이다. 그 가슴 벅찬 깨달음이 그들을 한 자리로 불러 모았다. 누가 먼저랄 것도 없었다. 남자와 여자, 말귀를 알아들을 수 있는 이들은 모두 수문 앞 광장으로 몰려와 학자 겸 제사장인 에스라에게 율법책을 읽어달라고 청했다.

그 날은 7월 1일이었는데 종교의식을 중심으로 한 책력에 따르면 새해Rosh Hashanah가 시작되는 날이었다. 에스라는 임시로 만든 높은 나무 단 위에 서서 율법을 낭독했다. 백성들은 에스라가 율법 두루마리를 펼치면 자리에서 일어났다. 그리고 낭독되는 율법의 말씀을 경청했다(느헤미야 8:3). 에스라가 위대하신 하나님을 찬양하면 백성들은 두 손을 들고 "아멘! 아멘!" 하고 응답하면서 얼굴을 땅에 대고 주님께 경배했다. 레위 지파 사람들은 아람어 밖에는 모르는 이들을 위하여 히브리어로 낭독되는 말씀을 아람어로 통역해주었다. 백성들은 말씀을 듣고 모두 울었다. 자기들이 하나님의 백성임을 망각한 채 욕심에 이끌려 살아왔던 삶에 대한 회한의 눈물이었다. 자기 안에 있는 어둠을 보는 자는 슬퍼할 수밖에 없다. 역사 속에 드리운 어둠을 보는 자도 마찬가지이다. 열정적으로 모이고, 말씀을 경청하고, 마음으로 응답하고, 진정으로 자기의 죄를 슬퍼하자 무너졌던 내면의 등골이 곧추 세워지기 시작했다.

안일한 생활에 젖어있는 이들에게 하나님의 말씀은 불편할 때가 많다. 기록된 하나님의 말씀인 성서는 기존 질서와는 다른 새로운 질서의 세계를 열어 보이기 때문이다. 버나드 브랜든 스캇Bernard Brandon Scott은 예수님의 비유를 '세상 다시 그리기re-imagine the world'라는 말로 요약한 바 있다. 세

사랑의
레가토

상을 다시 그린다는 말은 세상이 하나님이 만드셨던 본래의 모습과는 너무도 달라졌다는 사실을 전제한다. 예수님의 비유는 그가 새롭게 그리는 세상의 모습을 반영한다. 주님의 말씀과 비유는 세상의 약자들과 상처 입은 이들에게는 치유하고 일으켜 세우는 바람이었지만, 기존 질서에 안주하면서 하나님의 뜻을 가로막고 있는 이들에게는 그들의 삶을 뒤흔드는 광풍이었다. 말씀과 만나 우는 이들은 새로운 삶을 시작하게 마련이다.

그런데 하나님의 말씀 앞에서 몸 둘 바를 몰라 그저 하염없이 울고 있는 백성들에게 총독 느헤미야와 제사장 에스라와 레위 사람들은 "이 날은 주 하나님의 거룩한 날이니, 슬퍼하지도 말고 울지도 말라"고 백성들을 타일렀다. 이것은 값싼 위로가 아니다. 슬픔을 넘어 말씀을 맛본 자들이 누리는 더 근원적인 기쁨을 맛보라는 초대이다. 탄식을 넘어 기쁨으로 나아가는 것, 그것이 우리의 여정이다.

기도

하나님, 영문도 모른 채 세상의 북소리에 맞춰 달려가고 있는 우리를 긍휼히 여겨주십시오. 아름다운 생을 꿈꿨지만 지금 우리 인생의 집은 누추하기만 합니다. 열정의 허무함, 교만함, 비굴함, 자기 자신에 대한 분노가 우리를 괴롭힙니다. 무너진 우리 마음의 중추를 다시 세우고 싶습니다. 하나님의 마음 위에 인생의 집을 다시 짓고 싶습니다. 주님의 꿈을 가슴에 품은 새 사람이 되고 싶습니다. 가난한 마음, 애통하는 마음, 온유한 마음을 잃어버리지 않도록 우리를 꼭 붙들어주십시오. 아멘.

사랑의
레가토

예수 정신은 투박하고 거친 것처럼 보인다. 그래서 스스로 지혜롭다 생각하는 사람들에게 인기가 없었다. 화려한 교회와 세련된 교회 생활이 투박한 예수 정신을 대치하고 있다. 다듬은 돌로 제단을 쌓는 일이 자행되고 있다.

Monday ~~~~~

Tuesday ~~~~~

Wednesday ~~~~~

사랑의
레가토

Thursday ~~~~~

Friday ~~~~~

Saturday ~~~~~

Sunday ~~~~~

하나님의
일터에서

그러나 [예수]께서는 그들에게 말씀하셨다. "내 아버지께서 이제까지 일하고 계시니, 나도 일한다." 유대 사람들은 이 말씀 때문에 더욱더 예수를 죽이려고 하였다. 그것은, 예수께서 안식일을 범하셨을 뿐만 아니라, 하나님을 자기 아버지라고 불러서, 자기를 하나님과 동등한 위치에 놓으셨기 때문이다. 예수께서 그들에게 말씀하셨다. "내가 진정으로 진정으로 너희에게 말한다. 아들은 아버지께서 하시는 것을 보는 대로 따라 할 뿐이요, 아무것도 마음대로 할 수 없다. 아버지께서 하시는 일은 무엇이든지, 아들도 그대로 한다. 아버지께서는 아들을 사랑하셔서, 하시는 일을 모두 아들에게 보여 주시기 때문이다. 또한 이보다 더 큰 일들을 아들에게 보여 주셔서, 너희를 놀라게 하실 것이다"(요한복음 5:17-20).

"내 아버지께서 이제까지 일하고 계시니, 나도 일한다"(요한

사랑의
레가토

복음 5:17). 이 말은 38년 동안이나 병에 시달리던 사람을 안식일에 고쳤다고 하여 당신을 박해하는 사람들에게 하신 주님의 말씀이다. 타락한 인간의 특색은 뭘까? 다른 이의 고통에 대해서 무감각한 것이다. 타인의 관점으로 사태를 보는 능력을 잃는 순간 우리 마음은 묵정밭으로 변하고, 하나님이 심어주신 본래의 성품은 시들어버리고 만다. 자, 여기에 고질병으로 오랫동안 신음하던 사람이 있다. 살림은 궁핍하기 이를 데 없고, 얼굴에서 미소가 사라진지도 이미 오래다. 그러던 그가 어느 날 거짓말처럼 병으로부터 회복되었다. 하나님이 주신 본래의 성품이 조금이라도 남아있는 사람이라면 그를 축하해주는 게 마땅한 일이다.

그러나 율법을 좀 안다는 사람들이 하는 짓을 보라. 그들은 예수가 율법에 어긋나는 일을 했다고 비난한다. 절망의 나락에 빠져 있던 한 병자가 건강하게 회복되었다는 사실은 안중에도 없다. 하나님의 생명의 기운이 그의 몸속에 나타났는데도 그들은 그걸 볼 눈이 없다. 율법 조문에 집착하는 동안 자기 앞에서 벌어지고 있는 구원의 현실에는 청맹과니가 되었기 때문이다. 율법 조문은 사람을 죽이고 영은 살린다(고린도후서 3:6). 지식은 교만하게 하고, 사랑은 덕을 세운다(고리도전서 8:1). 그들은 이미 해가 중천에 떠올랐는데도 닭 울음소리가 들리지 않았으니 아직 밤이라고 주장하는 사람들과 마찬가지이다.

종교의 본질은 사람들을 해방하는 것이다. 우리를 얽어매 옴짝달싹 못하게 하는 온갖 죄와 헛된 욕망, 억압과 가난과 차별로부터 우리를 해방하는 것이 하나님의 뜻이다. 그런데 지금 우리 현실은 그렇지 못한 것 같다. 사람들을 오히려 종교적인 독단과 편협함 속에 가두는 경우가 많다. 예수 믿으면 저 푸르고 넉넉한 가을 하늘처럼 서늘한 매력 있는 사람이 되어야 하지 않겠는가? 사람됨이 넉넉하고, 품이 넓어서 누구라도 품어 안을 수 있어야 하지 않겠는가?

세상은 하나님의 일터이다. 성경은 하나님께서 엿새 동안 세상을 만드시고 이레째 되는 날 쉬셨다고 말한다. 하나님의 창조 사역은 과거에 속할까? 그렇지 않다. 여드레째 되는 날이 있다. 그것은 죄에 빠진 인간을 구원하시려는 하나님의 고투의 시간이다. 지금은 새로운 창조의 날이다. 우리는 그 일에 동참하라는 부름을 받고 있다. 집요한 악의 실체를 잘 알기에 우리는 회의적으로 묻는다. "할 수 있을까?" 주님의 말씀이 우리에게 힌트를 준다.

"내가 진정으로 진정으로 너희에게 말한다. 아들은 아버지께서 하시는 것을 보는 대로 따라 할 뿐이요, 아무것도 마음대로 할 수 없다. 아버지께서 하시는 일은 무엇이든지 아들도 그대로 한다"(요한복음 5:19).

사랑의
레가토

주님이 보여주신 삶을 따라 하려는 검질긴 믿음이 필요한 때이다.

기도

하나님, '아버지께서 이제까지 일하고 계시니, 나도 일한다'는 주님의 고백이 깊은 울림으로 다가옵니다. 하나님의 일터에서 일하라는 부름을 받고서도 우리는 게으름을 피우며 살았습니다. 아무리 애를 써 봐도 세상은 달라지지 않을 거라는 생각에 사로잡혔기 때문입니다. 하지만 주님이 요구하시는 것은 세상 전체를 바꾸라는 것이 아니라, 믿음의 분량대로 성실하게 살라는 것임을 이제야 깨닫습니다. 우리가 선 자리에서 등불 하나를 밝히는 마음으로 살겠습니다. 절망의 파도에 떠밀리지 않도록 우리를 지켜주십시오. 아멘.

보이지 않아도,
들리지 않아도

욥이 대답하였다. 오늘도 이렇게 처절하게 탄식할 수밖에 없다니! 내가 받는 이 고통에는 아랑곳없이, 그분이 무거운 손으로 여전히 나를 억누르시는구나! 아, 그분이 계신 곳을 알 수만 있다면, 그분의 보좌까지 내가 이를 수만 있다면, 그분 앞에서 내 사정을 아뢰련만, 내가 정당함을 입이 닳도록 변론하련만. 그러면 그분은 무슨 말로 내게 대답하실까? 내게 어떻게 대답하실까? 하나님이 힘으로 나를 억누르실까? 그렇지 않을 것이다. 내가 말씀을 드릴 때에, 귀를 기울여 들어 주실 것이다. 내게 아무런 잘못이 없으니, 하나님께 떳떳하게 말씀드릴 수 있을 것이다. 내 말을 다 들으시고 나서는, 단호하게 무죄를 선언하실 것이다(욥기 23:1-7).

욥은 하나님이 전능하시다는 사실을 의심하지 않는다. 그러나 느닷없이 무거운 손으로 자기를 누르시는 하나님의 마음은 도무지 알 수가 없었다. 그래서 탄식한다. "그분이 계신 곳을 알 수만 있다면… 그분 앞에서 내 사정을 아뢰련만, 내가 정당함을 입이 닳도록 변론하련만"(욥기 23:3, 4). 지금 욥이 문제로 삼고 있는 것은 하나님의 전능하심이 아니라 선하심과 의로우심이다. 그는 지금 하나님 앞에 물음표가 되어 서 있다.

시인 김승희는 〈신의 연습장 위에〉라는 시에서 이렇게 노래한다. "나는 하나의 희미한 물음표/어느 하늘, 덧없는 공책 위에,/신이 쓰다버린 모호한 문장처럼/영원히 결론에 이르지/못하는/나는 하나의 병든 물음표." 이 얼마나 처연한가?

현실을 현실로 보는 사람은 누구나 다 하나님께 묻고, 도전하고, 설명을 요구하지 않을 수 없다. 세상이 이래서는 안 된다고 생각하기 때문이다. '왜 죄 없는 사람들이 폭력에 노출된 채 살아가야 합니까?' '왜 가난한 사람들은 가난을 대물림할 수밖에 없는 사회 구조 속에서 살아가야 합니까?' '왜 어떤 이들은 의료의 사각지대에서 죽어가야 합니까?' '왜 팔레스타인 가자 지구^{Gaza strip}의 양민들은 공포 속에서 나날을 보내야 합니까?' '왜 아프리카의 여러 나라를 비롯한 빈국의 어린이들은 굶주림 속에서 죽어가야 합니까?' '왜 남미의 빈국 사람들은 국경을 넘으려다 죽어야 합니까?' 그런데 우리는 안다. 우리가 하나님께 제기하는 '왜?'라는 질문은 사실은 "당신의 나라가 오게 하여 주십시오" 하는 기도이다.

욥의 딜레마는 그가 하나님의 부재를 느끼고 있지만 하나님의 존재를 믿지 않고는 살 수 없는 사람이라는 데 있다. 그는 하나님과 만날 수만 있다면 자신이 겪고 있는 모든 문제의 해답을 찾을 수 있다고 확신한다. 하지만 하나님은 어디에서도 만날 수 없었다. 동쪽으로 가서 찾아보아도 안 계시고, 서쪽으로 가서 찾아보아도 뵐 수가 없었다. 남쪽이나 북쪽으로 가보아도 마찬가지였다. 마치 하나님께서 그와의 대면을 의도적으로 피하시는 것처럼 느껴졌다. 오직 하나님에게만 소망을 걸고 있는 이에게 이보다 잔인한 현실이 또 있을까? 하나님의 일식日蝕 혹은 하나님의 부재不在 경험이야말로 사람이 겪을 수 있는 가장 큰 재난이다. 욥은 하나님의 얼굴을 뵙기 원하지만, 하나님은 무심하실 뿐이다.

그럼에도 불구하고 그에게는 두 가지 근본적인 믿음이 있다. 하나는 하나님께서 그의 기도를 듣고 계시다는 자각이고, 다른 하나는 하나님께서 그의 삶을 지켜보고 계시다는 확신이다. 이 믿음이 있기에 욥은 무너지지 않는다. 하나님이 하시는 일을 다 이해할 수는 없다 해도 하나님의 선하심과 의로우심을 믿는 사람들은 결코 자포자기적인 삶을 살

사랑의
레가토

지 않는다. 보이지 않아도, 들리지 않아도 하나님은 지금 이곳에 계시다. 없이 계신 하나님, 함이 없이 하시는無爲之爲무위지위 하나님을 신뢰할 때 우리 삶이 든든해진다.

기도

하나님, 가끔 하나님이 너무 멀리 계신 것 같아 아뜩해질 때가 있습니다. 세상에는 악인들이 득시글거리는 데 하나님은 너무 태평하신 것 같아 속상할 때도 있습니다. 욥이 느낀 절망감에 깊이 공감하지 않을 수 없습니다. 삶의 모호성을 견디기엔 우리 의지와 믿음이 너무 연약합니다. 그렇기에 하나님의 자비하심 앞에 엎드리지 않을 수 없습니다. 우리가 무의미의 심연에 빨려 들어가지 않도록 지켜주시고, 하나님에 대한 깊은 신뢰 속에서 오늘을 살아가게 도와주십시오. 주님의 거룩한 현존을 세상 앞에 드러내며 살게 해주십시오. 아멘.

겨자풀 천국

예수께서 또 말씀하셨다. "우리가 하나님의 나라를 어떻게 비길까? 또는 무슨 비유로 그것을 나타낼까? 겨자씨와 같으니, 그것은 땅에 심을 때에는 세상에 있는 어떤 씨보다도 더 작다. 그러나 심고 나면 자라서, 어떤 풀보다 더 큰 가지들을 뻗어, 공중의 새들이 그 그늘에 깃들일 수 있게 된다." 예수께서는, 그들이 알아들을 수 있는 정도로, 이와 같이 많은 비유로 말씀을 전하셨다. 비유가 아니면 말씀하지 않으셨으나, 제자들에게는 따로 모든 것을 설명해 주셨다(마가복음 4:30-34).

이 비유는 예수님의 청중들을 당혹감 속으로 몰아넣었을 것이다. 하나님 나라를 하고많은 것들 가운데 하필이면 겨자씨에 빗대다니! 유대인들에게 겨자씨는 '작은 것', '변변치 못한 것'을 지칭하기 위해 들던 예였다. 그들은 주님의 날이 오면 예루살렘이 세계 위에 우뚝 설 것이고, 다른 모든 나라

사랑의
레가토

들이 그 앞에 엎드리게 될 것이라고 믿고 있었다. 그래서 그들은 하나님이 다스리시는 나라를 백향목에 빗대기를 좋아했다.

"주 하나님이 말한다. 내가 백향목 끝에 돋은 가지를 꺾어다가 심겠다. 내가 그 나무의 맨 꼭대기에 돋은 어린 가지들 가운데서 연한 가지를 하나 꺾어다가, 내가 직접 높이 우뚝 솟은 산 위에 심겠다. 이스라엘의 높은 산 위에 내가 그 가지를 심어 놓으면, 거기에서 가지가 뻗어 나오고, 열매를 맺으며, 아름다운 백향목이 될 것이다. 그 때에는 온갖 새들이 그 나무에 깃들이고, 온갖 날짐승들이 그 가지 끝에서 보금자리를 만들 것이다"(에스겔 17:22-23).

구약에서 하나님 나라를 상징하는 것은 언제나 아름답고 위세 있는 백향목이었다. 백향목은 성전이나 제단, 궁전을 짓는 데만 사용하던 최고급의 나무였다. 척박한 땅에 사는 다른 나무들에 비해서 백향목은 그야말로 위풍당당 그 자체였다. 그런데 예수님은 백향목의 상징을 폐기하고 겨자풀의 상징을 사용하셨다. 왠지 왜소해지는 듯한 느낌이 들 수도 있었겠다. 겨자풀은 크게 자라봐야 3미터 정도이다. 위엄과는 거리가 멀었다. 게다가 겨자풀은 번식력이 좋아서 급속히 퍼질 뿐만 아니라, 토양을 망가뜨리기 때문에 농민들이 기피하던 식물이다. 대체 하나님 나라를 겨자풀에 비기신 주님의 뜻은 무엇일까?

당시의 팔레스타인은 로마의 지배하에 있었다. 로마는 그 야말로 위풍당당한 백향목과 같은 나라였다. 강력한 군사력은 물론이고 화려한 문화는 지금의 우리가 봐도 충격적일 정도이다. 하지만 예수님은 그런 로마의 이면을 보셨다. 가혹한 세금에 시달리는 피식민지 백성들, 귀족들의 사치스러운 삶을 뒷받침하기 위해서 노예로 전락한 사람들, 끊일 새 없는 전쟁….

함석헌 선생님은 "전쟁은 사치 가운데 가장 큰 사치"라고 말했다. 사치란 분수에 지나치게 치레하는 짓을 말한다. 그러니 생명을 살리는 데 써야 할 돈과 힘을 죽이고 파괴하는 데 사용하는 것이 사치가 아니고 무엇이겠는가?

백향목 세상은 몇몇 특권적인 사람에게만 천국이고 대다수의 사람들에게는 지옥인 세상이다. 예수님은 사람들이 그런 현실에 눈 뜨기를 바라셨다. 가혹한 식민 통치자들 아래서 신음하고 있으면서도 그들은 여전히 지배와 피지배의 도식을 가지고 역사를 바라보았다. 지배의 주체가 바뀐다 해도 그 속에는 여전히 고통 받는 사람들이 있게 마련이다. 주님은 그런 백향목들의 세상을 전복시키기 원하셨다. 지배와 피지배가 아니라 모두가 저마다의 삶의 몫을 살아내는 세상을 꿈꾸셨던 것이다. 그래서 주님은 척박한 땅에서도 억센

사랑의
레가토

생명력으로 살아가는 겨자풀의 예를 드신 것이다. 예수님이 가르치시는 하나님 나라는 잘난 사람들만 들어가는 곳이 아니라, 잡초와 같은 사람들이 열어가는 현재 시제의 나라이다.

기도

하나님, 사람들은 크고 위대한 것을 갈망합니다. 스스로 이룰 수 없으면 그런 자리에 있는 이들과 자기를 동일시함으로 대리만족을 얻으려 합니다. 어릴 때부터 우리는 크게 되라는 말을 들으며 살았습니다. 경쟁을 내면화하고 살면서 작은 일에 만족할 줄 모르는 사람이 되었습니다. 언제부터인지 삶은 공허해졌고, 시간과 버성기느라 우리 영혼은 멍투성이가 되었습니다. 이제 주님이 가르치신 겨자풀의 천국을 이루기 위해 노력하겠습니다. 사랑과 섬김과 나눔과 돌봄을 통해 세상에 온기를 불어넣는 기쁨을 누리며 살게 해주십시오. 아멘.

두 자매

그들이 길을 가다가, 예수께서 어떤 마을에 들어가셨다. 마르다라고 하는 여자가 예수를 자기 집으로 모셔 들였다. 이 여자에게 마리아라고 하는 동생이 있었는데, 마리아는 주님의 발 곁에 앉아서 말씀을 듣고 있었다. 그러나 마르다는 여러 가지 접대하는 일로 분주하였다. 그래서 마르다가 예수께 와서 말하였다. "주님, 내 동생이 나 혼자 일하게 두는 것을 아무렇지 않게 생각하십니까? 가서 거들어 주라고 내 동생에게 말씀해 주십시오." 그러나 주님께서는 마르다에게 대답하셨다. "마르다야, 마르다야, 너는 많은 일로 염려하며 들떠 있다. 그러나 주님의 일은 많지 않거나 하나뿐이다. 마리아는 좋은 몫을 택하였다. 그러니 아무도 그것을 그에게서 빼앗지 못할 것이다"(누가복음 10:38-42).

페터 파울 루벤스Peter Paul Rubens와 얀 브뤼겔Jan Bruegel이 함

께 그린 〈마리아와 마르다의 집을 방문한 예수〉라는 그림은 누가복음의 이 본문을 배경으로 하고 있다. 앞치마를 두른 마르다가 예수님의 앞에 서있다. 옷소매를 걷어붙인 것으로 보아 부엌일을 하다 나온 게 분명하다. 그런 마르다가 마리아를 가리키며 예수님께 뭐라 말하고 있다. 자리에 앉아 계신 예수님은 마르다를 바라보고 있지만 오른손으로 마리아를 가리키신다. 마치 '마리아는 좋은 편을 택했다'고 말하는 듯하다. 그런데 이 그림에서 압권이라 할 수 있는 것은 마리아의 표정이다. 주님을 향해 갸웃이 숙여진 마리아의 표정은 관상적 도취에 빠진 것으로 보인다. 그는 달고 오묘한 말씀에 취한 상태이다. 이 인물들 옆에 흩어져 있는 새들과 짐승들 역시 주님의 말씀을 듣고 있는 것처럼 평화로워 보인다.

마르다는 예수님 일행을 대접하는 일에 몰두하고 있었다. 마음은 앞서고 일손은 부족하고 이리저리 허둥대다가 원망스런 마음이 들었던 것일까? 마르다는 주님의 발치에 앉아 있는 철없는 동생을 좀 꾸짖어달라고 예수님께 청한다. 누가는 마르다가 '여러 가지 접대하는 일로 분주하였다'고 전한다. 접대하는 일로 번역된 '디아코니아diakonia'는 봉사라고도 옮길 수 있는 말이다. 처리해야 할 일들이 끝없이 밀려올 때 한 가지 일에도 집중하기 어려운 것이 우리 경험이다.

분주함이 신분의 상징처럼 된 이 시대에 우리 마음은 평정을 잃고 떠돌기 일쑤이다. 분주함은 정작 중요한 것들을 잊게 만든다. 화급한 일에 몰두하느라 정작 중요한 일은 소홀히 하며 산다. 주님은 부드럽고 조용하게 마르다를 나무라신다.

"마르다야, 마르다야, 너는 많은 일로 염려하며 들떠 있다. 그러나 주님의 일은 많지 않거나 하나뿐이다. 마리아는 좋은 몫을 택하였다"(누가복음 10:41-42).

주님에 대한 최고의 환대는 음식 대접이 아니라 뜻의 나눔이었다. 마리아는 봉사하고 섬기는 일에는 기민하지 못한 사람처럼 보이지만 주님의 말씀을 전심을 다하여 들음으로 예수님의 칭찬을 들었다. 그는 사회가 부과한 자기의 역할에 만족하지 않는다. 당시 팔레스타인의 관행상 '누군가의 발 앞에 앉는다'는 말은 제자가 되었음을 나타내는 말이다.

사도 바울은 자기의 출신 배경을 설명하면서 "가말리엘 선생의 문하에서 우리 조상의 율법의 엄격한 방식을 따라 교육을 받았다"(사도행전 22:3)고 말했다. '문하'라는 말은 발 아래를 뜻한다. 유대의 랍비 전통에 의하면 오직 남성 제자들만이 스승의 발 앞에 앉을 수 있었다. 그러니까 마르다의 책망 속에는 이중적 의미가 담겨 있다고 볼 수 있다. 문자적으로는 마리아가 자기를 돕지 않는다는 사실에 대한 불편함을 드러낸 것으로 볼 수 있지만 정작 마르다를 불편하게 한 것은 여성인 마리아가 사회적인 통념을 깨고 예수님의 제자인양 처신한다는 사실이었는지도 모르겠다. 그럼에도 불구하고 마르다의 헌신은 아름답게 기억되어야 한다.

기도

하나님. 우리는 다름을 틀림으로 치환할 때가 많습니다. 세상의 모든 사람들은 저마다의 모습으로 피어나는 꽃입니다. 생각과 지향과 삶의 방식이 다른 이들을 만날 때마다 우리는 다소 불편해짐을 느낍니다. 그러나 그런 차이는 더 큰 지평으로 나오라는 일종의 초대장임을 깨닫습니다. 자기의 품성에 따라 성실하게 살아가는 이들의 모습은 아름답습니다. 마르다의 섬김과 마리아의 겸비함을 아울러 갖춘 사람이 될 수 있도록 우리를 이끌어 주십시오. 아멘.

관계의 촉매

너희를 맞아들이는 사람은 나를 맞아들이는 것이요, 나를 맞아들이는 사람은 나를 보내신 분을 맞아들이는 것이다(마태복음 10:40).

안식일 지키기와 성전체제에 대한 경외심은 유대인들의 정체성의 뿌리였다. 그런데 예수님은 그 뿌리를 뒤흔들었다. "안식일이 사람을 위하여 생긴 것이지, 사람이 안식일을 위하여 생긴 것이 아니다"(마가복음 2:27). 이 말은 태양이 지구 주위를 돌고 있다고 모두가 믿는 이들을 향해 지구가 태양 주위를 돈다고 말하는 것처럼 위험한 말이었다. 46년이나 공들여 지은 성전을 두고 예수님은 "이 성전을 허물어라. 그러면 내가 사흘 만에 다시 세우겠다"(요한복음 2:19)고 말씀하셨다. 그것은 유대인들을 가까스로 지탱해주던 기둥을 제거하는 것이나 마찬가지였다.

사랑의
레가토

예수님은 대부분의 사람들이 이의 없이 따르는 길에서 벗어나 새로운 길을 걸으셨다. 우리말 '엇'은 바로 이런 것을 지칭한다. '엇박자', '엇나가다' 등의 말은 사람들이 예측할 수 있는 리듬이나 질서를 깨뜨리고 비뚜로 가는 것을 가리킬 때 쓰는 말이다. 엇나가는 사람은 다른 사람들에게 불편함을 안겨 준다. 하지만 엇나가는 사람이 있어야 새로움이 발생하는 법. 예수님과 그의 제자들은 강고한 유대교의 질서에 틈을 만드는 사람들이었다. 그들에게 주어진 운명이 고난인 것은 어쩌면 필연인지도 모르겠다.

그러나 세상에는 그런 틈을 만드는 사람들의 설 땅이 되어주는 이들이 있다. 그들은 대개 기존 질서의 밑바닥에 있는 사람들이다. 예수님과 그의 제자들이 이르는 곳마다 밑바닥 사람들은 기쁨과 설렘으로 그들을 영접했다. 반대로 로마 식민주의자들이나 성전체제에서 누릴 것을 다 누리고 살던 이들은 예수를 죽이기 위해 모의를 하곤 했다. 항시적인 위기 속에 산다는 것, 그리고 누군가의 호의에 의지하여 살아야 한다는 것은 참 곤고한 일이다. 그 못지않게 어려운 것은 체제 수호자들의 미움을 받는 이들을 맞아들이는 일이다. 스스로 위험을 자초하는 일이었기 때문이다. 그렇기에 예수님은 아주 의미심장한 말씀을 하신다. "너희를 맞아들이는 사람은 나를 맞아들이는 것이요, 나를 맞아들이는 사람은 나를 보내신 분을 맞아들이는 것이다"(마태복음 10:40).

　'너희'와 '나'와 '나를 보내신 분'이 '너희를 맞아들이는 사람'을 통해 연결되고 있다. 그들은 관계의 촉매이다. 유대인들은 어떤 사람으로부터 정당하게 권한을 위임받은 사자는 "그 사람 자신과 같다"고 생각했다. '맞아들인다'는 말은 단순히 집으로 모신다는 뜻이 아니라 그들의 존재와 사역을 귀히 여기고 인정한다는 뜻을 내포한다. 제자들이 병자들을 고쳐주고, 귀신을 내쫓고, 가난한 이들의 벗이 될 수 있었던 것은 그들을 하나님의 사자로 맞아준 이들 덕분이다. 눈에 보이진 않아도 세상 도처에 그런 이들이 있다. 절망의 땅에서 희망의 노래를 불러야 할 까닭이 여기에 있다.

기도

하나님, 어릴 때부터 우리는 낯선 사람을 경계해야 한다고 배웠습니다. 경계심을 품고 산다는 것은 결국 세상을 적대적 공간으로 인식하는 일입니다. 그런 세상에서 기쁨을 누리기란 여간 어려운 일이 아닙니다. 낯선 곳에 갔을 때 우리를 따뜻하게 받아들여주는 사람을 만나면 우리는 감사의 심정에 사로잡힙니다. 그는 우리에게 고향을 선물하는 사람입니다. 주님은 낯선 사람, 가장 소외된 사람의 모습으로 우리 곁에 오고 계십니다. 그런 주님을 박대하는 일이 없도록 우리 마음의 눈을 열어주십시오. 아멘.

사랑의
레가토

남을 배려하는 자유

'모든 것이 다 허용된다'고 사람들은 말하지만, 모든 것이 다 유익한 것은 아닙니다. '모든 것이 다 허용된다'고 사람들은 말하지만, 모든 것이 다 덕을 세우는 것은 아닙니다. 아무도 자기의 유익을 추구하지 말고, 남의 유익을 추구하십시오. 시장에서 파는 것은, 양심을 위한다고 하여 그 출처를 묻지 말고, 무엇이든지 다 먹으십시오. '땅과 거기에 가득 찬 것들이 다 주님의 것'이기 때문입니다. 불신자들 가운데서 누가 여러분을 초대하여, 거기에 가고 싶으면, 여러분 앞에 차려 놓은 것은 무엇이나, 양심을 위한다고 하여 묻지 말고, 드십시오. 그러나 어떤 사람이 "이것은 제사에 올린 음식입니다" 하고 여러분에게 말해 주거든, 그렇게 알려 준 사람과 그 양심을 위해서, 먹지 마십시오. 내가 여기에서 양심이라고 말하는 것은, 내 양심이 아니라, 다른 사람의 양심입니다. 어찌하여 내 자유가 남의 양심의 비판을 받아야 하겠습니까?(고린도전서 10:23-29)

"모든 것이 다 유익한 것은 아닙니다… 모든 것이 다 덕을 세우는 것은 아닙니다"(고린도전서 10:23). 자유는 책임과 균형을 이루어야 한다. 나의 자유가 누군가에게 해를 끼친다면, 나의 자유로운 행동이 교회의 사랑과 일치를 깨뜨린다면 그 자유는 제한되어야 한다. 바울은 자신이 자유인이지만 "많은 사람을 얻으려고, 스스로 모든 사람의 종이 되었다"(고린도전서 9:19b)고 말했다. 이게 바로 그리스도 안에서 누리는 자유의 아름다움이다. 섬기는 자유, 종이 되는 자유! 주님도 당신을 비워 종의 몸으로 이 세상에 오셨다. 역설적이지만 이보다 깊은 자유는 없다. 신앙인들이 누리는 자유는 맘대로 하는 자유가 아니라 남을 배려하는 자유이다.

바울은 시장에서 파는 고기를 사먹는 문제를 예로 든다. 고린도에는 이교의 신전이 많았다. 신전마다 동물을 잡아 바쳤는데, 먹고 남은 고기는 시장에 내다 팔았다. 믿음이 연약한 사람들은 시장에서 고기를 구입할 때마다 혹시라도 우상 앞에 바쳐졌던 고기가 아닐까 하여 불안해했다. 그런데 바울은 그런 음식을 너무 꼬치꼬치 따지지 말고 먹으라고 권한다. 불신자의 집에 초대를 받아 가더라도 마찬가지이다. 그 앞에 차려놓은 것은 맛있게 먹으라는 것이다. 하나님이 만드신 것은 다 깨끗한 것이기 때문이다. 하지만 믿음이 연약한 형제가 그 음식이 우상 앞에 바쳐졌던 것이라 하

사랑의
레가토

여 께름칙한 표정을 짓고 있거든 그 음식을 먹지 않는 것이 좋겠다고 말한다. 자칫하면 그 형제가 실족할 수도 있기 때문이다. 교인들 가운데서도 자기의 자유를 과시하듯 사람들 앞에서 거리낌 없이 행동하는 경우가 더러 있다. 하지만 그런 행동은 삼가는 게 좋다. 누군가의 마음에 걸림돌이 될 수도 있으니 말이다. "지식은 사람을 교만하게 하고 사랑은 덕을 세운다"(고린도전서 8:1) 하지 않던가.

"나의 자유가 왜 다른 사람 때문에 제한되어야 한다는 말인가?" 하고 생각하는 이도 있을 것이다. 하지만 조금만 생각해보면 답을 찾을 수 있다. 바울은 교회를 '그리스도의 몸'이라 말했다. 신앙생활이란 신앙 공동체의 책임적인 지체가 되어 그 몸을 세워가는 과정이다. 꽤 많은 사람들이 익명성이 보장되는 교회에 다니려고 한다. 간섭받고 싶지 않기 때문이다. 하지만 누군가와 연루되기를 꺼려하면서 진실한 신앙을 가질 수는 없다. 기쁨의 순간도 함께 하고, 슬픔의 순간도 함께 해가면서 우리는 이해관계가 아니라 사랑에 바탕을 둔 새로운 공동체를 만들어가는 것이다. 맘에 드는 사람만 사랑하는 것이 아니라, 지금 우리 곁에 있는 이들을 사랑하는 것이 우리의 소명이다. 『채근담』에 나오는 한 구절이 우리 길을 밝혀준다.

"소롯길이 좁거든 한걸음 머물렀다가 다른 사람과 함께

가라. 맛진 음식을 먹게 되었으면 삼 분쯤 덜어내어 다른 사람도 맛보게 양보하여라. 이것이 세상을 살아감에 지극히 편안하고 즐겁게 지내는 방법이다."

하나님, '타인의 시선이 나를 타락시킨다', '타인은 나에게 있어 지옥이다'라고 말한 사람이 있습니다. 그는 타인을 자기 삶을 제약하는 장애물로 인식하고 있는 것 같습니다. 우리도 가끔은 아는 사람 하나 없는 곳에 가서 머물고 싶다는 생각에 사로잡히기도 합니다. 그러나 우리 삶은 더불어 살아가는 이들과 맺는 다양한 관계를 통해 형성됨을 한 순간도 잊지 않게 해주십시오. 인생의 소롯길을 함께 걸어갈 사람이야말로 하나님이 보내주신 귀한 이웃임을 명심하며 살겠습니다. 주님, 우리가 맺는 모든 관계의 중심이 되어 주십시오. 아멘.

사랑의
레가토

접촉점

그 뒤에 바울은 아테네를 떠나서, 고린도로 갔다. 거기서 그는 본도 태생인 아굴라라는 유대 사람을 만났다. 아굴라는 글라우디오 황제가 모든 유대 사람에게 로마를 떠나라는 칙령을 내렸기 때문에, 얼마 전에 그의 아내 브리스길라와 함께 이탈리아에서 온 사람이다. 바울은 그들을 찾아갔는데, 생업이 서로 같으므로, 바울은 그들 집에 묵으면서 함께 일을 하였다. 그들의 직업은 천막을 만드는 일이었다. 바울은 안식일마다 회당에서 토론을 벌이고, 유대 사람과 그리스 사람을 설득하려 하였다(사도행전 18:1~4).

성령의 인도에 따라 선교의 지평을 그리스로 확장했던 바울은 가는 곳마다 어려움에 직면했다. 빌립보에서는 감옥에 갇혔고, 데살로니가에서는 유대인들의 박해를 받았다. 그들을 피해서 베뢰아로 갔지만 유대인들은 그곳까지 원정을 와서 바울 일행을 괴롭혔다. 쫓기다시피 해서 내려간 아테네에서의 복음전파는 참담한 실패로 끝났다. 아무리 '사나 죽으나 나는 주의 것'이라고 고백했던 바울이지만 이쯤 되면 지칠 수밖에 없었을 것이다.

바울이 고린도에 도착했을 때 그는 극심한 마음의 동요를 겪은 것으로 보인다. 나중에 고린도교회에 보낸 편지에서 바울은 당시의 심정을 이렇게 털어놓았다.

"내가 여러분과 함께 있을 때에, 나는 약하였으며, 두려워하였으며, 무척 떨었습니다"(고린도전서 2:3).

하나님의 일을 하는 사람이 꼭 강철 같은 심장을 가져야 하는 것은 아니다. 어떤 경우에도 흔들리지 않는 이들보다는 때때로 흔들리지만 그때마다 하나님의 도움을 간청하지 않을 수 없는 이들이 오히려 주님의 쓰임을 받을 때가 많다.

바울이 당도한 고린도는 그리스 남부 아가야 지방의 수도였다. 고린도는 주전 146년에 로마의 루시우스 뭄미우스Lucius Mummius 장군에 의해 철저히 파괴된 적이 있었다. 하지만 주전 46년경에 율리우스 씨저Julius Caesar에 의해 재건된 이후 바울이 이곳에 당도했을 무렵에는 무려 60-70만 명의 주민이 사는 국제적인 도시로 성장했다. 아테네가 학문과 예술의 중심지였다면, 항구 도시였던 고린도는 상업의 중심지였다. 고린도에 있는 아크로폴리스 언덕에는 여신 아프로

사랑의
레가토

디테를 섬기는 신전이 있었고, 그 신전에는 무려 1,000명이나 되는 창녀 겸 여사제들이 있었다고 한다. 각지에서 돈이 모여들고, 신전 창녀들이 들끓는 그 도시에서 바울은 무슨 일을 어떻게 시작해야 할지 암담했을 것이다.

하지만 하나님은 당신의 종들에게 어떤 일을 시키실 때면 꼭 그 일을 돕는 이를 보내주신다. 하나님께서는 이미 그 도시에 아굴라와 브리스길라 부부를 예비해 놓으셨다. 본도(Pontus, 터키 북부의 흑해 연안 지역) 출신인 아굴라는 일찍이 로마로 이주해서 천막 짓는 일을 하며 살았다. 글라디우스 황제의 유대인 추방령으로 유대인들이 로마를 떠나야 했을 때 그들 내외도 고린도로 이주했다. 대도시였으니 일감이 많을 거라는 기대 때문이었을 것이다. 하지만 그들의 이주의 배후에는 하나님의 보이지 않는 손길이 작용하고 있었다. 우연처럼 보이는 만남이 사실은 필연일 때가 있다. 랍비 교육을 받을 때 천막 기술을 배웠던 바울은 이미 복음을 영접했던 그들 내외의 집에 머물면서 함께 일을 하게 되었다.

하나님은 이처럼 고린도라는 낯선 도시와의 접촉점을 마련하신 후 바울을 그곳으로 부르셨다. 그는 주 중에는 천막 만드는 일을 하고 안식일이 되면 회당에 가서 그리스도를 전하였다. 하나님이 일하시는 방식은 이처럼 신비하다.

하나님, 하는 일마다 뜻대로 되지 않을 때, 모든 길이 막힌 것처럼 보여 암담할 때면, 우리는 마치 흐르는 모래에 갇힌 것처럼 절망감에 사로잡힙니다. 절망감이 누군가에 대한 원망으로 전환되기도 합니다. 그러나 하나의 문이 닫히면 아홉 개의 문이 열린다는 서양 속담처럼, 막다른 처지는 새로운 삶의 입구임을 잊지 않게 해주십시오. 원치 않는 이주를 해야 했지만 바울과 아굴라는 그렇게 만날 수밖에 없었습니다. 하나님이 하시는 일은 인간의 예측을 뛰어넘습니다. 이해할 수 없다 해도 하나님의 신실하심 앞에 삶을 맡기며 살도록 우리를 이끌어 주십시오. 아멘.

사랑의
레가토

종교의 본질은 사람들을 해방하는 것이다. 우리를 얽어매 옴짝달싹 못하게 하는 온갖 죄와 헛된 욕망, 억압과 가난과 차별로부터 우리를 해방하는 것이 하나님의 뜻이다. 예수 믿으면 저 푸르고 넉넉한 하늘처럼 서늘한 매력 있는 사람이 되어야 하지 않겠는가? 사람됨이 넉넉하고, 품이 넓어서 누구라도 품어 안을 수 있어야 하지 않겠는가?

Monday ~~~~~

Tuesday ~~~~~

Wednesday ~~~~~

사랑의
레가토

Thursday ~~~~~~

Friday ~~~~~~

Saturday ~~~~~~

Sunday ~~~~~~

영이 맑은 사람

그들은 가버나움으로 들어갔다. 예수께서 안식일에 곧바로 회당에 들어가서 가르치셨는데, 사람들은 그의 가르침에 놀랐다. 예수께서 율법학자들과는 달리 권위 있게 가르치셨기 때문이다. 그 때에 회당에 악한 귀신 들린 사람이 하나 있었는데, 그가 큰소리로 이렇게 말하였다. "나사렛 사람 예수님, 왜 우리를 간섭하려 하십니까? 우리를 없애려고 오셨습니까? 나는 당신이 누구인지 압니다. 하나님께서 보내신 거룩한 분입니다." 예수께서 그를 꾸짖어 말씀하셨다. "입을 다물고 이 사람에게서 나가라." 그러자 악한 귀신은 그에게 경련을 일으켜 놓고서 큰 소리를 지르며 떠나갔다. 사람들이 모두 놀라서 "이게 어찌된 일이냐? 권위 있는 새로운 가르침이다! 그가 악한 귀신들에게 명하시니, 그들도 복종하는구나!" 하면서 서로 물었다. 그리하여 예수의 소문이 곧 갈릴리 주위의 온 지역에 두루 퍼졌다(마가복음 1:21-28).

사랑의

레가토

안식일에 주님은 회당에 들어가서 가르치셨다. 마가는 그 가르침의 내용에 대해서는 말하지 않는다. 가르침을 받은 사람들의 반응만 들려줄 뿐이다. "사람들은 그의 가르침에 놀랐다. 예수께서 율법학자들과는 달리 권위 있게 가르치셨기 때문이다"(마가복음 1:22). 여기서 '놀랐다^{ekkepresento}'라고 번역된 단어 속에는 '때리다'는 뜻의 '플렛소'가 들어 있다. 이 단어는 '수동태'로 표기되어 있으니 단순히 놀랐다기보다는 '충격을 받았다'고 번역하는 게 옳을 것이다. 대체 무엇이 사람들에게 충격을 준 것일까? 마가는 그 까닭을 율법학자들과는 달리 예수님이 권위 있게 가르치셨기 때문이라고 말한다.

　마가는 그 권위에 대한 설명을 생략한 채 새로운 이야기를 들려준다. 회당 안에는 '더러운 귀신 들린 사람'이 있었다. '더러운 귀신'이라 하지만 사실은 더러운 영(프뉴마)에 사로잡힌 사람이었다. '더러운 영'이라 말할 때 마가가 떠올리는 것은 무엇일까? 마가복음 7장 20-23절에서 예수님은 사람을 더럽게 하는 것은 바깥에 있는 것이 아니라 사람 속에 있다면서, 음행, 도둑질, 살인, 간음, 탐욕, 악의, 사기, 방탕, 악한 시선, 모독, 교만, 어리석음 등이 더러운 영이라 말씀하셨다. 이렇게 보면 더러운 귀신들린 사람은 특정한 개인이 아니라 세속에 복무하며 사는 모든 사람들을 가리킨다고도 볼 수 있지 않을까?

주님의 가르침을 들은 사람들은 다 충격을 받았다. 이제까지 쓰고 있던 위선의 가면이 송두리째 벗겨지는 것 같은 충격이었을 것이다. 더러운 영에 사로잡혀 있던 사람은 큰 소리로 외쳤다.

"나사렛 사람 예수님, 왜 우리를 간섭하려 하십니까? 우리를 없애려고 오셨습니까? 나는 당신이 누구인지 압니다. 하나님께서 보내신 거룩한 분입니다"(마가복음 1:24).

영은 영을 알아보는 법, 더러운 영은 예수님이 누구신지를 간파하고 있었다. 예수님은 그를 향해 "입을 다물고 이 사람에게서 나가라" 명령하셨다. 그의 속에 들어 앉아 주인 노릇을 하고 있는 더러운 영의 지배는 끝났다는 선언인 셈이다. 오직 거룩하고 맑은 영만이 더러운 영을 쫓아낼 수 있다.

움브리아의 작은 마을 구비오Gubbio에는 사람들과 가축들을 해치는 사나운 늑대 한 마리가 있었다. 사람들은 무서워서 바깥출입을 할 수 없을 정도였다. 이야기를 들은 프란체스코는 사람들의 만류를 무릅쓰고 늑대가 있는 숲을 찾아갔다. 늑대가 사나운 이를 드러내며 다가오자 프란체스코는 늑대를 조용히 꾸짖으며 이제 더 이상 사람들을 해치지 말라고 말했다. 그때부터 늑대는 사람들과 가축들을 해치지 않았다. 마을 사람들은 그 기특한 늑대에게 먹을 것을 제공해주었다. 늑대가 죽었을 때 마을 사람들은 매우 슬퍼했다. 그 늑대는 성인의 거룩함을 드러내는 표징이었기 때문이다. 악한 귀신을 복종시키고, 폭력을 잠재우는 맑은 영의 사람이야말로 새로운 시대의 선구이다.

기도

하나님, 더러운 영이 준동하는 시대입니다. 폭력과 혐오가 마치 미세 먼지처럼 우리 일상을 뒤덮고 있습니다. 착한 이들이 조롱받이가 되고, 순진한 사람들은 영악한 이들의 밥이 되었습니다. 악한 영을 향해 '그 사람에게서 나오라' 명하셨던 주님의 도움을 구하지 않을 수 없습니다. 우리를 지배하고 있는 악한 영들을 물리쳐 주시고 주님의 맑은 영을 우리 속에 채워 주십시오. 마음 따뜻한 사람들, 생명을 아끼는 사람들이 귀히 여김을 받는 새로운 사회를 열어가도록 우리에게 힘과 능력을 더하여 주십시오. 아멘.

하나님의 꿈을 가슴에 품다

6월 30일

> 믿음은 바라는 것들의 확신이요, 보이지 않는 것들의 증거입니다. 선조들은 이 믿음으로 살았기 때문에 훌륭한 사람으로 증언되었습니다(히브리서 11:1-2).

도대체 믿음이란 무엇일까? 교리에 대한 동의나 승인인가? 절대의존의 감정인가? 헤셸은 믿음이란 하나님의 꿈을 자기 꿈으로 삼고 살아가는 것이라고 말했다. 꿈만 꾸는 것이 아니라, 그 꿈을 이루기 위해 해산의 수고를 하는 것, 세상을 지으시고 섭리하시는 하나님의 구원 이야기의 일부가 되는 것이 곧 믿음이라는 말일 것이다. 그렇기에 믿음은 옹근 수동태가 아니다. 은총을 기다린다는 점에서는 수동태이지만 그 은총을 살아낸다는 점에서는 능동태가 되어야 한다.

아브라함 요수아 헤셸은 "신앙은 행동을, 도약을 요구한다. 그것은 관성이 아니라 모험이다. 계속성보다는 용감한

사랑의

레가토

독창성을 요구한다. 신앙은 언제까지나 신자의 용기에 달려 있다"고 했다.

모험이 없는 신앙은 불가능하다. 믿음의 길은 익숙했던 세계와 결별하는 데서 시작된다. 아브람은 본토 친척 아버지 집을 떠나야 했고, 젖과 꿀이 흐르는 땅을 차지하기 위해 히브리인들은 애굽을 떠나야 했다. 갈릴리의 어부들은 배와 그물을 버리고 예수를 따라야 했다. 낯익은 세계가 주는 안온함을 떨쳐버리고 불확실한 미래를 향해 자기를 던지는 것이 곧 믿음이다. 믿음의 토대는 하나님의 선하심에 대한 깊은 신뢰이다. 십자가상의 예수는 하나님의 이해할 수 없는 침묵에 괴로워했지만, 당신의 영혼을 하나님의 품에 맡겼다. 이해를 넘어서는 신앙이란 이런 것이다. 믿음은 하나님의 부력에 몸을 맡기는 것이다.

"믿음은 바라는 것들의 확신이요, 보이지 않는 것들의 증거입니다. 선조들은 이 믿음으로 살았기 때문에 훌륭한 사람으로 증언되었습니다"(히브리서 11:1-2).

믿음은 바라는 것이 이루어질 거라 막연히 믿고 기다리는 것이 아니다. 우리를 삼키려 입을 벌리고 있는 절망의 심연 너머의 세계를 바라보며 검질기게 걸어가는 것이다. 다른 이들의 눈에는 보이는 않을지라도 하나님 나라가 도래하고 있음을 먼저 꿰뚫어보고 온몸을 앞으로 내밀며 나아가는 것이다.

디트리히 본회퍼는 "은총이 싸구려 행상인의 물건인양 시장에서 팔리고, 죄의 용서라는 것도 할인된 가격으로 내다"파는 현실이 교회의 치명적인 적이라고 말한다. 싸구려 은총은 대가를 요구하지 않는다. 그러나 믿음의 사람들은 제자됨의 대가를 치러야 한다. 그 길은 외로운 길일 수도 있지만 영광스런 길이다. 우리가 하나님의 뜻을 온전히 수행하는 것을 영광으로 여긴다면 말이다.

하나님. 우리는 믿음의 길에서 자꾸 벗어납니다. 허망한 욕심이 우리를 잡아채기 때문입니다. 세상에는 우리 마음을 호리는 유혹자들이 참 많습니다. 진리를 추구하면서도 진리를 피하는 것이 우리의 적나라한 모습입니다. 이제는 그 무연한 상태에서 벗어나 곧장 주님의 마음으로 뛰어들고 싶습니다. 우리의 믿음 없음을 불쌍히 여겨주십시오. 아멘.

사랑의
레가토

하나님, 거대한 역사의 물결에 휩쓸릴 때마다 우리의 작음을 절감하게 됩니다. 우리가 할 수 있는 일이 아주 작다는 사실을 확인할 때면 절망감에 사로잡히기도 합니다. 게으름과 냉담은 그렇게 내면화됩니다. 그러나 우리는 '내가 너를 돕겠다'는 말씀을 듣습니다. 그 말씀이 천둥소리가 되어 우리 영혼을 뒤흔들고 있습니다. 이제 절망의 산을 부스러기로 만들고 오만의 언덕을 겨로 만드시는 주님의 능력을 의지하고 씩씩하게 살겠습니다. 메마른 광야에 강을 내시는 주님의 능력을 의지하여 세상의 희망이 되고 싶습니다. 주님, 우리와 함께 해주십시오. 아멘.

7월

머뭇거림 없이
걸어가도록

사흘 뒤에야 그들은 성전에서 예수를 찾아냈는데, 그는 선생들 가운데 앉아서, 그들의 말을 듣기도 하고, 그들에게 묻기도 하고 있었다. 그의 말을 듣고 있던 사람들은 모두 그의 슬기와 대답에 경탄하였다. 그 부모는 예수를 보고 놀라서, 어머니가 예수에게 말하였다. "애야, 이게 무슨 일이냐? 네 아버지와 내가 너를 찾느라고 얼마나 애를 태웠는지 모른다." 예수가 부모에게 말하였다. "어찌하여 나를 찾으셨습니까? 내가 내 아버지의 집에 있어야 할 줄을 알지 못하셨습니까?" 그러나 부모는 예수가 자기들에게 한 그 말이 무슨 뜻인지를 깨닫지 못하였다. 예수는 부모와 함께 내려가 나사렛으로 돌아가서, 그들에게 순종하면서 지냈다. 예수의 어머니는 이 모든 일을 마음에 간직하였다. 예수는 지혜와 키가 자라고, 하나님과 사람에게 더욱 사랑을 받았다(누가복음 2:46-52).

사랑의
레가토

열두 살 되던 해 유월절에 예수님은 부모를 따라 예루살렘에 올라가셨다. 그러나 가족들이 절기 행사를 마치고 집으로 돌아갈 때 그는 예루살렘에 남았다. 부모는 하룻길을 가다가 예수가 일행 중에 없다는 사실을 비로소 깨닫고는 황급히 길을 되짚어 예루살렘으로 돌아왔다. 그들은 성전에서 선생들 가운데 앉아 듣기도 하고 묻기도 하는 아들을 발견하고 안도의 한숨을 내쉬었다.

알브레흐트 뒤러 Albrecht Dürer 1471-1528는 이 장면을 '학자들 사이의 그리스도'(1506)라는 그림에 담았다. 화면에는 예수를 중심으로 네 명의 박사가 등장한다. 그들 중 두 사람은 책을 펼쳐들고 있다. 자기들이 주장하는 바에 대한 논리적 근거를 찾기 위한 것 같다. 이마에 경문곽을 매단 채 서있는 랍비는 커다란 책에 손을 얹은 채 놀란 눈으로 예수를 바라본다. 다른 한 사람은 몹시 당황한 듯 손을 뒤틀고 있다. 그들 뒤에는 탐색하는 듯한 눈빛의 두 사람이 그 광경을 지켜보고 있다. 그들의 눈빛은 예수가 나중에 받게 될 질시를 나타내는 것처럼 보인다. 그 모든 등장인물 가운데서 예수님만이 홀로 고요하다. 마치 깊은 곳을 응시하는 것으로 보이는 그의 눈길은 부드럽고, 뭔가를 설명하는 듯한 손동작도 자연스럽다. 뒤러는 이 그림을 통해 박사들의 지식이 책에 의존한 것임을 드러내는 동시에 예수의 지혜는 하늘에서 온 것임을 보여주려 한 것이 아닐까?

　놀란 것은 박사들만이 아니다. 요셉과 마리아도 놀랐다. 아들이 무사한 것을 보고 안도의 한숨을 내쉬었지만, 선생들과의 대화에 몰두하고 있는 아들은 지금까지 알고 있던 그 아들이 아니었다. 가장 가까운 사람도 때로는 낯설어 보일 때가 있지 않던가. 마리아는 아들을 가볍게 나무란다. "얘야, 이게 무슨 일이냐? 네 아버지와 내가 너를 찾느라고 얼마나 애를 태웠는지 모른다." 당연한 질책이다. 그런데 예수님의 응답은 전혀 뜻밖이다. "어찌하여 나를 찾으셨습니까? 내가 내 아버지의 집에 있어야 할 줄을 알지 못하셨습니까?" '네 아버지'라는 말과 '내 아버지'라는 말이 긴장감을 불러일으킨다. 예수는 요셉의 아버지 됨을 부정하려는 것이 아니라, 자기 존재의 더 큰 뿌리를 가리켜 보였던 것이다.

　하지만 예수는 그때 유년의 문지방을 완전히 넘지 않는다. 누가의 이야기 솜씨가 빛나는 것은 이 대목이다. "예수는 부모와 함께 내려가 나사렛으로 돌아가서, 그들에게 순종하면서 지냈다." 너무나 당연하고 평범한 이야기처럼 들리지만 '순종하며 지냈다'는 이 한 마디는 예수님도 시행착오를 거치면서 성장해야 할 인간임을 보여준다. 그는 처음부터 완성된 존재가 아니었다는 말이다. 부모의 세심한 돌

사랑의
레가토

봄을 받고, 형제자매들과 경쟁하고, 우애를 나누고, 친구들과 갈등을 겪기도 하면서 성장해야 했던 것이다. 예수에게도 청소년 시기가 있었다. 당연하지만 가끔 우리는 이 사실을 잊고 지낸다.

기도

하나님. 우리는 '너 한 번 세상에 다녀와라' 하는 주님의 명령을 받고 이 세상에 왔습니다. 그러나 시간의 강물에 떠밀리며 살다보니 우리는 고향을 잊은 존재가 되었습니다. 주님께서 '오라' 하실 때 언제든 돌아가야 할 존재임을 잊고 사는 우리를 불쌍히 여겨주십시오. 누군가에게 뒤질세라 앞만 향해 질주하던 발걸음을 잠시 멈추고 우리의 지향이 바른지 늘 살피며 살도록 이끌어 주십시오. 영원한 빛 안에서 머뭇거림없이 걸어가도록 힘을 더하여 주십시오. 아멘.

길들여짐에 대한 거부

모든 사람에게 하나님의 구원의 은혜가 나타났습니다. 그 은혜는 우리를 교육하여, 경건하지 않음과 속된 정욕을 버리고, 지금 이 세상에서 신중하고 의롭고 경건하게 살게 합니다. 그래서 우리는 복된 소망 곧 위대하신 하나님과 우리 구주 예수 그리스도의 영광이 나타나기를 고대합니다. 그리스도께서는 우리를 위하여 자기 몸을 내주셨습니다. 그것은 우리를 모든 불법에서 건져내시고, 깨끗하게 하셔서, 선한 일에 열심을 내는 백성으로 삼으시려는 것입니다. 그대는 권위를 가지고 이것들을 말하고, 사람들을 권하고 책망하십시오. 아무도 그대를 업신여기지 못하게 하십시오(디도서 2:11-15).

하나님이 베푸시는 은혜는 우리로 하여금 경건하지 않음과 세속적인 열정을 향해 '아니오'라고 말하게^{to say 'No'} 하고, 신중하고 의롭고 경건한 삶을 살게 한다. 거룩한 삶은 우리를

사랑의
레가토

길들이려는 일체의 것들, 우리가 영적인 존재임을 망각하게 하려는 온갖 유혹에 대해 '아니오'라고 말하는 데서부터 시작된다. 신앙생활은 '맞섬'이고 '대듦'이고 '길들여지는 것에 대한 거부'이다.

우리 속에 있는 하나님의 영은 어려운 이웃을 도우라고, 불의에 맞서라고 말한다. 우리 속의 어두운 열정은 '내 코가 석 자'라고 말한다. 성령은 사랑과 평화와 온유와 절제를 택하라고 말한다. 정욕은 우리에게 '분노'와 '욕심'을 부추긴다. 믿음의 사람은 남과 싸워 이기는 사람이 아니라 자기와 싸워 이기는 사람이다.

동양의 현인은 '남을 아는 자는 지혜롭고 자기를 아는 자는 밝으며, 남을 이기는 자는 힘이 있고 자기를 이기는 자야 말로 강하다'知人者智, 自知者明. 勝人者有力, 自勝者强(지인자지, 자지자명, 승인자유력, 자승자강『노자』33장)고 했다. 말이 쉽지 나와 싸워 이긴다는 것은 보통 어려운 일이 아니다. 그래서 마틴 루터는 '제 힘만 의지할 때는 패할 수밖에 없도다'라고 노래했다. 은혜가 필요한 것은 그 때문이다. 은혜는 우리를 교육하여 자기와의 싸움에서 승리하게 해준다.

그렇다면 어떻게 해야 하나님의 은혜 안에 머물 수 있을까? '그리스도 안에' 머물러야 한다. 이 말은 그리스도에게 집중해야 한다는 말이다. '집중'이란 단어는 '모을 집集'과

'가운데 중中' 자를 쓸 때는 '한 곳으로 모은다'는 뜻이 되지만, '잡을 집執'과 '가운데 중中' 자를 쓸 때는 '과부족이나 치우침이 없이 마땅하고 떳떳한 도리를 굳게 붙잡는다'는 뜻이 된다. 우리가 그리스도 안에 있다는 말은 후자, 즉 삶의 모든 순간에 주님을 우리의 중심으로 굳게 붙잡는다는 뜻이다. 그리스도께 집중하는 사람은 '이전에 좋던 것 이제는 값없다'고 고백한다. 그리스도를 아는 지식이 너무도 달콤하기 때문이다.

삶이 힘겨워도 예수의 길에서 떠나지 말아야 한다. 구즉통久則通이라는 말이 있다. 어떤 일을 오래 하다보면 절로 통하게 된다는 말이다. 한 자리에 깊이 뿌리를 내리는 것, 즉 마음을 오로지 하나로 모아 흔들리지 않는主一無適주일무적 근기가 필요하다. 예수를 일단 길로 삼았으면 유불리를 따지거나 상황의 좋고 나쁨을 떠나 그 길로 줄기차게 나아가야 한다. 사도는 주님께서 우리를 모든 불법에서 건져내시고, 깨끗하게 하신 까닭은 선한 일에 열심을 내는 백성으로 삼으시기 위함이라고 말씀하신다. 교리적인 용어로 말하자면 '불법에서 건져내심'은 의롭다 인정하심 곧 칭의justification에 해당하고, '깨끗하게 하심'은 성화sanctification에 해당한다. 하나님의 은총은 우리를 이끌어 선한 일에 열심을 내게 하신다. 우리 속에 있는 선한 열심이 곧 은총의 증거이다.

사랑의
레가토

하나님. 뜻을 정하고 사는 이들은 언제나 당당합니다. 상황에 따라 이리저리 흔들리지 않습니다. 가야 할 곳을 알고 가는 이들의 발걸음은 씩씩합니다. 길이 보이지 않아도 그들은 지향을 놓치지 않습니다. 우리는 모두 그리스도라는 푯대를 향해 나아가는 사람들입니다. 그러나 바람에 흔들리는 부평초처럼 우리는 늘 흔들립니다. 아무리 삶이 힘겨워도 뜻과 지향을 잃지 않는 사람이 되고 싶습니다. 세찬 바람이 불 때면 그 바람을 타고 연처럼 높이 솟아오르는 사람이 되고 싶습니다. 믿음 없는 우리를 긍휼히 여겨주십시오. 아멘.

선을 굳게 잡으라

사랑에는 거짓이 없어야 합니다. 악한 것을 미워하고, 선한 것을 굳게 잡으십시오. 형제의 사랑으로 서로 다정하게 대하며, 존경하기를 서로 먼저 하십시오. 열심을 내어서 부지런히 일하며, 성령으로 뜨거워진 마음을 가지고 주님을 섬기십시오. 소망을 품고 즐거워하며, 환난을 당할 때에 참으며, 기도를 꾸준히 하십시오. 성도들이 쓸 것을 공급하고, 손님 대접하기를 힘쓰십시오(로마서 12:9-13).

초기 바로크 시대의 이탈리아 화가 카라바지오Caravaggio, Michelangelo Merisi da 1573-1610의 그림 '나르시스'(1599년)는 어쩌면 오늘 우리의 초상인지도 모르겠다. 어깨 품이 넓은 비단옷을 입은 한 청년이 무릎을 꿇은 채 두 팔로 땅을 짚고 있다. 소맷자락을 걷어 올려 드러난 그의 팔은 미끈하고 든든하다. 살짝 드러난 초록색 바지는 고급스럽다. 눈은 황홀경

사랑의
레가토

에 빠진 듯 반쯤 감겨 있고, 입은 조금 벌린 채이다. 그는 연못에 비친 자기의 영상을 바라보다가 자기의 아름다움에 끌려 연못에 빠져 죽고 말았다.

나르시스의 비극은 무엇인가? 그를 연모하는 사람들의 마음에 한 번도 반응을 하지 않은 것이다. 그는 자기에게 몰두하느라 다른 이들에게 마음을 열지 않았고, 다른 사람을 받아들이기 위해 자기를 내려놓은 적이 없었다. 다른 사람과의 소통 없이 스스로 자족하려는 마음^{superbia}이 바로 교만^{hubris}이다. 나르시스는 교만 속에 자기 파멸의 그림자가 깃들어 있음을 알지 못했다.

바울 사도가 교회를 지칭하는 말 중에 제게 가장 깊이 와닿는 단어는 '서로 지체'라는 말이다(로마서 12:5). 믿음을 통하여 은혜로 구원을 얻은(에베소서 2:8) 이들은 다른 사람의 필요에 응답하는 사람이 되라는 요청 앞에 서있다. 필요에 응답한다는 것, 누군가의 지체가 된다는 것, 바로 그것이 사랑이다. 믿음의 사람은 거짓 없는 사랑의 사람이어야 한다. 그러기 위해서는 두 가지를 명심해야 한다. 하나는 악한 것을 미워하는 것^{去惡거악}이고, 다른 하나는 선한 것을 굳게 잡는 것^{執善집선}이다.

우리 마음에는 악의 충동과 선의 충동이 공존하고 있다. 가장 선해 보이는 사람에게도 악의 충동이 있고, 흉악한 범죄자에게도 선의 충동이 있다. 어느 충동에 반응하며 사느냐에 따라 인생은 천국이 되기도 하고 지옥이 되기도 한다. 교회 전통은 우리 속에 도사리고 있는 죄의 뿌리를 일곱 가지로 요약했다. 교만, 탐욕, 식탐, 색욕, 분노, 시기, 나태가 그것이다. 사랑의 사람으로 거듭나기 위해서는 이런 것들을 미워해야 한다. 문제는 그런 죄의 유혹이 뿌리치기 힘들만큼 달콤하다는 데 있다. 죄의 유혹을 뿌리치기 위해서는 선을 굳게 붙잡아야 한다. 선한 일에 맛을 들이는 순간, 악한 것은 맛을 잃고 만다.

선을 굳게 붙잡은 사람의 마음은 부드럽다. 마음이 따뜻한 사람, 다정한 사람을 만나면 우리 속에 원기가 솟아난다. 그들은 자기도 모르는 사이에 하나님의 사자가 되어 다른 이들 속에 영적인 에너지를 불어 넣는다. '땀 냄새를 섞으며 함께 흔들리면서도' 서로를 귀히 여기는 이들은 '하나님을 함께 나누어 갖는'(김준태) 사람들이다. 먼저 다가가 다정한 말을 건네고, 존경하기를 먼저 하고, 소망을 품고 즐거워하고, 대접하기를 힘쓰고, 기도에 꾸준히 정진하는 사람을 통해 세상은 아름다워진다.

하나님, 악의에 찬 말과 근거 없는 뜬소문들이 우리 영혼의 평안을 깨뜨리곤 합니다. 오직 주님께만 집중하겠다고 다짐하지만, 세상의 유혹 앞에서 우리 마음은 이내 흔들리고 맙니다. 우리는 미워해야 할 것을 미워하지 않고, 선한 것을 굳게 붙들지 못합니다. 성령의 이끄심을 따라 살지 못했습니다. 그래서 이웃들을 전심으로 사랑하지 못했습니다. 우리 눈을 열어주셔서 이웃들 속에 있는 아름다움을 보게 해주십시오. 이웃을 다정하게 대하면서 함께 있음의 기쁨을 만끽하며 살게 해주십시오. 아멘.

베드로가 말하였다. "주님, 이 비유를 우리에게 말씀하시는 것입니까? 또는 모든 사람에게도 말씀하시는 것입니까?" 주님께서 말씀하셨다. "누가 신실하고 슬기로운 청지기겠느냐? 주인이 그에게 자기 종들을 맡기고, 제 때에 양식을 내주라고 시키면, 그는 어떻게 해야 하겠느냐? 주인이 돌아와서 볼 때에 그 종이 그렇게 하고 있으면, 그 종은 복이 있다. 내가 진정으로 너희에게 말한다. 주인은 자기의 모든 재산을 그에게 맡길 것이다. 그러나 그 종이 마음속으로, 주인이 더디 오리라고 생각하여, 남녀 종들을 때리며, 먹고 마시고 취하여 있으면, 그가 예상하지 않은 날, 그가 알지 못하는 시각에, 그 주인이 와서, 그 종을 몹시 때리고, 신실하지 않은 자들이 받을 벌을 내릴 것이다. 주인의 뜻을 알고도, 준비하지도 않고, 그 뜻대로 행하지도 않은 종은 많이 맞을 것이다. 그러나 알지 못하고 매맞을 일을 한 종은, 적게 맞을 것이다. 많이 받은 사람에게는 많은 것을 요구하고, 많이 맡긴 사람에게는 많은 것을 요구한다"(누가복음 12:41~48).

이 청지기는 주인의 복심腹心이었을 것이다. 그의 성실함을 인정한 주인은 먼 길을 떠나기 전에 그에게 자기 권한을 다 위임해 준 후에 한 가지를 당부한다. 종들에게 제때에 양식을 내주라는 것이었다. 사람들을 돌보는 것이 그의 기본적 책무였다. 하지만 그는 성실하지 않았다. 주인의 부재가 그를 다른 사람으로 만들었다. 다른 사람이 되었다기보다는 숨겨져 있던 그의 본성이 드러났다고 보아야 할 것이다.

작가 윤흥길은 『완장』이라는 소설을 통해 인간의 권력 의지를 드러낸 바 있다. 동네 건달인 종술은 양어장 관리를 맡아달라는 최 사장의 말에 시큰둥한 반응을 보이지만 감시원이라는 완장을 채워준다는 말에 솔깃해 그 제안을 받아들인다. 노란 바탕에 파란 글씨로 새겨진 '감시원' 완장을 두른 종술은 권력의 단맛에 빠져 도시에서 온 남녀들에게 기합을 주기도 하고, 동창생들을 괴롭히기도 한다. 읍내에 나갈 때도 그는 그 완장을 두르고 거리를 활보한다. 결국 그는 권력이 얼마나 허무하게 스러지는 것인지를 뒤늦게 깨닫는다. 이 소설이 나온 것이 제5공화국이 시작되던 80년대 초반이니까 작가가 『완장』을 통해 말하려는 것이 무엇인지 짐작할 수 있다.

청지기도 '완장'의 재미에 빠진 것 같다. 그는 주인이 올날이 멀었다고 생각하면서 폭군으로 변했다. 그는 남녀종들을 때리고, 먹고 마시며 취중 천국을 누렸다. 권력은 청맹과니와 같아서 자신이 돌보고 섬기기 위해 권력을 위임받았다는 사실을 잊는다. 종이면서도 자신이 주인이라고 착각한다. 권력의 맛은 들큼해서 한번 맛을 들이면 좀처럼 끊어버리기 어렵다. 사람들은 일단 권력을 손에 잡으면 그것을 자기의 유익과 탐욕, 그리고 야망을 실현하는 데 사용한다. 한계를 모르는 권력이 때로는 전락의 문인 것은 그 때문이다.

비유에 등장하는 청지기는 몇 가지 측면에서 어리석은 사람이다. 첫째, 그는 자기에게 맡겨진 일들을 어떻게 감당하느냐가 곧 자신의 운명과 관련되어 있음을 깨닫지 못했다. 주인이 돌아왔을 때 청지기가 열심히 일하고 있는 광경을 보았더라면 주인은 더 큰 일을 그에게 맡겼을 것이다. 맡겨진 일에 충실하기보다 자기에게 돌아올 몫만을 계산하는 이들의 실상은 반드시 드러난다.

둘째, 그는 주인이 언젠가는 돌아오겠지만 지금은 아니라고 믿었다. 그는 권세를 누리는 시간의 달콤함에 취하여, 스스로 만든 마음의 함정에 빠져버린 것이다. 청산의 시간은 오늘일 수도 있고 내일일 수도 있다. '하나님 없이, 하나님

사랑의
레가토

앞에서'에 살아가는 것이 성숙한 삶이다. 눈에 보이지 않아도 그분의 현존을 의식하며 사는 삶이야말로 아름다운 삶이 아니겠는가.

기도

하나님, 이 불의한 청지기를 보면 화가 납니다. 주인 앞에서의 모습과 주인이 부재한 자리에서의 모습이 너무나 다르기 때문입니다. 그런데 이런 일은 우리의 일상 속에서도 비일비재하게 빚어지는 현실입니다. 겸손하고 따뜻하던 사람이 지위가 올라갔다고 하여 거드름 피우는 모습을 볼 때면 인간에 대한 신뢰가 흔들리는 것 같아 마음이 아픕니다. 하지만 우리 또한 그럴 수 있는 존재임을 알기에 두렵습니다. 우리 마음에 파수꾼을 세워주십시오. 교만한 마음이 우리 속에 자리 잡지 않도록 지켜주십시오. 아멘.

괴어 받쳐주시는 하나님

> 이제 주님께로 돌아가자. 주님께서 우리를 찢으셨으나 다시 싸매어 주시고, 우리에게 상처를 내셨으나 다시 아물게 하신다. 이틀 뒤에 우리를 다시 살려 주시고, 사흘 만에 우리를 다시 일으켜 세우실 것이니, 우리가 주님 앞에서 살 것이다. 우리가 주님을 알자. 애써 주님을 알자. 새벽마다 여명이 오듯이 주님께서도 그처럼 어김없이 오시고, 해마다 쏟아지는 가을비처럼 오시고, 땅을 적시는 봄비처럼 오신다(호세아 6:1-3).

호세아에게 하나님은 "우리를 찢으셨으나 다시 싸매어 주시고, 우리에게 상처를 내셨으나 다시 아물게" 하시는 분이시다. 우리말에 '괴다'라는 단어가 있다. 이 단어의 일차적 의미는 "밑을 받쳐 안정하게 하다"라는 뜻이지만 "유난히 귀엽게 사랑하다"는 뜻도 있다. 임자헌 선생의 『명銘, 사물에 새긴 선비들의 마음』이라는 책은 매우 흥미롭다. 명銘

이란 사람들 곁에 머물면서 삶을 함께한 물건을 노래한 글을 일컫는다. 이를테면 15세기 사람 어세겸[1430-1500]이 쓴 걸상에 대한 명銘은 "몸이 기대는 곳/너는 고이 받들라/기울지도 비스듬하지도 말아/내가 올라앉게 하라"고 노래한다. 임자헌은 해설을 통해 "걸상의 주 임무는 사람이 편안히 앉을 수 있도록 사람을 괴어 받쳐 주는 것"이라고 말하면서 이렇게 묻고 스스로 대답한다.

"'괴다'에 왜 사랑한다는 뜻이 있는 것일까? 무언가를 괴어 주는 것은 그 대상을 내가 품어 편안하고 안정감 있게 자리할 수 있도록 받쳐 주는 것이기 때문이다. 괴어 주는 것은 나를 위해서가 아니라 상대를 위해서 나의 공간을 내놓는 행위이다"(임자헌, 『명銘, 사물에 새긴 선비들의 마음』, 한국고전번역원, 25쪽).

문득 우리를 괴어 받쳐주는 하나님의 지극한 사랑이 떠오른다. 상처 입은 새처럼 연약한 이들을 품어 안으시고, 그들을 괴어 받쳐주시는 그 사랑, 하늘 보좌를 버리고 인간이 되어 우리에게 다가오신 그 사랑이 우리를 살게 한다. 넘어지고 일어서기를 반복하는 우리들, 때로 불의에 눈 감기도 하고 불의에 가담하기도 하는 우리를 내치지 않으시는 하나님의 사랑이 우리 희망의 근거이다.

"새벽마다 여명이 오듯이 주님께서도 그처럼 어김없이

오시고, 해마다 쏟아지는 가을비처럼 오시고, 땅을 적시는 봄비처럼 오신다"(호세아 6:3).

이 단호하고도 확고한 사랑 덕분에 우리가 산다. 하나님이 어떤 분인지 우리는 어떤 언어로도 표현하기 어렵다. 그렇기에 호세아는 그분의 오심을 '여명'에 빗대고, 쏟아지는 가을비와 땅을 적시는 '봄비'에 빗대 말하고 있다. 주님은 이렇게 우리 삶에 오고 계신다. 오시는 그분에게 돌아가는 것이 바로 우리가 할 일이다. 돌아간다는 것은 우리 또한 누군가를 괴어 주고, 누군가를 위해 우리의 공간을 내어주는 일일 것이다.

안팎으로 어려운 일들이 많이 일어나고 있다. 도의의 시대가 가고 힘의 시대가 도래한 것 같다. 폭력과 사기가 거리낌 없이 자행되는 시대이다. 이러한 때일수록 하나님을 깊이 알아야 한다. 그리고 하나님께로 자꾸 돌아가야 한다.

사랑의
레가토

하나님, 삶이 무겁다는 생각에 시달리노라면 우리 발이 점점 수렁 깊이 빠져드는 것 같아 암담합니다. 자기 상처를 핥는 짐승들처럼 우리는 상처에 마음을 둔 채 창조적인 삶을 살지 못합니다. 그런 우리를 든든히 받쳐 주시는 하나님의 사랑을 의심할 때도 있었습니다. 그러나 이제 정신을 차리고 주님께 돌아갑니다. 받아주시고 받쳐주시고 안아주시는 그 사랑에 안겨 새롭게 빚어지고 싶습니다. 주님께 우리를 맡기오니 주님 뜻대로 사용하여 주십시오. 아멘.

너희가
먹을 것을 주어라

그 무렵에 다시 큰 무리가 모여 있었는데, 먹을 것이 없었다. 예수께서 제자들을 가까이 불러 놓고 말씀하셨다. "저 무리가 나와 함께 있은 지가 벌써 사흘이나 되었는데, 먹을 것이 없으니 가엾다. 내가 그들을 굶은 채로 집으로 돌려보내면, 길에서 쓰러질 것이다. 더구나 그 가운데는 먼 데서 온 사람들도 있다." 제자들이 예수께 말하였다. "이 빈들에서, 어느 누가, 무슨 수로, 이 모든 사람이 먹을 빵을 장만할 수 있겠습니까?" 예수께서 그들에게 물으셨다. "너희에게 빵이 몇 개나 있느냐?" 그들이 대답하였다. "일곱 개가 있습니다." 예수께서는 무리에게 명하여 땅에 앉게 하셨다. 그리고 빵 일곱 개를 들어서, 감사 기도를 드리신 뒤에, 떼어서 제자들에게 주시고, 사람들에게 나누어 주게 하시니, 제자들이 무리에게 나누어 주었다. 또 그들에게는 작은 물고기가 몇 마리 있었는데, 예수께서 그것을 축복하신 뒤에, 그것도 사람들에게 나누어 주게 하셨다. 그리하여 사람들

사랑의
레가토

이 배불리 먹었으며, 남은 부스러기를 주워 모으니, 일곱 광주리에 가득 찼다. 사람은 사천 명쯤이었다. 예수께서는 그들을 헤쳐 보내셨다. 그리고 곧 제자들과 함께 배에 올라, 달마누다 지방으로 가셨다(마가복음 8:1-10).

예수님은 며칠 째 당신과 동행한 이들이 먹을 것이 없다는 사실을 잘 알고 계셨다. 그들의 허기는 육체적인 배고픔을 뜻하는 말일 수도 있고, 영적인 배고픔을 뜻하는 말일 수도 있다. 그들은 허기졌다. 로마의 가혹한 수탈과 억압에 시달리는 민중들의 삶은 각박했다. 주님께 나온 이들은 먹을 것도 없고, 가슴을 뻥 뚫어줄만한 시원한 소식도 들려오지 않는 세상에서 지친 이들이었다. 그들을 바라보는 예수님의 마음을 단적으로 드러낸 것이 바로 '가엾다'는 말이다. 가엾이 여기는 마음, 예수의 행위의 밑바탕에 있는 마음이다. 그들이 유대인인지 이방인인지는 중요하지 않다. 배고픔 앞에는 국경도 민족도 없는 법.

주님은 그들을 굶은 채로 집으로 돌려보내면 길에서 쓰러질 것이라면서 그들에게 먹을 것을 주라고 제자들에게 이르셨다. 하지만 제자들의 반응은 시큰둥했다. "이 빈들에서, 어느 누가, 무슨 수로, 이 모든 사람이 먹을 빵을 장만할 수 있겠습니까?"(마가복음 8:4) 절묘한 번역이다. 이 구절은 제자들의 속내를 고스란히 드러내 보여주고 있다. 무리들이 겪는 배고픔의 문제는 자기들이 풀기에는 너무 큰 문제라는 것이다. 그들은 오지랖 넓은 예수님이 불편하다. 그래서 현실을 직시하라고 이렇게 스타카토 식으로 말하는 것이다.

하지만 주님은 제자들의 그런 반응에는 아랑곳하지 않으시며 "너희에게 빵이 몇 개나 있느냐?"고 물으신다. "일곱 개가 있습니다." 여기서 우리는 마가의 의도를 보아야 한다. 마가는 빵을 가진 제자들과, 그것을 갖지 못한 무리들을 대비시키고 있다. 이것은 어떤 의미입니까? 할 마음만 있으면 나눌 수 있다는 말이 아닐까? 우리는 문제의 크기에 압도되어, 우리가 할 수 있는 작은 일조차 하려 하지 않는다.

어느 날 마더 테레사는 먹을 것이 없어 굶주리는 가족이 있다는 말을 전해듣고 음식을 가지고 그 집을 찾아갔다. 음식을 받아든 아이는 잠시 밖에 나갔다가 돌아왔다. 어디에 다녀오냐고 묻자 소년은 옆집의 친구도 며칠을 굶었기에 음식을 나눠주고 왔다고 말했다. 바로 이것이 기적이다. 없는 것은 빵이 아니라 나누려는 마음이다.

주님은 무리들을 명하여 땅에 앉게 하신다. 이때 땅은 그들의 식탁인 셈이다. 그리고 빵 일곱 개와 물고기 몇 마리를 들고 감사의 기도를 올리신 뒤에, 떼어서 제자들에게 주시면서 사람들에게 나누어 주라 하셨다. 제자들은 주님이 시키시는 대로 했다. 여기서 우리는 성찬식을 연상시키는 표현들을 본다. "들고-감사하고-떼고-나누어 주는" 일련의 과정이 그것이다. 여기서 우리는 매우 중요한 사실을 깨닫는다. 성찬은 결국 지금 굶주리고 허기진 이를 위해 우리가 가진 것을 내놓고 그것을 나누어주는 것이다. 그 대상이 동족이든, 북한 주민이든, 아시아인이든, 아프리카인이든, 이슬람교도든, 힌두교도든, 불교도든, 심지어 그들이 무신론자라 해도 주님의 거룩한 식사에서 제외되지 않는다는 말이다. 배고픈 사람을 그저 돌려보내지 않는 것이 거룩함임을 주님은 가르치고 계신다. 나누면 풍성해진다.

기도

하나님, 세상에는 배고픈 이들이 참 많습니다. 지구촌의 한쪽에는 기아 선상에 시달리는 인류가 있고, 다른 쪽에는 음식을 쓰레기로 내버리는 이들이 있습니다. 이 냉혹한 세상에서 주님은 우리에게 '너희가 먹을 것을 주라'고 말씀하십니다. 세상의 배고픔을 해결할 능력이 우리에게는 없습니다. 그래서 우리는 주저합니다. 하지만 주님은 지금 우리 곁에 있는 이들의 아프고 절통한 사정을 헤아리고 그들의 문제를 해결해주기 위해 마음 쓰라 이르십니다. 그 작은 시작을 부끄러워하지 않을 때 주님의 역사가 나타날 줄 믿습니다. 아멘.

의기소침을 털고 일어나

너 지렁이 같은 야곱아, 벌레 같은 이스라엘아, 두려워하지 말아라. 주님께서 말씀하시기를 '내가 너를 돕겠다. 나 이스라엘의 거룩한 하나님이 너를 속량한다'고 하셨다. "내가 너를 날이 날카로운 새 타작기로 만들 터이니, 네가 산을 쳐서 부스러기를 만들 것이며 언덕을 겨로 만들 것이다. 네가 산들을 까불면, 바람이 그 가루를 날려 버릴 것이며, 회오리바람이 그것들을 흩을 것이다. 그러나 너만은 나 주와 더불어 기뻐할 것이며, 나 이스라엘의 거룩한 하나님을 찬양할 것이다. 가련하고 빈궁한 사람들이 물을 찾지 못하여 갈증으로 그들의 혀가 탈 때에, 나 주가 그들의 기도에 응답하겠고, 나 이스라엘의 하나님이 그들을 버리지 않겠다. 내가 메마른 산에서 강물이 터져 나오게 하며, 골짜기 가운데서 샘물이 솟아나게 하겠다. 내가 광야를 못으로 바꿀 것이며, 마른 땅을 샘 근원으로 만들겠다. 내가 광야에는 백향목과 아카시아와 화석류와 들올리브 나무를 심고, 사막에는 잣나무와 소나무와 회양목을 함께 심겠다." 사람들이 이것을 보고, 주님께서 이 일을 몸소 하셨다는 것을 알게 될 것이다. 이스라엘의 거룩하신 하나님께서 이것을 창조하셨다는 것을 깨닫게 될 것이다(이사야 41:14-20).

앗시리아 제국이 무너진 후 미디안과 바빌론으로 양분되었던 중동의 패권은 다시 엘람의 왕이었던 고레스가 차지했다. 그는 거대한 페르시아 제국을 건설했다. 이스라엘은 이거대한 역사의 소용돌이 속에서 마치 맷돌에 빨려 들어간 콩처럼 으깨지고 말았다. 바빌론에 포로로 잡혀가 수십 년을 살아온 이스라엘 사람들의 마음에는 마치 그림자처럼 열패감이 드리웠을 것이다. 옴치고 뛸 수 없는 상황, 아무리 노력해 보아도 결국에는 이등 시민 신세를 면할 수 없는 상황에서 그들은 울었다. 희망은 어디에도 없었다. 죽음에 이르는 병인 절망이 치유되지 않는 한 역사의 신새벽은 오지 않는다. 이 때 제2이사야를 통해 하나님의 말씀이 다가왔다.

"너 지렁이 같은 야곱아, 벌레 같은 이스라엘아, 두려워하지 말아라. 주님께서 말씀하시기를 '내가 너를 돕겠다. 나이스라엘의 거룩한 하나님이 너를 속량한다'고 하셨다"(이사야 41:14).

여기서 '지렁이' 혹은 '벌레'라는 표현은 이스라엘 백성들의 내면에 깃든 자기 비하의 심정을 반영한 것이다. 살다보면 '내가 아무 것도 아니구나' 하는 생각이 들어 당황스러울 때가 있다. 내가 없어도 세상은 잘 돌아가고, 나의 빈자리는 금방 채워진다. 인기·권력 같은 것들은 거품처럼 허망하게 스러진다. 확고한 것은 아무 것도 없다.

거대한 역사의 흐름에 뒤채이면서 아무 것도 할 수 없다는 무력감에 낙심할 때, 이스라엘 백성들은 예언자를 통해 한 소식을 듣는다.

"내가 너를 돕겠다. 나 이스라엘의 거룩한 하나님이 너를 속량한다"(이사야 41:14).

우리의 힘과 능력으로 하는 것이 아니다. 기도에 응답하시는 하나님, 버리지 않겠다고 약속하시는 하나님이 곁에 계시기에 할 수 있다. 믿음의 사람들은 '불가능의 가능성'을 사는 사람이다. 그들은 절망의 산을 쳐서 부스러기를 만들고, 오만의 언덕을 겨로 만든다. 의기소침을 털고 일어나 하나님의 꿈에 동참하는 기쁨을 누린다.

"내가 메마른 산에서 강물이 터져 나오게 하며, 골짜기 가운데서 샘물이 솟아나게 하겠다. 내가 광야를 못으로 바꿀 것이며, 마른 땅을 샘 근원으로 만들겠다. 내가 광야에는 백향목과 아카시아와 화석류와 들올리브 나무를 심고, 사막에는 잣나무와 소나무와 회양목을 함께 심겠다"(이사야

41:18-19).

메마른 산과 골짜기에서 물이 솟구쳐 나오도록 하시는 하나님, 척박한 땅에서 숲을 일구시는 하나님을 신뢰할 때, 우리는 새로운 역사를 시작할 수 있다. 몇 해 전 미국 서부의 척박한 광야에 흠뻑 비가 내리자 여러 해 만에 아름다운 꽃들이 지천으로 피어나는 모습을 보면서 사람들은 감동했다. 지렁이 같고, 벌레 같은 존재에 불과할지라도 우리 속에 은총의 손길이 닿으면 우리도 생명의 꽃을 피울 수 있다. 이 희망으로 일어서자.

기도

하나님, 거대한 역사의 물결에 휩쓸릴 때마다 우리의 작음을 절감하게 됩니다. 우리가 할 수 있는 일이 아주 작다는 사실을 확인할 때면 절망감에 사로잡히기도 합니다. 게으름과 냉담은 그렇게 내면화됩니다. 그러나 우리는 '내가 너를 돕겠다'는 말씀을 듣습니다. 그 말씀이 천둥소리가 되어 우리 영혼을 뒤흔들고 있습니다. 이제 절망의 산을 부스러기로 만들고 오만의 언덕을 겨로 만드시는 주님의 능력을 의지하고 씩씩하게 살겠습니다. 메마른 광야에 강을 내시는 주님의 능력을 의지하여 세상의 희망이 되고 싶습니다. 주님, 우리와 함께 해주십시오. 아멘.

우리 속에 있는 하나님의 영은 어려운 이웃을 도우라고, 불의에 맞서라고 말한다. 우리 속의 어두운 열정은 '내 코가 석 자'라고 말한다. 성령은 사랑과 평화와 온유와 절제를 택하라고 말한다. 정욕은 우리에게 '분노'와 '욕심'을 부추긴다. 믿음의 사람은 남과 싸워 이기는 사람이 아니라 자기와 싸워 이기는 사람이다.

Monday ~~~~~~

Tuesday ~~~~~~

Wednesday ~~~~~~

사랑의
레가토

Thursday ~~~~~

Friday ~~~~~

Saturday ~~~~~

Sunday ~~~~~

진리가 너희를
자유롭게 할 것이다

예수께서 자기를 믿은 유대 사람들에게 말씀하셨다. "너희가 나의 말에 머물러 있으면, 너희는 참으로 나의 제자들이다. 그리고 너희는 진리를 알게 될 것이며, 진리가 너희를 자유롭게 할 것이다." 그들은 예수께 말하였다. "우리는 아브라함의 자손이라 아무에게도 종노릇한 일이 없는데, 당신은 어찌하여 우리가 자유롭게 될 것이라고 말합니까?" 예수께서 대답하셨다. "내가 진정으로 진정으로 너희에게 말한다. 죄를 짓는 사람은 다 죄의 종이다. 종은 언제까지나 집에 머물러 있지 못하지만, 아들은 언제까지나 머물러 있다. 그러므로 아들이 너희를 자유롭게 하면, 너희는 참으로 자유롭게 될 것이다. 나는 너희가 아브라함의 자손임을 안다. 그런데 너희는 나를 죽이려고 한다. 내 말이 너희 속에 있을 자리가 없기 때문이다. 나는 나의 아버지에게서 본 것을 말하고, 너희는 너희의 아비에게서 들은 것을 행한다"(요한복음 8:31-38).

"예수께서 자기를 믿은 유대 사람들에게 말씀하셨다." 성경 번역자가 '믿는'이라는 표현 대신 '믿은'이라고 번역한 것은 그 동사가 원문에서 완료분사 형태로 되어 있기 때문이다. 그러니까 그들은 지금 막 예수님과 대면한 사람들이 아니라 상당한 시간을 예수님 곁에 머물렀던 사람들이라는 말이다. 주님은 그들에게 제자가 된다는 것이 뭘 의미하는지를 가르치신다.

"너희가 나의 말에 머물러 있으면, 너희는 참으로 나의 제자들이다"(요한복음 8:31).

그들은 주님으로부터 많은 가르침을 받았다. 이제 남은 과제는 그 말씀을 살아내는 것이다. 말씀을 살아내는 것과 말씀 안에 머무는 것은 동일한 의미이다. 삶으로 구현되지 않은 말씀은 거짓 자아를 강화하는 역할을 하게 마련이다. 말씀 안에 머문다는 것은 그 말씀을 바탕으로 하여 사욕을 제거하고, 하나님의 뜻에 일치된 삶을 살기 위해 노력한다는 뜻이다.

그 말씀을 살아내려고 애쓸 때 진리가 무엇인지를 알게 된다. '진리'라는 말은 매우 추상적으로 들린다. 진리는 철학을 전공하거나 교양적 지식이 풍부한 사람이나 이해할 수 있는 심오한 무엇이 아니다. 예수님이 가르치신 진리는 학습을 통해 얻는 것이 아니라 하나님께서 계시하여 보여주시는 가르침이다. 요한복음이 말하는 진리는 예수 그리스도 자신이다. 예수님의 말씀을 따라 살려고 애쓰다 보면 결국에는 그 분이 참 삶의 길이요 진리요 생명임을 알 수밖에 없다. 나중에 빌라도는 자기 앞에 서 있는 주님께 '진리가 무엇이오?' 하고 묻는다. 진리를 눈앞에 두고도 진리가 뭐냐고 물은 것은 그의 눈이 열리지 않았기 때문이다.

진리는 추상적 개념이 아니라 예수 그리스도의 인격과 삶과 가르침 자체이다. 그 진리를 깨달은 사람에게 주어지는 선물은 자유로움이다. "진리가 너희를 자유롭게 할 것이다." 얼마나 가슴 벅찬 말인가? 다른 이들이 만들어 놓은 기준에 맞추어 사느라 전전긍긍하는 이들은 부자유하다. 욕망의 매트릭스 속에서 사는 이들도 마찬가지이다. 그러나 예수님과 만난 이들은 세상의 인력에 속절없이 끌려가지 않는다.

성전 미문 앞에 앉아 구걸로 연명하던 앉은뱅이 걸인에게 예수 정신이 들어가자, 그는 자리에서 일어나 걷기도 하고, 뛰기도 하며 하나님을 찬양했다. 주님은 진리를 인하여 환난을 겪게 될 제자들에게 아주 솔직하게 말씀하셨다.

"너희는 세상에서 환난을 당할 것이다. 그러나 용기를 내어라. 내가 세상을 이겼다"(요한복음 16:33).

주님은 고난을 눈앞에 두고도 세상을 이겼다고 하신다.

사랑의
레가토

세상의 어떤 세력 앞에서도 짓눌리지 않는 영혼만이 할 수 있는 말이다. 무도한 권력은 그를 위협하고, 감옥에 가두고, 죽일 수는 있지만 굴복시킬 수는 없다. 프란체스코는 세상에서 가장 가난한 사람으로 살았지만, 그의 삶을 누추하다고 말하는 이는 없다. 마틴 루터 킹도, 마더 테레사도 아무것도 가진 것이 없는 사람이었지만, 믿음 하나로 세상을 변혁한 이들이다. 이 자유를 누리는 것이 참 행복 아닌가?

기도

하나님, 사람들은 인간의 역사가 자유의 확대 과정이라 말합니다. 그 말이 그르지는 않습니다. 이전에 비하면 보편적 자유가 많이 확대되었기 때문입니다. 인권에 대한 감수성도 많이 신장되었습니다. 그러나 우리는 이전보다 더 많은 제약 속에서 살아갑니다. 많은 것을 소유하려는 욕망에 사로잡힌 우리는 욕망의 거미줄에 확고히 포박된 채 버둥거리고 있습니다. 하나님의 뜻을 이루기 위해 모든 것을 다 비우셨기에 주님은 참 자유인이셨습니다. 주님, 그 자유의 길로 우리를 이끌어 주십시오. 오직 자유인만이 진심으로 섬길 수 있으니 말입니다. 아멘.

머뭇거림 없이 걸어가도록

7월 9일

주님께서 마므레의 상수리나무 곁에서 아브라함에게 나타나셨다. 한창 더운 대낮에, 아브라함은 자기의 장막 어귀에 앉아 있었다. 아브라함이 고개를 들고 보니, 웬 사람 셋이 자기의 맞은 쪽에 서 있었다. 그는 그들을 보자, 장막 어귀에서 달려나가서, 그들을 맞이하며, 땅에 엎드려서 절을 하였다. 아브라함이 말하였다. "손님들께서 저를 좋게 보시면, 이 종의 곁을 그냥 지나가지 마시기 바랍니다. 물을 좀 가져 오라고 하셔서, 발을 씻으시고, 이 나무 아래에서 쉬시기 바랍니다. 손님들께서 잡수실 것을, 제가 조금 가져 오겠습니다. 이렇게 이 종에게로 오셨으니, 좀 잡수시고, 기분이 상쾌해진 다음에 길을 떠나시기 바랍니다." 그들이 대답하였다. "좋습니다. 정 그렇게 하라고 하시면, 사양하지 않겠습니다." 아브라함이 장막 안으로 뛰어 들어가서, 사라에게 말하였다. "빨리 고운 밀가루 세 스아를 가지고 와서, 반죽을 하여 빵을 좀 구우시오." 아브라함이 집짐승 떼가

사랑의
레가토

있는 데로 달려가서, 기름진 좋은 송아지 한 마리를 끌어다가, 하인에게 주니, 하인이 재빨리 그것을 잡아서 요리하였다. 아브라함이 엉긴 젖과 우유와 하인이 만든 송아지 요리를 나그네들 앞에 차려 놓았다. 그들이 나무 아래에서 먹는 동안에, 아브라함은 서서, 시중을 들었다(창세기 18:1-8).

한창 더운 어느 날 대낮, 아브라함은 장막 어귀에 앉아 상수리나무가 만들어 준 서늘한 그늘을 즐기고 있었다. 문득 이상한 느낌이 들어 고개를 들어 보니 웬 낯선 사람 셋이 자기 맞은편에 서 있었다. 아브라함은 마치 반가운 손님이라도 맞이하듯 달려 나가 땅에 엎드려 절을 하며 그들을 영접했다. 낯선 이를 의구심 가득한 눈으로 바라보기에 익숙한 우리의 감성으로는 참으로 낯선 광경이 아닐 수 없다. 가끔 예기치 않게 손님을 맞아야 할 때가 있다. 그들은 우리가 하던 일을 중단시키고, 소중한 시간을 조각낸다. 마음이 분주할 때는 슬그머니 짜증이 난다.

아브라함은 자기 앞에 나타난 이들의 정체를 알지 못했다. 선인인지 악인인지 구별할 수도 없었다. 그들은 다만 먼 길을 걸어온 나그네들일 뿐이었다. 아브라함은 그 낯선 이들을 마치 하나님이 보내신 사자들인 양 맞이하고 있다. 환대의 모범이다. 환대란 문을 여는 것이 아니라, 마음을 열어 누군가가 내 삶에 들어올 여지를 마련하는 것이다. 아브라함은 그 낯선 나그네들에게 자기 곁을 그냥 지나가지 말고 기분이 상쾌해진 다음에 길을 떠나라고 말한다. 그는 나그네들이 얼굴과 발을 씻을 수 있도록 물을 길어 오고, 쉴 수 있도록 시원한 그늘 밑에 자리를 마련했다. 그리고 음식을 장만했다. 그는 아내 사라에게 고운 밀가루 세 스아^{seah}를 가지고 와서 반죽을 하여 빵을 구우라고 말하고, 자기는 집 짐승 떼가 있는 곳으로 가서 기름진 좋은 송아지 한 마리를 끌어다가 하인에게 맡겨 요리를 하게 한다. 음식이 장만되자 그는 엉긴 젖과 우유와 송아지 요리를 나그네들 앞에 차려 놓고는 나그네들이 먹는 동안 곁에 서서 시중을 들었다. 한 집안의 어른인 그가 마치 하인처럼 처신했던 것이다. 그의 모습에서 우리는 당신을 한없이 낮추신 겸비의 그리스도를 흘낏 본다.

목사 시인 고진하는 아브라함의 이야기를 읽은 후 〈상쾌해진 뒤에 길을 떠나라〉라는 시를 썼다. 그는 불행의 기억에 사로잡혀 있을 때, 삶이 타인에 대한 불평과 원망으로 가득할 때, 우리 마음이 이루지 못한 욕망의 진흙탕일 때, 우리의 밤이 사랑의 그믐일 때는 아직 길을 떠날 때가 아니라고 노래한다. 우리가 길을 떠나야 할 때는 "쓰디쓴 기억에서 벗어나/까닭 없는 기쁨이 속에서 샘솟을 때,/불평과 원망이

사랑의
레가토

마른풀처럼 잠들었을 때", "단 한 벌의 신발과 지팡이만 지니고도/새처럼 몸이 가벼울 때,/맑은 하늘이 내리시는/상쾌한 기운이 그대의 온몸을 감쌀 때"이다. 그때는 어쩌면 하나님과의 깊은 합일을 경험한 때인지도 모르겠다. 어떠한 이유에서든 지금 우리 곁에 다가온 이들로 하여금 마음이 상쾌해져 떠나도록 한다면 우리는 잘 살고 있다고 보아도 무방할 것이다.

기도

하나님, 세상은 두려움으로 가득 차 있습니다. 우리는 낯선 것에 대해 본능적으로 두려움을 느낍니다. 에덴 이후 시대를 살아가는 이들은 모두 적대적인 세상을 경계하며 살아갑니다. 낯선 이들을 지극 정성으로 영접한 아브라함의 모습이 오히려 낯설게 느껴집니다. 적대감이 넘치는 세상에서 환대의 공간을 만들라는 주님의 요청을 받들겠습니다. 어려움이 예기되는 길이지만 낙심하지 않고 걸어갈 수 있도록 우리 속에 힘을 불어넣어 주십시오. 아멘.

바보 같은 열정

우리는 속이는 사람 같으나 진실하고, 이름 없는 사람 같으나 유명하고, 죽는 사람 같으나, 보십시오, 살아 있습니다. 징벌을 받는 사람 같으나 죽임을 당하는 데까지는 이르지 않고, 근심하는 사람 같으나 항상 기뻐하고, 가난한 사람 같으나 많은 사람을 부요하게 하고, 아무것도 가지지 않은 사람 같으나 모든 것을 가진 사람입니다(고린도후서 6:8b-10).

하나님의 사람은 세속에 매몰된 사람들이 보기에 낯선 존재들이다. 모두가 높은 곳을 지향할 때 낮은 곳을 지향하고, 편안하고 안락한 길을 추구할 때 불편하고 힘겨운 길을 걷기 때문이다. 그런데 사서 고생하는 사람들은 의심을 받게 마련이다. 바울의 적대자들은 온갖 말로 바울을 폄하했다. 사심 없는 것처럼 보여도 바울이 뭔가 꿍꿍이속을 가지고 사람들에게 접근했을 거라든지, 예루살렘에 있는 사도들

사랑의
레가토

에 비해 이름 없는 사람이라든지, 가는 곳마다 어려움을 겪는 것을 보면 그에게 문제가 있다는 등의 모함이었다. 바울은 적극적으로 자신을 변증했다.

"우리는 속이는 사람 같으나 진실하고, 이름 없는 사람 같으나 유명하고, 죽는 사람 같으나, 보십시오, 살아 있습니다. 징벌을 받는 사람 같으나 죽임을 당하는 데까지는 이르지 않고, 근심하는 사람 같으나 항상 기뻐하고, 가난한 사람 같으나 많은 사람을 부요하게 하고, 아무것도 가지지 않은 사람 같으나 모든 것을 가진 사람입니다"(고린도후서 8b-10).

그는 사심 없는 사랑으로 사람들을 대했을 뿐 누구를 속여 자기 이익을 취하려 한 적이 없었다. 그의 관심은 온통 성도들의 구원에 있었기에 고난을 겪으면서도 사람들을 생명의 길로 인도하려 했다. 늘 시련의 그늘 아래 있었기에 그는 근심하는 사람처럼 보였을 것이다. 하지만 그는 늘 기뻐했다. 질그릇 속에 담긴 값진 보화를 발견했기 때문이다. 기쁨은 속에서 뿜어져 나오는 기운이다. 비행기가 지상의 인력을 떨치고 날아오르듯 우리가 세상의 흐름을 거슬러 하나님 나라의 흐름을 타는 순간 근심은 기쁨으로 바뀐다. 바울은 아무 것도 가진 것이 없었지만 다른 이들을 부요하게 했다. 염려와 근심에 짓눌린 이들을 일으켜 세웠으니 말이다.

후배 목사가 제주도에서 목회할 때의 일을 들려주었다.

교인이 20명 쯤 된다는 이야기를 듣고 교회에 부임하고 보니 교인이라곤 하나도 없었다. 몇 달 수고한 끝에 그의 교인은 다섯 명이 되었다. 초등학생과 중학생들이었다. 그는 새벽마다 교회에 나가 홀로 찬송을 부르고 성경을 읽고 설교를 하고 기도를 했다고 한다. 아들의 목회지를 찾아갔다가 그 이야기를 들은 아버지는 눈시울이 시큰해져서 탄식하듯 말했다. "네가 수도원장으로 사는구나."

프란체스코 성인은 새들과 동물들에게도 설교를 했다 한다. 앞을 보지 못하는 어느 수도자는 틈만 나면 사람들에게 말씀을 전하고 싶어 했다. 사환 노릇을 하던 젊은이가 고단한 나머지 텅 빈 들판에서 발을 멈추고는 말씀을 듣기 원하는 이들이 앞에 있다고 거짓말을 했다. 수도자는 열성을 다해 설교를 했다. 설교가 끝나자 돌들이 '아멘' 하고 화답했다고 한다. 좋은 것을 남들에게 나누어주고 싶어 하는 이 바보 같은 열정이 세상을 정화하지 않겠는가?

사랑의
레가토

하나님, 세상은 끊임없이 우리 속에 두려움을 주입하려 합니다. 삶의 안전장치를 많이 마련해야 한다고 설득합니다. 그 설득에 넘어간 이들은 할 수 있는 한 많은 것을 축적하기 위해 자기를 착취합니다. 이웃들을 돌보거나, 그들과 삶을 경축하며 살 여유를 누리지 못합니다. 외로움은 깊어가고, 삶은 적막해집니다. 주님, 소유의 많고 적음을 떠나 항상 생의 신비를 경축하며, 다른 이들을 복 되게 하는 삶을 살도록 우리를 이끌어 주십시오. 아멘.

바위처럼

우리는 이 보물을 질그릇에 간직하고 있습니다. 이 엄청난 능력은 하나님에게서 나는 것이지, 우리에게서 나는 것이 아닙니다. 우리는 사방으로 죄어들어도 움츠러들지 않으며, 답답한 일을 당해도 낙심하지 않으며, 박해를 당해도 버림받지 않으며, 거꾸러뜨림을 당해도 망하지 않습니다. 우리는 언제나 예수의 죽임 당하심을 우리 몸에 짊어지고 다닙니다. 그것은 예수의 생명도 또한 우리 몸에 나타나게 하기 위함입니다. 우리는 살아 있으나, 예수로 말미암아 늘 몸을 죽음에 내어 맡깁니다. 그것은 예수의 생명도 또한 우리의 죽을 육신에 나타나게 하기 위함입니다(고린도후서 4:7-11)

생선을 싼 종이에서는 비린내가 나고, 향나무를 싼 종이에서는 향내가 나고, 백합화를 품은 흙에서는 백합향이 나는 법이다. 비록 그 삶이 평탄치는 않았지만 예수의 마음을 가슴에 품고 살아온 바울은 자기 생의 비밀을 이렇게 밝힌다.

"'어둠 속에 빛이 비쳐라' 하고 말씀하신 하나님께서, 우리의 마음속을 비추셔서, 예수 그리스도의 얼굴에 나타난 하나님의 영광을 아는 지식의 빛을 우리에게 주셨습니다"(고린도후서 4:6).

그 빛으로 인해 바울은 박해의 어두운 골짜기를 거닐면서도 길을 잃지 않을 수 있었고, 수난의 어두운 골짜기를 지나면서도 마음이 흔들리지 않았던 것이다. 빛과 만났기에 바울은 빛에 속한 사람이 되었다.

"우리는 사방으로 죄어들어도 움츠러들지 않으며, 답답한 일을 당해도 낙심하지 않으며, 박해를 당해도 버림받지 않으며, 거꾸러뜨림을 당해도 망하지 않습니다"(고린도후서 4:8-9).

얼마나 당당한 말인가? 그리스도 안에서 누리는 자유가 이리도 크다. 살아갈 이유를 알고, 가야 할 길을 분명히 알기에 그는 두려워하지 않았다. 물론 고난도 당하고 넘어지기도 하지만, 툭툭 털고 일어나 다시 목표를 향해 나아갈 수 있었다. 가슴에 이미 빛이 밝혀진 사람은 세상이 어둡다 하여 낙심하지 않는다. 돈 좀 못 벌면 어떻고, 당장 원하는 바를 이루지 못했다고 하여 낙심할 까닭이 무엇인가. 그들은 불의와 싸우면서도 거칠어지지 않고, 세상이 변하지 않는 것 같다 하여 안달하지 않는다. 반대자들조차 우정으로 감싸 안는 넉넉함을 보인다. 모름지기 믿는 사람이라면 이 자리에까지 이르러야 하지 않을까. 아직도 가야 할 길이 멀기만 하다. 그 때문일까? 바울은 자랑할 것이 있다면 자기의 약한 것과 십자가 밖에는 없다고 했다. 통나무처럼 투박한 이 고백 속에 바울이라는 거인의 비밀이 숨겨져 있다.

믿는다고 하면서도 우리는 너무 왜소해졌다. 나는 이게 너무 속상하다. 그리스도인이라 하면서도 마음이 좁쌀보다 작은 사람들을 본다. 그들은 늘 자기 문제에만 골똘할 뿐, 불의한 세상에 저항하고, 고통 받는 이들과 연대하지 못한다. 이유는 단순하다. 십자가의 은총을 경험하지 못했기 때문이다. 주님은 당신을 따르려는 이들에게 자기 십자가를 지고 따르라 하셨다. 십자가는 죽음이다. 주님을 따르는 길은 한가로운 산보가 아니다. 가시밭길을 걷는 것처럼 힘겨운 길일 수 있다. 겁 많고, 비겁하고, 욕심 사납고, 냉소적인 우리 마음이 일대 변화를 경험하지 않는다면 갈 수 없는 길이다. 그런데 일단 그 길을 걷기 시작하면 예기치 못했던 평안과 기쁨을 누리게 된다. 그것이 신앙의 신비이다.

사랑의
레가토

하나님, 하루하루 우리는 외로운 참새처럼 두려움에 떨며 삽니다. 지금 누리고 있는 것들이 사라질까봐 두려워하고, 불확실한 미래로 인해 두려워합니다. '우리는 사방으로 죄어들어도 움츠러들지 않는다'는 사도 바울의 고백이 천둥소리처럼 울려옵니다. 사나 죽으나 나는 주의 것이라고 고백한 이가 누리는 홀가분함과 당당함입니다. 우리도 그런 자유를 누리고 싶습니다. '내가 세상을 이겼다' 하신 주님의 선언이 우리 삶의 고백이 되게 하여 주십시오. 아멘.

교육의 목적

> 그 날에 당신들은 당신들 아들딸들에게, '이 예식은, 내가 이집
> 트에서 나올 때에, 주님께서 나에게 해주신 일을 기억하고 지
> 키는 것이다' 하고 설명하여 주십시오. 이 예식으로, 당신들의
> 손에 감은 표나 이마 위에 붙인 표와 같이, 당신들이 주님의 법
> 을 늘 되새길 수 있게 하십시오. 주님께서 강한 손으로 당신들
> 을 이집트에서 구하여 내셨기 때문입니다. 그러므로 당신들은
> 이 규례를 해마다 정해진 때에 지켜야 합니다(출애굽기 13:8-10).

출애굽의 급박한 상황 속에서 주님은 모세를 통해 백성들에
게 신신당부를 하신다. 종살이하던 집에서 나온 날을 기억
하기 위해 무교절을 지키라는 것이다. 무교절에 가장은 아
들딸들에게 그 예식의 의미를 설명해 주어야 했다. 가장은
하나님의 구원에 대한 기억의 전승자 혹은 교육자가 되어야
했다는 말이다. 랍비 아브라함 요수아 헤셸은 『누가 사람이

냐』라는 책에서 유다인의 교육 과제를 몇 가지로 요약하고 있다.

첫째, 교육은 학생에게 살아 있는 존재의 신비와 놀라움을 느끼게 해주는 일이어야 한다. 이것은 생명에 대한 감수성을 길러주는 것과 관련된다. 식탁 앞에 놓인 음식이나 과일을 맛보아도 그것이 우리의 앞에 오기까지 온 우주가 참여해 마련한 것임을 안다면 어찌 감사한 마음이 일지 않겠는가. 놀람을 가로막는 것은 '당연하다'는 생각이다. 하지만 세상에 당연한 것은 없다. 모두가 선물이다.

둘째, 자신이 무한하게 값진 존재이면서 동시에 모든 것을 빚으로 얻은 존재라는 사실을 깨닫게 해야 한다. 경쟁에 시달리며 사는 많은 이들이 자존감을 갖지 못한다. 경쟁에서의 패배는 곧 바로 인생의 실패처럼 인식하기 때문이다. 하지만 잘났든 못났든 우리는 하나님의 형상대로 지음 받은 소중한 존재이다. 그리고 우리는 삶에 꼭 필요한 많은 것들을 공짜로 누리거나 다른 이들을 통해 얻고 있다. 이걸 알면 지나친 비애나 오만함에 빠질 수 없다.

셋째, 시간 속의 성聖, 곧 거룩함을 깨닫게 해주어야 한다. 하나님은 "너희의 하나님인 나 주가 거룩하니, 너희도 거룩해야 한다"(레위기 19:2)고 하셨다. 일상의 모든 순간 하나님의 현존을 자각하고 살 때 우리 삶은 거룩해진다. 맑아지고 순수해진다.

넷째, 축제의 능력을 길러주어야 한다. 하나님은 우리가 생을 경축하며 살기를 바라신다. 예수님이 행하신 첫 번째 기적은 갈릴리 가나의 혼인잔치에서 물을 포도주로 바꾼 사건이었다. 요한은 그 이야기를 통해 주님이 계신 곳에서는 삶이 즐거운 축제로 변한다는 사실을 가르치고 싶었던 것이 아닐까? 축제는 혼자서는 누릴 수 없다. 다른 이들을 우리 삶 속에 맞아들이고, 또 우리 자신도 기꺼이 손님이 되려는 열린 마음이 있을 때 축제는 시작된다.

교육의 목적은 유능한 직업인을 만드는 것이 아니라 다른 이들과 평화롭게 살 줄 아는 사람을 육성하는 데 있다. 자기의 존재의 뿌리가 어디에 닿아 있는지를 아는 사람, 지금 곁에 있는 이들이 얼마나 귀한 존재인지를 아는 사람은 함부로 살지 않는다. 그는 '자아'라는 감옥에서 벗어난 자유인이다.

사랑의
레가토

하나님, 우리는 화급한 일을 처리하느라 인생에서 정말 중요한 일들을 소홀히 할 때가 많습니다. 하나님의 형상대로 지음을 받은 존재이건만 우리는 하나님의 모습을 세상 앞에 드러내지 못합니다. 삶의 속도를 줄이고 하나님의 리듬에 따라 살아가고 싶습니다. 삶이 온통 신비라는 것, 우리에게 주어진 삶이 은총이라는 것을 잊지 않겠습니다. 거친 세상을 사는 동안 잃어버린 기뻐하는 능력을 회복시켜 주십시오. 우리가 하나님의 마음을 향해 나아가는 순례자라는 사실을 잊지 않게 해주십시오. 아멘.

성찬의 신비

> 우리가 축복하는 축복의 잔은, 그리스도의 피에 참여함이 아닙
> 니까? 우리가 떼는 빵은, 그리스도의 몸에 참여함이 아닙니까?
> 빵이 하나이므로, 우리가 여럿일지라도 한 몸입니다. 그것은 우
> 리가 모두 그 한 덩이 빵을 함께 나누어 먹기 때문입니다(고린도
> 전서 10:16-17).

『안식의 여정』은 헨리 나우웬 신부가 남긴 마지막 일기이
다. 하버드 대학과 예일 대학에서 학생들을 가르치던 세계
적인 학자인 그는 인생의 절정기에 대학을 사임하고 중증장
애인들이 모여 사는 '새벽의 집'에 들어가 스스로는 아무 것
도 할 수 없는 '아담'이라는 사람을 돌보며 살았다. 밥을 먹
여주고, 씻겨주고, 잠자리를 보아 주고, 휠체어를 밀어 산책
시켜주는 것도 그의 일이었다. 여러 해를 그렇게 살다가 그
는 안식년을 얻게 되어, 1년 동안 '새벽의 집'을 떠나 세계

사랑의
레가토

이곳저곳에 흩어져 살고 있는 벗들을 만났다. 그런데 주목할 만한 것은 그가 벗들과 만나 한 가장 중요한 일이 성찬 나눔이었다는 사실이다. 시간과 장소에 구애받지 않고 그들은 성찬을 나눔으로 자기들이 그리스도 안에 있는 형제자매인 동시에 그리스도의 손과 발이 되어 살아가야 할 존재임을 재확인하곤 했다. 그들의 사귐의 중심에는 성찬식이 있었던 것이다.

주후 4세기 이후에 사막의 은둔소에 머물며 기도생활에 전념하던 이들을 가리켜 헤지카스트라고 부른다. 그들도 주일이 되면 은둔소에서 나와 인근 도시에 있는 교회를 찾았다. 그것은 예배와 성찬에 동참하기 위한 것이었다. 존 웨슬리는 은혜를 사모하는 이들이 해야 할 일 가운데 성찬을 매우 중요하게 생각했다. 그래서 감리교도들에게 길을 가다가도 어딘가에서 성찬식이 있음을 알면 꼭 성찬에 참여한 후에 길을 떠나라고 권고했다.

성찬식은 어느 교회에서나 아주 엄숙하게 거행되지만 사실 예수님이 제정하신 성찬은 일상의 식탁과 다를 바가 없었다. 성찬식이 지나치게 신비화되는 것도 바람직한 일은 아니다. 그래서 어느 신학자는 교회의 상징은 성찬식에 사용되는 화려한 그릇들이 아니라, 주님께서 제자들의 발을 닦아 주실 때 사용한 수건과 대야여야 한다고 말했다. 일리가 있다. 지금의 성찬식이 성직자들의 권위를 드러내는 것으로 도구화된 것은 아닌지 돌아볼 필요가 있다.

제자들은 성찬을 통해 주님과 함께 지냈던 때의 기억을 반추하고, 그분의 현존이 자기들 속에 일으켰던 변화에 대해 이야기를 나누었을 것이다. 이런저런 삶의 고통에 시달리는 이들을 보면서 안타까워하시고, 어찌하든지 그 고통을 덜어주려고 애쓰시던 주님의 모습, 세상의 권세자들 앞에서 한없이 당당하시던 주님의 모습, 한적한 곳을 찾아가 하나님 앞에 엎드리셨던 주님의 모습, 그리고 십자가에서 가쁜 숨을 몰아쉬면서도 '저들의 죄를 용서해달라'고 빌던 주님의 모습, 그리고 두려움에 떨던 자기들을 찾아와 평안을 빌어주며 새로운 사명을 주시던 주님의 모습, 주님에 대한 기억은 또한 거울이 되어서 지금 자신들의 모습을 돌아보게 하였을 것이다. 이런 성찬을 나눌 때 우리 삶이 맑아지지 않을까?

사랑의
레가토

하나님. 성찬의 빵과 포도주를 마시면서 우리는 주님의 삶과 희생을 떠올립니다. 성찬의 식탁 앞에서 인간 세상의 모든 차별은 지워집니다. 예수님은 사람들이 인위적으로 세워놓은 분리의 장벽을 당신의 몸으로 허무셨습니다. 우리도 장벽 허무는 사람이 되고 싶습니다. 혐오와 차별의 말이 넘실대는 세상에서 울고 있는 이들을 봅니다. 이제는 사람들 앞에 걸림돌을 놓지 않겠습니다. 가장 천대받는 이들의 벗이 되기 위해 몸을 낮추겠습니다. 그 길에서 벗어나지 않도록 우리를 지켜주십시오. 아멘.

하나님이 주시는 영광

너희가 성경을 연구하는 것은, 영원한 생명이 그 안에 있다고 생각하기 때문이다. 성경은 나에 대하여 증언하고 있다. 그런데 너희는 생명을 얻으러 나에게 오려고 하지 않는다. 나는 사람에게서 영광을 받지 않는다. 너희에게 하나님을 사랑하는 마음이 없는 것도, 나는 알고 있다. 내가 내 아버지의 이름으로 왔는데, 너희는 나를 영접하지 않는다. 그러나 다른 이가 자기 이름으로 오면 너희는 그를 영접할 것이다. 너희는 서로 영광을 주고받으면서 오직 한 분이신 하나님께서 주시는 영광은 구하지 않으니, 어떻게 믿을 수 있겠느냐?(요한복음 5:39-44)

예수님은 당시의 종교 지도자들이 사람의 영광을 구하고 있다고 책망하신다. '영광'이라는 말을 '인정'이라고 바꾸어도 좋을 것이다. 자기 삶에 대한 확신이 부족한 사람일수록 누군가의 인정을 구한다. 하지만 인정을 구하는 순간 인정을 바라는 그 대상에게 예속되고 만다. 정신적 자유를 누리는 이들은 누가 인정해주든 말든 묵묵하게 자기의 길을 간다. 알아주지 않는다고 안달하지도 않고, 알아준다고 희희낙락하지도 않는다.

주님은 타인의 인정을 구하는 이들의 마음에는 아랑곳없이 마치 수술 칼을 들이대듯 그들 삶의 환부를 도려내신다.

"너희에게 하나님을 사랑하는 마음이 없는 것도, 나는 알고 있다"(요한복음 5:42).

어떤 정상참작도 위로도 합리화를 위한 여지도 주지 않는 단호한 말씀이다. '아니'라고 말하고 싶지만 차마 그러지 못한다. 우리 삶이 우리의 존재를 증언하고 있으니 말이다.

주님은 "내가 내 아버지의 이름으로 왔는데 너희는 나를 영접하지 않는다"고 탄식하듯 말씀하신다. 영접한다는 것은 그를 향하여 나간다는 뜻이다. 그를 등진 채 영접할 수는 없다. 주님을 영접하기 위해서는 자꾸만 그를 향해 나가야 한다. 우리의 몸과 마음은 지금 누구를 향해 기울어져 있나? 주님을 영접한 사람은 그리스도인다운 원칙을 지키며 산다. 유/불리를 따지지 않는다. 이것은 고집과는 다르다. 원칙이 무너지면 모든 것이 무너진다. 광야에서 사탄에게 받았던 예수님의 시험 이야기는 삶의 원칙을 세우기 위한 고투를 보여주고 있다.

〈한겨레신문〉 종교전문 기자 조현이 쓴 책『울림』의 부제
는 '우리가 몰랐던 이 땅의 예수들'이다. 이 책은 예수 정신
에 사로잡혀 살았던 24명의 한국인들을 소개한다. 독자들
이 그들의 삶에 감동하는 것은 그들이 사람의 영광이 아니
라 하나님의 영광을 구하는 삶을 살았기 때문이다. 예수 정
신으로 변화된 그분들 곁에는 마치 향기에 끌리듯 사람들
이 모여들었고, 그들은 새로운 세상의 전초가 되었다. 풀무
학교를 세웠던 밝맑 이찬갑 선생도 그 중의 한 분이다. 그가
세상을 떠났을 때 지인들이 바친 조사 한 대목은 아름다운
신앙인의 존재를 오롯이 보여준다.

　"연구실에서 학문을 연구하고 교단에서 진리를 갈파하시
는 기라성 같은 박사님들. 그 박사님들 가운데 숲 속에서 아
무도 흩어진 쇠똥을 주워 보호하는 분 없고, 세상에 낙오되
어 말라빠진 삭정이를 줍는 교수 없으며, 민족에 상처를 줄
유리조각을 주워 파묻는 선생님이 계시지 않습니다. 버림받
은 쇠똥, 말라비틀어진 삭정이는 어디로 가야 하고 살기 띤
유리조각은 누가 주워 구덩이에 묻겠습니까?"(조현, 『울림』,
166-7쪽)

　이찬갑 선생은 쇠똥 같은 사람들, 말라빠진 삭정이 같은
사람들, 살기 띤 유리조각 같은 사람들 하나하나를 거두어
예수의 하나님 나라 운동에 동참시킨 분이었다. 그가 그렇

사랑의
레가토

게 할 수 있었던 것은 예수님의 영이 그를 지배하고 있었기 때문이다. 하나님의 생기가 가슴에 불어오자 그는 하늘 군대가 되었고, 접하는 모든 사람 속에 하늘의 생기를 나누어 주는 이가 되었다. 이게 그리스도인의 실존이고, 그리스도인이 누릴 수 있는 최대의 복이다.

기도

하나님, 가야 할 길을 분명히 알지 못하기 때문일까요? 우리는 늘 타인의 눈을 의식하며 삽니다. 다른 이들이 우리를 칭찬하고 인정해주면 기뻐하지만, 비난하고 무시할 때는 상처를 받습니다. 다른 이들의 마음에 맞게 처신하려다 보니 마음 속 그늘이 짙어지고 있습니다. 누가 뭐라 하든 하나님의 뜻을 따라 올곧게 걸어가신 예수님의 그 뜻과 의지를 우리 속에도 심어주십시오. 삶으로 하나님의 영광을 드러내며 살게 해주십시오. 아멘.

주님을 따르는 길은 한가로운 산보가 아니다. 가시밭길을 걷는 것처럼 힘겨운 길일 수 있다. 겁 많고, 비겁하고, 욕심 사납고, 냉소적인 우리 마음이 일대 변화를 경험하지 않는다면 갈 수 없는 길이다. 그런데 일단 그 길을 걷기 시작하면 예기치 못했던 평안과 기쁨을 누리게 된다. 그것이 신앙의 신비이다.

Monday 〰〰〰

Tuesday 〰〰〰

Wednesday 〰〰〰

사랑의

레가토

Thursday ~~~~~

Friday ~~~~~

Saturday ~~~~~

Sunday ~~~~~

연약한 자가
세상을 구한다

어둠 속에서 헤매던 백성이 큰 빛을 보았고, 죽음의 그림자가 드리운 땅에 사는 사람들에게 빛이 비쳤다. "하나님, 주님께서 그들에게 큰 기쁨을 주셨고, 그들을 행복하게 하셨습니다. 사람들이 곡식을 거둘 때 기뻐하듯이, 그들이 주님 앞에서 기뻐하며, 군인들이 전리품을 나눌 때 즐거워하듯이, 그들이 주님 앞에서 즐거워합니다. 주님께서 미디안을 치시던 날처럼, 그들을 내리누르던 멍에를 부수시고, 그들의 어깨를 짓누르던 통나무와 압제자의 몽둥이를 꺾으셨기 때문입니다. 침략자의 군화와 피묻은 군복이 모두 땔감이 되어서, 불에 타 없어질 것이기 때문입니다." 한 아기가 우리를 위해 태어났다. 우리가 한 아들을 모셨다. 그는 우리의 통치자가 될 것이다. 그의 이름은 '놀라우신 조언자', '전능하신 하나님', '영존하시는 아버지', '평화의 왕'이라고 불릴 것이다. 그의 왕권은 점점 더 커지고 나라의 평화도 끝없이 이어질 것이다. 그가 다윗의 보좌와 왕국 위에 앉

사랑의
레가토

아서, 이제부터 영원히, 공평과 정의로 그 나라를 굳게 세울 것이다. 만군의 주님의 열심이 이것을 반드시 이루실 것이다(이사야 9:2-7).

이사야는 어둠 속을 헤매던 백성이 큰 빛을 보았다고 말한다. 아직 이루어지지 않은 사건이지만, 이사야는 이미 그 일이 실현된 것처럼 말한다. 하나님에 대한 깊은 신뢰를 드러내는 표현이다. 지금은 비록 어둠이 지배하고 있는 것처럼 보이지만 주님의 주권이 드러나는 날, 기쁨의 날이 도래하고 있다는 사실을 확실할 때 어둠의 시간을 견딜힘이 생긴다. 미국의 상원의원이었던 로버트 F. 케네디는 암살당한 마틴 루터 킹 주니어 목사에게 바치는 헌사에서 정치의 목적은 "인간의 야만성을 길들이고 이 세계의 삶을 온화하게 만드는데 있다"고 말했다. 이것은 정치의 목적일 뿐 아니라, 신앙인들의 목표가 되어야 한다.

믿음의 사람은 기존 질서에 길들여지는 사람이 아니라 스스로 변화되어 역사의 변혁을 꿈꾸는 사람이다. 바울 사도는 로마서에서 "여러분은 이 시대의 풍조를 본받지 말고not conformed, 마음을 새롭게 함으로 변화를 받아서but transformed"(로마서 12:2) 하나님의 뜻을 분별하며 살라고 권했다. 성도는 자비롭고 정의로운 세계를 건설하기 위해 함께 일하자는 하나님의 초대에 응답한 사람이다. 많은 성도들이 그 꿈을 망각하고 산다. 사적인 욕망에 붙들려 살기 때문이다. 믿음으로 산다는 것은 남들과 다르게 살 용기 courage to be different를 내는 것이다. 그러기 위해 필요한 것은 메마른 용기가 아니라 스스로 연약해질 수 있는 마음이다.

성경은 '가장 연약한 자가 세상을 구한다'고 고백한다. 성경의 가장 큰 역설이 여기에 있다. 이사야는 '한 아기'가 우리를 위해 태어났다고 말한다. 그는 백성의 통치자가 될 것이다. 그를 부르는 이름은 여러 가지이다. '놀라우신 조언자', '전능하신 하나님', '영존하시는 아버지', '평화의 왕'. 그의 또 다른 이름은 '임마누엘'이다. "우리와 함께 계신 하나님." 그렇기에 그는 사람들에게 하나님이 살아계심을 경험하게 하는 분이다.

십자가 아래 있던 백부장은 예수님의 마지막을 지켜보며 '이분은 참으로 하나님의 아들이셨다'라고 고백했다. 두려움에 사로잡혀 내뱉은 말이 아니다. 그는 고난당하는 예수님 안에서 타오르고 있던 신령한 빛을 보았던 것이다. 그 빛은 하나님의 형상대로 지음 받은 모든 이들의 내면에서 항상 타올라야 하는 빛이다. 그 빛은 경외심과 연민과 사랑이라는 연료를 통해서만 타오른다. 메마른 강인함이 아니라 연약함의 신비가 우리를 이끌 때 평화의 나무는 더욱 무성

사랑의
레가토

하게 자라고, 공평과 정의 위에 세워진 나라는 더욱 굳게 설 것이다. "만군의 주님의 열심이 이것을 반드시 이루실 것이다"(이사야 9:7c). 이 놀라운 확언이 우리를 절망의 심연에서 끌어올린다.

기도

하나님, 우리는 무시당하지 않기 위해서라도 강해지려 노력합니다. 상처 받지 않으려고 자아의 굳은 벽을 세우고 살아갑니다. 행여 우리 속에 있는 연약한 것이 드러날까 봐 전전긍긍합니다. 옛사람은 굳은 것은 죽음에 가깝고 부드러운 것은 생명에 가깝다고 말했습니다. 연약한 자가 세상을 구원한다는 말씀이 참 놀랍습니다. 사랑과 이해와 연민의 마음이 아니고는 평화 세상을 이룰 수 없음을 한시라도 잊지 않게 해주십시오. 아멘.

축복의 소명

나 만군의 주, 이스라엘의 하나님이 말한다. 내가 예루살렘에서 바빌로니아로 잡혀 가게 한 모든 포로에게 말한다. 너희는 그 곳에 집을 짓고 정착하여라. 과수원도 만들고 그 열매도 따 먹어라. 너희는 장가를 들어서 아들딸을 낳고, 너희 아들들도 장가를 보내고 너희 딸들도 시집을 보내어, 그들도 아들딸을 낳도록 하여라. 너희가 그 곳에서 번성하여, 줄어들지 않게 하여라. 또 너희는, 내가 사로잡혀 가게 한 그 성읍이 평안을 누리도록 노력하고, 그 성읍이 번영하도록 나 주에게 기도하여라. 그 성읍이 평안해야, 너희도 평안할 것이기 때문이다. 나 만군의 주, 이스라엘의 하나님이 분명히 말한다. 너희는 지금 너희 가운데 있는 예언자들에게 속지 말고, 점쟁이들에게도 속지 말고, 꿈쟁이들의 꿈 이야기도 곧이듣지 말아라. 그들은 단지 나의 이름을 팔아서 너희에게 거짓 예언을 하고 있을 뿐이다. 그들은 내가 보낸 자들이 아니다. 나 주의 말이다(예레미야 29:4-9).

사랑의
레가토

예레미야는 바빌로니아에서 포로생활을 하고 있는 동족들에게 격려의 편지를 보냈다. 타향도 정이 들면 고향이라지만, 나라를 잃어 천더기 신세인 그들에게 세상은 적대적일 뿐이었다. 그들은 복역의 때가 끝나 고국으로 돌아갈 날만을 학수고대하며 살았다. 그들의 일상은 고통 그 자체였다. 조롱하는 눈빛에 상처를 입고, 무시하는 말투에 맘 상하고, 물리적인 폭력에 시달렸다. 가진 것이 없다고, 지켜줄 나라가 없다고 마치 인격이 없는 사람처럼 취급을 당했을 것이다. 분하지만 상황을 바꿀 힘조차 없었다. 그들을 향해 예레미야는 말한다.

"너희는 그 곳에 집을 짓고 정착하여라. 과수원도 만들고 그 열매도 따먹어라. 너희는 장가를 들어서 아들딸을 낳고, 너희 아들들도 장가를 보내고 너희 딸들도 시집을 보내어, 그들도 아들딸을 낳도록 하여라. 너희가 그곳에서 번성하여, 줄어들지 않게 하여라"(예레미야 29:5-6).

예레미야는 뿌리 뽑힌 백성들에게 속히 자유의 몸이 될 것이라는 헛된 꿈을 버리고 현실에 충실하라고 권고하고 있다. 비록 남의 땅에 살고 있는 나그네 신세이고, 아무데도 속한 데가 없는 '설 땅을 잃은nowhere' 사람들이지만 바로 그곳을 삶의 터전으로 여기고 '지금 여기now and here'의 삶을 살라는 것이었다. 봄 되면 울면서라도 씨를 뿌리고, 또 때가 되면 돕는 배필을 만나 아들딸 낳으며 일상의 삶을 회복하고, 자식들이 장성하면 짝을 지워주라는 것이었다. 곤욕스럽더라도 중요한 것은 자기가 할 수 있는 일을 하며 수굿이 때를 기다리는 것이다.

하지만 예레미야의 권고는 거기에서 그치지 않는다. 그는 목소리만 들어도, 얼굴만 보아도 치가 떨려오는 압제자들의 성읍이 평안을 누리도록 노력하고, 그 성읍의 번영을 위해 기도하라고 권한다. 그것은 민족에 대한 배신도, 약자의 비겁한 굴종도 아니다. 그들에게 무엇보다도 중요한 것은 살아남는 것이었다. 제사장들이 바빌로니아에서 기록한 창조 이야기에서 하나님은 사람에게 "생육하고 번성하여 땅에 충만하여라"(창세기 1:28)라고 축복하셨다.

마음에 이는 증오심과 원망의 노예가 되어서는 안 된다. 승자의 오만한 여유를 즐기는 이들보다 더 큰 정신의 힘을 보여주어야 한다. 그게 이기는 길이고, 사는 길이다. 애굽에 팔려간 요셉, 다니엘과 세 친구는 하나님이 주신 지혜를 활용하여 살아남았다.

어느 곳에서 무슨 일을 하든 그리스도인의 소명은 누군가에게 축복이 되는 것이다. 내가 여기 있다는 사실이 누군가에게 힘이 되고, 위로가 되고, 소망이 된다면 얼마나 고마운 일인가. 믿음의 사람들은 누구라도 다가와 친밀하게 머

사랑의
레가토

물고, 다른 이들의 말에 귀를 기울이고 또 편하게 자기 이야기를 나눌 수 있는 '우정의 공간'을 만드는 일에 마음을 써야 한다.

기도

하나님. 삶의 무게가 우리를 짓누를 때마다 마음 속 깊은 곳에 숨어 있던 의심이 머리를 듭니다. 하나님은 전능하신가? 하나님은 선하신가? 하나님은 우리를 사랑하시는가? 우리가 겪고 있는 시련을 못본 체 하시는 하나님이 원망스럽기도 했습니다. 그러나 주님은 우리에게 일상의 삶을 충실히 살아내라 이르십니다. 땅의 현실에 충실할 때 비로소 하늘에 이르는 길을 발견할 수 있다고 말씀하십니다. 이제 허둥거리던 발걸음을 멈추고 현실 속에 하늘을 끌어들이며 살겠습니다. 믿음 없는 우리를 긍휼히 여겨 주십시오. 아멘.

잃어버린 것에 대한 애태움

> 어떤 여자에게 드라크마 열 닢이 있는데, 그가 그 가운데서 하나를 잃으면, 등불을 켜고, 온 집안을 쓸며, 그것을 찾을 때까지 샅샅이 뒤지지 않겠느냐? 그래서 찾으면, 벗과 이웃 사람을 불러 모으고 말하기를 '나와 함께 기뻐해 주십시오. 잃었던 드라크마를 찾았습니다' 할 것이다. 내가 너희에게 말한다. 이와 같이 회개하는 죄인 한 사람을 두고, 하나님의 천사들이 기뻐할 것이다(누가복음 15:8-10).

드라크마 열 개를 가진 여인이 있었다. 드라크마는 로마 세계에서 오랫동안 사용되어온 은화인데, 그 가치는 대략 노동자의 일일 품삯에 해당했다고 한다. 열 드라크마는 여인이 어려운 때를 대비해 준비해둔 비상금이었는지, 전 재산이었는지는 알 수 없다. 어느 쪽이 되었든 이 여인은 가난하다. 그런데 어느 날 그 중 하나를 잃어버렸다. 부자들은 '그

까짓 것' 할지 모르겠지만 이 여인은 그럴 수 없었다. '어디에 떨어뜨렸을까?' 여인은 이리저리 생각을 궁굴려보고, 이곳저곳 둘러보았지만 도무지 찾을 수가 없었다. 마침내 여인은 창문조차 없어 대낮에도 어두컴컴한 집에 불을 밝힌 후에 종려나무 가지를 엮어 만든 빗자루를 들고 온 집을 쓸었다.

잃어버린 것에 대한 애태움. 모든 것이 넉넉한 이 시대에는 만나보기 어려운 마음이다. 하지만 우리는 매우 소중한 것을 잃어버리고도 잃어버린 줄 모르고 사는 것은 아닐까? 무관심과 냉정함으로 사람을 잃은 적은 부지기수이고, 내면의 신성한 불꽃도 이제는 가물거리고 있다. 우리가 이 세상에 온 까닭조차 잊고 사는 것은 아닐까? 소명vocation을 뜻하는 라틴어의 또 다른 의미는 '목소리voice'이다. 소명이란 내가 추구해야 할 목표가 아니라, 들어야 할 내면의 목소리이다. 우리는 세상의 소음에 반응하느라, 하늘의 소리를 놓치곤 한다. 진정한 자기로부터의 소외는 이렇게 발생한다. 분주함 속에서도 마음이 공허하고 스산한 것은 소명을 잃었기 때문이다. 더 큰 문제는 잃어버리고도 잃은 줄 모른다는 것이다. 잃어버린 줄 모르니 찾지도 않는다.

애태우며 잃어버린 드라크마를 찾던 여인은 마침내 소망을 이뤘다. 여인은 기뻤다. 그래서 벗과 이웃 사람을 불러 모아 이렇게 말한다. "나와 함께 기뻐해 주십시오. 잃었던 드라크마를 찾았습니다"(누가복음 15:9). 여인은 다른 사람들을 자기의 기쁨에 초대한다. 기쁨은 나눌수록 커진다. 사심 없이 기쁨을 나누는 사람들은 어떤 연대의 끈이 자기들 속에 생겨난 것을 느끼게 된다.

예수님은 드라크마의 비유를 마무리하면서 말씀하신다. "내가 너희에게 말한다. 이와 같이 회개하는 죄인 한 사람을 두고, 하나님의 천사들이 기뻐할 것이다"(누가복음 15:10). 애 태움이 없다면 기쁨도 없다. 욕망의 벌판에서 바장이는 이들에게 하나님 나라의 신비를 보여주며 "나와 함께 기뻐해 주십시오"라고 말하는 것, 이처럼 장쾌한 일이 또 있을까?

하나님. "잃어버렸습니다. 무얼 어디다 잃었는지 몰라 두 손이 주머니를 더듬어 길게 나아갑니다."(윤동주) 시인의 고백이 참 적실하게 다가옵니다. 우리는 가장 소중한 것을 잃어버리고도 잃어버린 줄 모르고 삽니다. 다른 것에 온통 마음이 팔렸기 때문입니다. 그 때문일까요? 우리 발걸음은 대 지에서 유리된 것처럼 허청거리기 일쑤입니다. "내가 사는 것은. 다만, 잃은 것을 찾는 까닭입니다." 시인의 고백대로 우리도 잃은 것을 찾는 자가 되겠습니다. 우리 발걸음을 인도해주십시오. 아멘.

사랑의
레가토

눈 밝은 사람 라합

> 정탐꾼들이 잠들기 전에, 라합은 지붕 위에 있는 그들에게 올
> 라가서 말하였다. "나는 주님께서 이 땅을 당신들에게 주신 것
> 을 압니다. 우리는 당신들 때문에 공포에 사로잡혀 있고, 이 땅
> 의 주민들은 모두 하나같이 당신들 때문에 간담이 서늘했습니
> 다"(여호수아 2:8-9).

여호수아는 정탐꾼 두 사람을 여리고 성으로 보냈다. 가나
안 땅에 진입하기 위해서는 세계에서 가장 오래된 성읍 가
운데 하나인 여리고를 통과해야만 했던 것이다. 정탐꾼들은
그 성에 잠입하여 라합의 집에 머물렀다. 성경은 라합을 창
녀라고 소개한다. 다산의식을 수행하기 위해 성전에 소속되
었던 제의적 창녀를 일컫는 말은 '커데샤'이다. 이들은 세속
적 매춘행위는 하지 않았고 사회적 지위도 어느 정도 보장
받고 있었다. 그에 비해 라합에게 적용된 단어 '조나'는

세속적인 창녀를 일컫는 말이었다. 라합은 그 성읍 국가의 주류 사회에서 밀려난 여인이었다. 그는 사람들에게 존엄한 인격을 가진 존재라기보다는 남성들의 욕망 충족을 위한 수단으로 취급받고 있었던 것이다. 어쩌다가 그런 자리에까지 이르게 되었는지는 알 수 없지만, 그는 고단한 삶의 수레바퀴 아래 깔린 사람이었다.

정탐꾼들은 은밀하게 움직였지만 그들의 정체는 금방 드러나고 말았다. 정탐꾼이 왔다는 첩보는 왕에게까지 알려졌고, 왕은 라합에게 전갈을 보내 정탐꾼들을 데려오라 이른다. 그러나 라합은 두 사람을 지붕 위로 데려가 널어놓았던 삼대 속에 숨겨주었다. 그럴듯한 말로 수색대를 따돌린 후에 라합은 정탐꾼들의 탈출을 돕는다. 그것은 목숨을 건 행동이었다.

그동안 라합은 어쩌면 단 한 번도 자기 삶의 주인으로 살지 못했을 것이다. 하지만 라합은 밑바닥에서 사는 이들의 예민한 지각력으로 어마어마한 변화가 일어나고 있다는 사실을 알아차렸던 것이다. 라합은 거스를 수 없는 그 변화를 온몸으로 맞아들이며 자신을 역사의 주체로 우뚝 세웠다. 라합이 정탐꾼들을 돌려보내며 한 말은 라합의 단단한 역사 인식을 보여준다.

"나는 주님께서 이 땅을 당신들에게 주신 것을 압니다.

우리는 당신들 때문에 공포에 사로잡혀 있고, 이 땅의 주민들은 모두 하나같이 당신들 때문에 간담이 서늘했습니다"(여호수아 2:9).

라합은 여리고의 상황을 소상히 알고 있었다. 두려움과 공포가 그들을 사로잡고 있었다. 사람들은 야훼 하나님께서 어떻게 이스라엘을 애굽에서 이끌어내셨는지, 그리고 넘실거리는 홍해를 어떻게 가르셨는지, 아모리 족속에 속한 두 나라 헤스본과 바산을 어떻게 정복했는지를 다 듣고 있었다. 라합은 그런 모든 구원 행위의 주체가 하나님임을 꿰뚫어보고 있었다. 대세는 기울었다. 라합은 천대받던 여인이지만 눈이 밝은 사람이었던 것이다.

하나님, 세상을 바로 이해하기란 얼마나 어려운 일인지요? 표면의 질서를 알아차리기도 어렵지만, 이면에서 작동되는 힘을 이해하기는 더 어렵습니다. 그래서 우리는 대중들이 선호하는 길을 따라 걷기도 합니다. 불안을 피하고 싶기 때문입니다. 라합은 역사를 이끌어 가시는 하나님의 마음을 정확하게 분별해냈습니다. 밑바닥의 시선으로 보았기 때문일 것입니다. 우리에게도 그런 열린 눈을 허락하여 주십시오. 그래서 주님의 역사 섭리를 거스르는 어리석음에 빠지지 않게 해주십시오. 아멘.

내가 누구를 두려워하랴

주님이 나의 빛, 나의 구원이신데, 내가 누구를 두려워하랴? 주님이 내 생명의 피난처이신데, 내가 누구를 무서워하랴? 나의 대적자들, 나의 원수들, 저 악한 자들이, 나를 잡아먹으려고 다가왔다가 비틀거리며 넘어졌구나. 군대가 나를 치려고 에워싸도, 나는 무섭지 않네. 용사들이 나를 공격하려고 일어날지라도, 나는 하나님만 의지하려네. 주님, 나에게 단 하나의 소원이 있습니다. 나는 오직 그 하나만 구하겠습니다. 그것은 한평생 주님의 집에 살면서 주님의 자비로우신 모습을 보는 것과, 성전에서 주님과 의논하면서 살아가는 것입니다(시편 27:1-4).

목숨을 받아 이 세상에 태어나는 순간부터 우리는 어려움을 겪는다. 잘 해결해 나갈 때도 있지만 어려움에 치여 헐떡일 때도 있다. 이유를 알 수 없는 두려움이 스멀스멀 우리 마음에 기어들 때도 있고, 구체적인 공포가 우리를 사로잡을 때도 있다. 어떤 경우든 두려움은 우리의 행동을 제약하고 이성적 사유를 불가능하게 만든다. 흔들리는 우리 마음을 어떻게 붙들어야 할까? 음악을 듣거나, 운동을 하거나, 잠을 청하거나, 왁자지껄한 소음 속에 자기를 던지거나, 술의 힘을 빌리는 이들이 있다. 하지만 시인은 그 마음을 하나님 앞으로 데려간다.

"주님은 나의 빛, 나의 구원이신데, 내가 누구를 두려워하랴? 주님이 내 생명의 피난처이신데, 내가 누구를 무서워하랴?"(시편 27:1)

시인은 두려움으로 무거워진 마음을 하나님께 들어 올린다. 그러자 은총의 날개 아래서 살아온 지난날이 또렷하게 떠올랐다. 주님은 인생의 어둔 밤을 만난 시인의 등불이셨다. 그의 생명이 경각에 달했을 때 안전하게 숨을 수 있는 피난처였다. 잡아먹을 듯 달려들던 적들은 마치 제 발에 걸린 듯 비틀거리다 넘어졌다. 여전히 어려운 현실은 남아 있지만, 회복된 기억은 시인의 가슴에 든든함을 심어준다.

절망의 어둠이 우리를 사로잡으려 할 때 하나님은 우리 속에 숨결을 불어넣어 절망과 무기력을 극복하게 하신다. 이런 놀라운 일을 경험했기에 시인은 노래한다.

"군대가 나를 치려고 에워싸도, 나는 무섭지 않네. 용사들이 나를 공격하려고 일어날지라도, 나는 하나님만 의지하려

네"(시편 27:3). 하나님의 은총에 자기를 온전히 맡긴 사람의 고백이다.

길들인 독수리와 함께 패러글라이딩paragliding을 하는 사람을 보았다. 날개를 편 채 유영하는 독수리와 패러글라이딩을 하는 사람이 똑같은 바람을 타고 날았다. 그 모습이 경이로웠다. 신앙인이란 하나님의 바람에 몸을 맡기고 살아가는 사람들이다. 그 바람은 지친 나그네의 시린 마음을 어루만지는 산들바람일 때도 있지만, 장애물을 다 날려버리는 회오리바람일 때도 있다. 하나님의 영은 사람들의 가슴 속에 새로운 희망의 싹을 일깨우는 봄바람일 때도 있지만, 불의한 세상과 권력을 날려버리는 태풍일 때도 있다.

시인은 자기에게 단 하나의 소원이 있다고 말한다. 하나의 소원이란 그 소원 이루고 나면 죽어도 좋은 것일 것이다.

"그것은 한평생 주님의 집에 살면서 주님의 자비로우신 모습을 보는 것과, 성전에서 주님과 의논하면서 살아가는 것입니다"(시편 27:4).

하나님이라는 중심에 자신을 비끄러맨 채 살고 싶은 것이다. 마음의 중심이 하나인 삶은 직립한 삶이다. 그는 허둥거리지 않는다. 쉽게 좌절하지 않는다. "내가 누구를 두려워하랴." 당당한 이 한 마디가 우리를 붙들어준다.

사랑의
레가토

하나님. 힘들 때나 순탄할 때나 주님의 선하신 뜻을 따라 사는 새 사람이 되고 싶습니다. 주님의 뜻에 기꺼이 순복할 마음을 우리에게 주십시오. 무지의 어둠 속에서 방황하는 우리를 붙드시고. 하늘빛으로 우리를 이끌어 주십시오. 흐르는 모래에 갇히듯 세상일에 속절없이 빠져들 때 우리의 손을 잡아 건져주십시오. 우리를 지배하고 있는 두려워하는 영을 거두시고. 당당하게 주님의 뜻을 받드는 담대한 믿음을 허락하여 주십시오. 아멘.

죽어서 사는 길

나는 선한 목자이다. 선한 목자는 양들을 위하여 자기 목숨을 버린다. 삯꾼은 목자가 아니요, 양들도 자기의 것이 아니므로, 이리가 오는 것을 보면, 양들을 버리고 달아난다. 그러면 이리가 양들을 물어가고, 양떼를 흩어 버린다. 그는 삯꾼이어서, 양들을 생각하지 않기 때문이다. 나는 선한 목자이다. 나는 내 양들을 알고, 내 양들은 나를 안다. 그것은 마치, 아버지께서 나를 아시고, 내가 아버지를 아는 것과 같다. 나는 양들을 위하여 내 목숨을 버린다(요한복음 10:11-15).

선한 목자의 비유에서 양과 목자의 관계를 규정해주는 단어는 '안다'이다. 목자는 양의 이름을 알고, 양들은 목자의 음성을 안다. 선한 목자는 도둑과 이리로부터 양들을 지키기 위해 목숨을 건다. 삯꾼들은 위험이 닥치면 양떼를 포기한다. 자기를 지키는 일이 더 중요하다고 생각하기 때문이다.

선한 목자이신 예수는 사람들을 위해 자기 목숨을 바치셨다. 양들이 생명을 얻고 또 더 넘치게 얻게 하는 것이 그의 존재 이유였기 때문이다. 목숨을 바쳐야 할 가치를 알고 산다는 것, 참 행복한 일이 아닌가. 대다수의 사람들은 죽음의 공포에 시달린다. 어느 철학자는 죽음은 미래에 실현될 것이 확실한 단 하나의 가능성이라 말했다. 죽음은 고유할 뿐만 아니라 어느 누구도 건너뛸 수 없는 심연이다. 하지만 세상에서 가치 있는 일들은 죽음의 위협에 굴하지 않고 더 큰 가치를 실현하기 위해 헌신한 이들을 통해 발생하곤 한다. 예수님도 살고 싶은 생명이었다. 그럼에도 불구하고 그는 살기 위해 생을 구걸하지 않았다.

〈엘라의 계곡〉이라는 영화에서 행크라는 인물은 자기를 도와주다 어려움을 겪은 경찰관의 집에 찾아가 그의 어린 아들에게 다윗과 골리앗의 싸움에 대해 들려주며 이렇게 말한다.

"다윗은 자신의 공포심을 이겼어. 그래서 골리앗이 상대가 안 된 거야. 골리앗이 달려오는 데 꼼짝 않고 기다렸단다. 그게 얼마나 큰 용기인 줄 아니? 괴물하고는 그렇게 싸우는 거야. 다가오게 놔뒀다가 눈을 똑바로 보고 끝장내는 거지."

예수님은 죽음의 공포와 그렇게 싸웠고 마침내 죽음의

지배를 끝장내셨다. 어떤 사람이 용기가 있다는 것은 그가 아무 것도 두려워하지 않는다는 말이 아니라, 두려움을 느끼면서도 반드시 해야 할 일을 수행하는 것을 의미한다. 우리를 두렵게 하는 현실이 없다면 어떻게 용기를 발휘할 수 있겠는가?. 육체적인 고통이나 사회적 수치를 당할 우려가 있는 데도 불구하고 그것에 맞서는 순간, 그 두려움은 더 이상 우리를 마비시킬 수 없다. 이게 자유이다. 예수님은 하나님의 뜻을 이루기 위해 가장 큰 적인 두려움의 눈을 똑바로 보고 끝장을 냈던 것이다.

십자가에 달리신 분은 인생의 패배자가 아니라 죽음에 대해 죽으신 분, 영원한 자유인이다. 문익환 목사는 〈마지막 시〉라는 시에서 "두 동강난 이 땅에 묻히기 전에/나는 죽는다./나의 스승은 죽어서 산다고 그러셨지./아./그 말만 생각하자./그 말만 믿자, 그리고/동주와 같이 별을 노래하면서/이 밤에도/죽음을 살자"고 노래했다. 바로 이것이 예수의 길이다. 주님을 믿고 따른다는 것은 '죽어서 산다'는 말씀을 꼭 붙들고 살아가는 것이다.

사랑의
레가토

하나님. 자유롭고 멋지게 살고 싶지만 현실의 벽 앞에서 물러서곤 하는 우리를 불쌍히 여겨주십시오. 불의를 보면 화를 내거나 혀를 차면서도 항거다운 항거를 하지 못하는 것은 불이익을 당할지도 모른다는 공포 때문입니다. 선한 목자이신 주님은 양들을 위해 목숨을 내놓으셨건만 우리는 하나님의 일을 위해 사소한 손해도 보려 하지 않습니다. 우리 속에 있는 두려움의 영을 몰아내고. 자유인의 영을 심어주십시오. 아멘.

더러운 발을
내보일 용기

잡수시던 자리에서 일어나서, 겉옷을 벗고, 수건을 가져다가 허리에 두르셨다. 그리고 대야에 물을 담아다가, 제자들의 발을 씻기시고, 그 두른 수건으로 닦아주셨다. 시몬 베드로의 차례가 되었다. 이때에 베드로가 예수께 말하였다. "주님, 주님께서 내 발을 씻기시렵니까?" 예수께서 그에게 대답하셨다. "내가 하는 일을 지금은 네가 알지 못하나, 나중에는 알게 될 것이다." 베드로가 다시 예수께 말하였다. "아닙니다. 내 발은 절대로 씻기지 못하십니다." 예수께서 그에게 말씀하셨다. "내가 너를 씻기지 아니하면, 너는 나와 상관이 없다"(요한복음 13:4-8).

세상을 떠날 날이 다가온 것을 알아차린 예수님은 끈 떨어진 연처럼 당혹감을 느낄 제자들을 안타까이 여기셨다. 음식을 잡수시던 주님은 자리에서 일어나, 겉옷을 벗고, 수건을 가져다가 허리에 두르신 후, 대야에 물을 담아다가, 제자

사랑의
레가토

들의 발을 씻기신 후 두른 수건으로 물기를 닦아주셨다. 그 친밀하면서도 면구스런 접촉을 제자들은 어떻게 받아들였을까? 어루만짐은 그 대상에게 주체의 사랑을 표현하는 행위이다. 우리는 마음의 상처를 입은 이들을 보면 함께 마음 아파하며 등을 토닥여준다. 그런 몸짓처럼 많은 것을 전달해주는 언어는 없다.

저널리스트인 고종석 씨는 "어루만짐은 일종의 치유이고 보살핌이고 연대"(『어루만지다』, 233쪽)라고 말했다. 어루만짐은 참 아름다운 행위이다. 예수님은 먼 길을 걸어 먼지투성이가 된 제자들의 발을 닦아주셨다. 어쩌면 그것이 예수님과 제자들이 처음이자 마지막으로 신체적으로 친밀하게 접촉한 일이었는지도 모르겠다.

하지만 늘 성찰보다 열정이 앞섰던 베드로는 주님께 엄중하게 그러나 정중하게 항의한다. "주님, 주님께서 내 발을 씻기시렵니까?" 눈치 없는 그를 책망하고 싶으시더라도 잠시 그를 용납하자. 그는 자기 마음을 숨기지 않는다. 이해할 수 없는 행동에 이의를 제기한 것일 뿐이다. 이게 베드로이다. 만약 이의를 제기하는 용기가 없었더라면 깨달음의 기회도 없었을 것이다. 베드로와 주님의 문답이 계속된다.

"내가 하는 일을 지금은 네가 알지 못하나, 나중에는 알게 될 것이다." "아닙니다. 내 발은 절대로 씻기지 못하십니다.""내가 너를 씻기지 아니하면, 너는 나와 상관이 없다."

이 말은 무슨 뜻일까? 예수님은 베드로가 나중에 배신하리라는 사실을 잘 알면서도 그의 발을 씻으시며 그를 용서해 주셨다. 유다도 예외는 아니었다. 장 바니에는 유다의 발을 닦아주시는 주님의 마음을 이렇게 헤아려 본다.

"나는 당신을 사랑합니다. 어떤 일이 일어나도 나는 여전히 당신을 사랑합니다. 나는 당신의 마음속에 있는 나약함과 상처와 질투심을 알고 있습니다. 악마가 당신을 사로잡으려 하고 있습니다. 그러나 나는 당신을 사랑합니다. 나는 당신이 모든 두려움, 특히 악한 영에서 벗어나 사랑하면서 충만하게 살아가기를 간절히 바랍니다"(장 바니에, 『봉사의 스캔들』, 79쪽).

믿음이란 주님께서 나를 위해 하시는 일을 받아들이는 것이다. 더러워진 내 발을 차마 보일 수 없어 주님의 초대를 거절하거나, 영혼을 짓누르고 있는 삶의 무게를 그분 앞에 내려놓지 못할 때가 많다. 하지만 주님은 말씀하신다.

"내가 너를 씻기지 아니하면, 너는 나와 상관이 없다"(요한복음 13:8).

더러워진 발을 그분께 내 보일 용기가 필요하다.

사랑의
레가토

하나님. 우리는 스스로 자랑스러운 것만을 남에게 보이고 싶어합니다. 다른 이들이 알아차리지 못하면 넌지시 드러냄으로 칭찬을 유도하기도 합니다. 부끄러운 모습은 한사코 드러내려 하지 않습니다. 약점을 잡히고 싶지 않기 때문입니다. 그러나 주님은 우리가 숨기고 싶은 모습을 당신 앞에 내놓으라 이르십니다. 상처와 아픔과 부끄러움을 주님 앞에 내보일 때 비로소 치유가 시작됨을 잊지 않게 해주십시오. 주님의 어루만짐으로 우리를 고쳐주십시오. 아멘.

잃어버린 것에 대한 애태움. 모든 것이 넉넉한 이 시대에는 만나보기 어려운 마음이다. 하지만 우리는 매우 소중한 것을 잃어버리고도 잃어버린 줄 모르고 사는 것은 아닐까? 무관심과 냉정함으로 사람을 잃은 적은 부지기수이고, 내면의 신성한 불꽃도 이제는 가물거리고 있다. 우리가 이 세상에 온 까닭조차 잊고 사는 것은 아닐까?

Monday 〰〰〰

Tuesday 〰〰〰

Wednesday 〰〰〰〰

사랑의
레가토

Thursday ~~~~~~

Friday ~~~~~~

Saturday ~~~~~~

Sunday ~~~~~~

보신주의의 어리석음

그때에 빌라도가 그들에게 말하였다. "그러면 그리스도라고 하는 예수는, 나더러 어떻게 하라는 거요?" 그들이 모두 말하였다. "그를 십자가에 못 박으시오." 빌라도가 말하였다. "정말 이 사람이 무슨 나쁜 일을 하였소?" 사람들이 더욱 큰 소리로 외쳤다. "십자가에 못 박으시오." 빌라도는, 자기로서는 어찌할 도리가 없다는 것과 또 민란이 일어나려는 것을 보고, 물을 가져다가 무리 앞에서 손을 씻고 말하였다. "나는 사람의 피에 대하여 책임이 없으니, 여러분이 알아서 하시오." 그러자 온 백성이 대답하였다. "그 사람의 피를 우리와 우리 자손에게 돌리시오." 그래서 빌라도는 그들에게, 바라바는 놓아주고, 예수는 채찍질한 뒤에 십자가에 처형하라고 넘겨주었다(마태복음 27:22-26).

예수님은 지도자들의 음모에 따라 빌라도에게 넘겨졌다. 그들이 예수님을 빌라도에게 넘기면서 제시한 죄목은 민족을

사랑의
레가토

오도하고, 황제에게 세금 바치는 것을 반대하고, 그리스도 곧 왕을 자칭했다는 것(누가복음 23:2)이었다. 한 마디로 선동가였다는 것이다. 예수 운동을 위험한 것으로 낙인찍기 위해 그들이 동원한 수사는 치밀하지만 어느 것 하나도 사실에 부합하지 않는다. 그들은 예수님의 말씀과 행적을 멋대로 왜곡하여 자기들이 파놓은 함정에 끼워 넣었다. 빌라도는 그런 고발에 대해 예수에게 자기 변론의 기회를 주었지만 주님은 침묵으로 일관했다. 말의 부질없음을 아셨기 때문이다. 빌라도는 이 낯선 사나이의 깊은 침묵에 당황했다. 자포자기의 심정인 것 같지도 않았는데 그는 그저 고요한 침묵 속에 머물고 있었다. 칼릴 지브란은 『사람의 아들』에서 예수님을 만난 빌라도의 당혹감을 이렇게 표현했다.

"심문을 했지만 그는 대답을 하려 하지 않았습니다. 그는 다만 나를 바라보고 있을 뿐이었습니다. 그리고 그의 눈 속에는 불쌍히 여기는 빛이 들어 있었습니다. 바로 자기가 내 통치자요 재판장이기나 한 것처럼"(칼릴 지브란, 『사람의 아들』, 함석헌 옮김, 137쪽).

성경은 빌라도가 예수의 침묵을 매우 이상히 여겼다고 전한다(마태복음 27:14). 여기서 말하는 '이상히 여겼다'는 말은 예수의 이적을 본 사람들의 반응을 전할 때 사용되던 단어이다. 그러니까 빌라도는 예수에게서 감히 범접할 수 없는 어떤 위엄, 즉 신적인 권위를 보았던 것이다. 빌라도는 난처한 지경에 빠졌다. 예수님이 자기의 무죄를 입증하기 위해 안간힘을 다했다면 결정이 그렇게 어렵지는 않았을 것이다. 그는 정치적인 고려와 양심의 법 사이에서 갈등했다. 유대 지도자들의 요청을 뿌리치는 일도 쉽지는 않았지만, 예수를 처벌할 생각도 들지 않았던 것이다. 그는 궁여지책으로 사람들에게 묻는다. "그러면 그리스도라고 하는 예수는, 나더러 어떻게 하라는 거요?"(마태복음 27:22)

정치적으로 지혜로운 처신이었는지 모르겠지만, 당당하지는 못하다. 그는 그렇게 해서 자기 책임으로부터 벗어나려고 한다. 스스로 판단의 주체가 되지 못할 때 삶은 비루해진다. 위임된 권한을 바르게 활용하지 않음으로 당분간 권력은 유지할 수 있을지 모르겠지만, 역사의 심판을 피할 수는 없었다. 물을 가져다가 손을 닦으며 "나는 이 사람의 피에 대하여 책임이 없으니, 여러분이 알아서 하시오"(마태복음 27:24) 하고 말하지만, 그렇다고 해서 그의 비겁이 벗겨지는 것은 아니다.

사랑의
레가토

하나님. 문제를 적당히 해결하고 넘어가고 싶었던 빌라도의 꿈은 좌절되었습니다. 그는 법의 권위를 세우는 데 실패했습니다. 엄정하게 법을 집행하기보다는 대중들의 시선에 이끌렸기 때문입니다. '모난 돌이 정 맞는다'는 말을 들으며 자란 우리도 정의보다는 평판에 더욱 마음을 쓰곤 합니다. 세상이 어지러운 것은 바로 이런 보신주의 때문입니다. 이제는 정의와 공의가 넘실거리는 세상을 열기 위해 노력하겠습니다. 우리 속에 진실한 믿음의 용기를 심어주십시오. 아멘.

예수님도 때론
분노하셨다

"율법학자들과 바리새파 사람들아! 위선자들아! 너희에게 화가 있다. 너희는 회칠한 무덤과 같기 때문이다. 그것은 겉으로는 아름답게 보이지만, 그 안에는 죽은 사람의 뼈와 온갖 더러운 것이 가득하다. 이와 같이, 너희도 겉으로는 사람에게 의롭게 보이지만, 속에는 위선과 불법이 가득하다.""율법학자들과 바리새파 사람들아! 위선자들아! 너희에게 화가 있다. 너희는 예언자들의 무덤을 만들고, 의인들의 기념비를 꾸민다. 그러면서, '우리가 조상의 시대에 살았더라면, 예언자들을 피 흘리게 하는 일에 가담하지 않았을 것이다' 하고 말하기 때문이다. 이렇게 하여, 너희는 예언자들을 죽인 자들의 자손임을 스스로 증언한다"(마태복음 23:27-31).

예수님은 바리새파 사람들과 율법학자들을 보고 하나님 나라의 걸림돌이라고 하신다. 회칠한 무덤, 겉과 속이 다른 이,

잔과 접시의 겉은 닦지만 속은 닦지 않는 사람들. 험한 욕설인 셈이다. 맹자는 '남의 선생 되기 좋아하는 것이 탈人之患在好爲人師인지환재호위인사'이라 했다. 바리새파 사람들과 율법학자들은 가르칠 것만 있고 배울 것은 없는 사람인 것처럼 행동했다. 그들은 사람들을 그릇된 길로 인도하는 거짓 목자들이다.

예수님은 종교적 독선과 권위에 짓눌린 채 두려움과 죄책을 안고 살아가는 민중들의 아픔을 절절히 느끼셨다. 하지만 사람들의 영혼을 치유하고 온전한 하나님의 형상으로 살도록 도와야 할 종교가 오히려 사람들의 질곡이 되고 있는 현실을 보면서 분노하셨다. 칼릴 지브란은 1926년에 쓴 『모래와 물거품』이라는 책에서 예수님을 이렇게 소개한다.

"옛날에 너무나 남을 사랑하고 그 자신이 너무나 사랑스럽기 때문에 십자가에 못 박힌 사람이 있었다. 기이하게도 나는 그 사람을 어제 세 번이나 만났다. 처음에 그는 창녀를 감옥에 보내지 말라고 사정하고 있었다. 두 번째는 부랑자와 술을 마시고 있었다. 세 번째는 교회 안에서 장사치와 주먹다짐을 벌이고 있었다."

지브란의 예수는 연약하고 상처 입은 이들 앞에서는 한없이 친절하고 겸손하지만 자기 의에 사로잡혀 안하무인인 사람들, 사람들의 영혼을 노략질하는 종교인들에 대해서는 폭풍처럼 분노를 터뜨리는 분이셨다. 우리가 예수를 제대로 믿고 있는지를 확인하려면 어떤 이들과 자신을 동일시하고 있는지를 살펴보면 된다. 위선과 탐욕과 절제를 모르는 권력 앞에 분노할 줄 모르는 사람, 사회적 루저들에 대한 연민을 느끼지 않는 사람은 그리스도인이라 할 수 없다. 19세기 유대교 갱신운동의 지도자였던 렙 메나헴 멘들은 불꽃같이 살다간 사람이다. 사람들은 예언자들의 타오르는 분노가 그의 속에서 되살아났다고 말할 정도로 불의에 대해서 엄격했다. 그의 어린 시절의 일화가 하나 전해 내려온다.

"한 번은 시장에서 사과를 파는 한 여자를 보았다. 바구니의 윗부분에는 맛있게 생긴 잘 익은 사과를 얹어 놓았고 설익은 것들로 아랫부분을 채워 놓은 것을 보고 아홉 살 된 소년은 바구니를 둘러엎어 그 여자의 장사를 망쳐버렸다. 여자는 화가 치밀어 올라 그를 마구 욕하며 때렸다. 그는 욕설과 매질을 감수하였다"(아브라함 요수아 헤셸, 『진리를 향한 열정』, 128쪽).

이런 의분이 없어 교회가 무기력해졌다. 예언자들의 무덤을 만들고, 의인들의 기념비를 꾸미는 것으로 할 도리를 다했다고 말하면 안 된다. 위선의 굳은 껍질을 깨는 망치의 언어가 때로는 필요한 법이다.

사랑의
레가토

하나님. 경건한 사람은 어떤 경우에도 마음의 흔들림이 없어야 한다고 말하는 이들이 있습니다. 그러나 욕망과 욕망이 맞부딪치는 거친 세상에서 마음이 조금도 흔들리지 않는다는 게 가능한 일인지요? 고사목만이 바람에 흔들리지 않습니다. 위선 앞에서 내뱉으신 예수님의 거친 언사가 오히려 우리 마음에 위안이 됩니다. 울어야 할 때는 울고, 웃어야 할 때는 웃고, 분노할 때는 분노할 줄 아는 사람이 되게 해주십시오. 아멘.

잠과 식사

아합은, 엘리야가 한 모든 일과, 그가 칼로 모든 예언자들을 죽인 일을, 낱낱이 이세벨에게 알려 주었다. 그러자 이세벨은 엘리야에게 심부름꾼을 보내어 말하였다. "네가 예언자들을 죽였으니, 나도 너를 죽이겠다. 내가 내일 이맘때까지 너를 죽이지 못하면, 신들에게서 천벌을 달게 받겠다. 아니, 그보다 더한 재앙이라도 그대로 받겠다." 엘리야는 두려워서 급히 일어나, 목숨을 살리려고 도망하여, 유다의 브엘세바로 갔다. 그 곳에 자기 시종을 남겨 두고, 자신은 홀로 광야로 들어가서, 하룻길을 더 걸어 어떤 로뎀 나무 아래로 가서, 거기에 앉아서, 죽기를 간청하며 기도하였다. "주님, 이제는 더 바랄 것이 없습니다. 나의 목숨을 거두어 주십시오. 나는 내 조상보다 조금도 나을 것이 없습니다." 그런 다음에, 그는 로뎀 나무 아래에 누워서 잠이 들었는데, 그 때에 한 천사가, 일어나서 먹으라고 하면서, 그를 깨웠다.

사랑의
레가토

엘리야가 깨어 보니, 그의 머리맡에는 뜨겁게 달군 돌에다가 구워 낸 과자와 물 한 병이 놓여 있었다. 그는 먹고 마신 뒤에, 다시 잠이 들었다. 주님의 천사가 두 번째 와서, 그를 깨우면서 말하였다. "일어나서 먹어라. 갈 길이 아직도 많이 남았다." 엘리야는 일어나서, 먹고 마셨다. 그 음식을 먹고, 힘을 얻어서, 밤낮 사십 일 동안을 걸어, 하나님의 산인 호렙 산에 도착하였다(열왕기상 19:1-8).

갈멜산에서의 대결 이후 신적 분노에 사로잡힌 백성들은 바알과 아세라의 예언자들을 붙잡아 이스르엘 평원을 가로지르며 흐르는 기손 강가로 데려가 모두 죽였다. 그런 후 엘리야가 비를 내려달라고 일곱 번 기도하자, 바람이 일고 짙은 구름이 몰려와 하늘이 캄캄해지더니 큰 비가 내리기 시작했다. 세상 만물을 다스리시는 하나님의 위엄이 오롯이 나타났다. 하지만 엘리야의 일방적인 승리로 끝난 것처럼 보이는 이 이야기는 전혀 다른 방식으로 전개된다.

갈멜산에서 벌어진 사건의 자초지종을 전해들은 왕비 이세벨은 이를 갈며 엘리야를 죽이겠다고 공언한다. 만일 그를 내일 이맘때까지 죽이지 않는다면 신들에게서 천벌이라도 받겠다고 맹세까지 했다. 갈멜산의 엘리야라면 이런 위협 앞에 흔들릴 리가 없다. 그런데 성경은 엘리야가 두려워서 급히 일어나, 목숨을 살리려고 도망하여 유다의 브엘세바로 갔다고 말한다. 영웅적인 용기를 보여주었던 엘리야에게 적용된 단어들이 낯설다. '두려워서', '급히', '목숨을 살리려고', '도망하여'. 전형적인 약자의 모습이 아닌가? 엘리야는 영웅에서 졸지에 반反영웅으로 전락한 것 같다. 하지만 이게 인간이다. 어떤 일에 혼신의 힘을 다 쏟고 난 후에는 무력감이나 공허감이 찾아올 때가 많다. 그는 쓸쓸한 도망자가 되어 뙤약볕 밑을 터벅터벅 걷다가 로뎀 나무 그늘 아래 앉아 주님께 하소연한다.

"주님, 이제는 더 바랄 것이 없습니다. 나의 목숨을 거두어 주십시오. 나는 내 조상보다 조금도 나을 것이 없습니다"(열왕기상 19:4).

그런데 혼곤한 가운데 잠이 찾아온다. 잠은 엘리야로 하여금 두려움과 고독의 심연으로 내몰리던 마음에 틈을 만들어준다. 팽팽하게 곤두섰던 마음에 조금의 여유가 생겼다. 그 때 천사가 그를 깨웠다. 엘리야가 깨어 보니 머리맡에 뜨겁게 달군 돌에다가 구워 낸 과자와 물 한 병이 놓여 있었다. 엘리야는 그 음식을 맛있게 먹었다. 그리고 또 다시 잠에 빠졌다. 주님의 천사가 다시 그를 깨우면서 "일어나서 먹어라. 갈 길이 아직도 많이 남았다" 이른다. 엘리야는 일어나서, 먹고 마셨다. 그리고 힘을 얻어서, 밤낮 사십 일 동안

사랑의
레가토

을 걸어 하나님의 산에 이르렀다.

이 장면을 읽을 때마다 나는 감동한다. 하나님은 지친 엘리야를 훈계하거나 꾸짖지 않으셨다. 그의 절망과 두려움까지도 품어 안으시고 그에게 꿈조차 없는 단잠을 주셨다. 그리고 그를 위해 말없이 밥상을 차리셨다. 마치 중력처럼 그를 절망으로 잡아당기던 현실은 변하지 않았지만, 그는 새로운 힘을 얻게 되었다. 그는 다시 한 번 하나님의 일은 자기 힘으로 하는 것이 아니라 주님께서 공급하시는 힘으로 할 수 밖에 없다는 사실을 절감했을 것이다. 삶이 힘겨울 때마다 이 장면을 생각한다. 우리를 위해 밥상을 차리시는 하나님을 생각하면 힘이 난다.

하나님. 태산이라도 무너뜨릴 것 같은 기세로 우상을 섬기는 이들을 몰아치던 엘리야가 두려움에 사로잡힌 모습은 낯설기만 합니다. 전혀 다른 사람을 보는 것 같아 당황스럽습니다. 하지만 정직하게 돌아보면 그게 사람임을 우리는 잘 압니다. 연약함을 꾸짖지 않으시고 말없이 감싸 안으시는 주님의 사랑이 아니면, 우리는 다시 일어설 용기를 낼 수 없습니다. 비록 비틀거리며 걸을지라도 기어코 가야 할 목표에 당도하도록 우리를 이끌어주십시오. 아멘.

창조적인 연대

모세는, 브살렐과 오홀리압과, 주님께서 그 마음에 지혜를 더하여 주신 기술 있는 모든 사람, 곧 타고난 재주가 있어서 기꺼이 그 일을 하고자 하는 모든 사람을 불러모았다. 그들은 이스라엘 자손이 성소의 제사에 필요한 것을 만드는 데 쓰라고 가져온 모든 예물을 모세에게서 받았다. 그런 다음에도 사람들은 아침마다 계속 자원하여 예물을 가져 왔다. 그래서 성소에서 일을 하는 기술 있는 모든 사람이, 하던 일을 멈추고 모세에게로 와서, 이르기를 "백성들이, 주님께서 명하신 일을 하는 데에 쓰고도 남을 만큼 많은 것을 가져 오고 있습니다." 하였다. 그래서 모세는 진중에 명령을 내려서 '남자든 여자든, 성소에서 쓸 물품을 더는 헌납하지 말라'고 알리니, 백성들이 더 이상 바치지 않았다. 그러나 물품은 그 모든 일을 하기에 넉넉할 뿐 아니라, 오히려 남을 만큼 있었다(출애굽기 36:2-7).

사랑의

레가토

시내산에서 이스라엘과 언약을 맺으신 하나님은 성막을 지으라 명하신다. 그 명령에 따라 모세는 백성들에게 각자의 소유 가운데서 주님께 바칠 예물을 가져오라 이른다. 성막을 세우는 데는 금, 은, 동, 청색 실, 자주색 실, 홍색 실, 가는 모시 실, 염소 털, 붉게 물들인 숫양 가죽, 돌고래 가죽, 아카시아 나무, 등잔용 기름, 향품, 홍옥수를 비롯한 각종 보석 등이 필요했다. '과연 이런 요청에 백성들이 응답할까?' 모세는 반신반의했을지도 모르겠다. 그러나 놀라운 일이 벌어졌다. 성경은 이것을 간결하게 보도한다.

"마음이 감동되어 스스로 그렇게 하기를 원하는 사람은 모두 나서서⋯ 갖가지 예물을 주님께 가져 왔다"(출애굽기 35:21).

그들은 비상시를 대비해 여퉈두었던 것들을 아낌없이 내놓았다. 자재 헌납을 보도하는 대목에서 성서 기자가 거듭해서 사용하고 있는 표현이 있다. 그것은 '스스로 원하는 사람들', '스스로 바치고 싶어 하는 모든 남녀'라는 말이다. 백성들은 강요나 체면 때문이 아니라 자발적으로 동참했다. 그러한 자발성의 비밀은 '마음이 감동되어'라는 말 속에 담겨있다. 하나님이 주시는 신적인 신명이 그들에게서 이기심의 껍질을 벗겨냈다. 사람은 보람을 먹고 산다. 뭔가 창조적인 일에 동참한다는 기쁨이 인색한 마음을 압도했다. 하나님의 일에는 강제가 없어야 한다.

하나님의 백성이 된 감격 때문인지 백성들이 바친 물품은 하나님이 명하신 "모든 일을 하기에 넉넉할 뿐 아니라, 오히려 남을 만큼 있었다"(출애굽기 36:7) 한다. 기적이다. 브살렐과 오홀리압 같은 이들은 하나님이 주신 기술과 재주를 바쳤다.

영 연방 최고 랍비인 조나선 색스는 이스라엘 백성들이 광야에서 만든 성막과 솔로몬이 세운 성전을 간결하게 비교한다. "

자발적 기여로 창조된 성막은 민족을 통합시켰으나 강제 징발된 노동력의 산물인 성전은 민족을 분열시켰다"(조나선 색스, 『사회의 재창조』, 298쪽).

솔로몬이 죽은 후 남북 왕조로 분단된 현실을 이르는 말이다. 성전을 세운다는 미명 하에 백성들에게 부과된 세금과 부역이 사람들을 갈라놓았던 것이다. 하지만 성막을 세울 때 사람들은 '스스로 원해서' 그 일에 동참했다.

성막 이야기에서 또 한 가지 중요한 사실은 각자가 기여한 바가 다르지만, 모든 사람의 헌신이 하나하나 소중히 여겨졌다는 점이다. 사람들은 자기에게 있는 것을 가져왔다. 금이나 은을 가져온 사람도 있고, 실을 가져온 사람도 있었고, 나무를 가지고 온 사람도 있었다. 하지만 기여의 경중은

사랑의
레가토

가려지지 않았다. 함께 어울려 창조적인 일을 수행했을 뿐이다. 이스라엘은 시내산 언약을 통해 하나의 백성으로 세워졌지만, 그들이 공동 운명체라는 사실을 절감한 것은 성막 건설을 통해서였다. 함께 한다는 것처럼 아름다운 일이 또 있을까.

기도

하나님, 가끔 외롭다는 생각에 몸부림칠 때가 있습니다. 곁에 있는 많은 이들이 마치 스쳐 지나가는 바람처럼 느껴질 때, 왠지 모를 스산함이 우리를 확고히 감쌉니다. 각자도생을 요구하는 사회에 살면서 외로움은 더욱 깊어가고 있습니다. 벗들과 함께 창의적인 일, 의미 있는 일, 하나님이 기뻐하시는 일을 하고 싶습니다. 남들이 뭐라 하든 말든 우리가 할 수 있고 또 해야 하는 일을 시작할 수 있는 용기를 심어주십시오. 아멘.

쓴 뿌리를
뽑으시는 하나님

주님께서는, 레아가 남편의 사랑을 받지 못하는 것을 보시고, 레아의 태를 열어 주셨다. 라헬은 임신을 하지 못하였으나 레아는 마침내 임신을 하여 아들을 낳았다. 그는 속으로 "주님께서 나의 고통을 살피시고, 나에게 아들을 주셨구나. 이제는 남편도 나를 사랑하겠지" 하면서, 아기 이름을 르우벤이라고 하였다. 그가 또 임신을 하여 아들을 낳았다. 그는 속으로 "주님께서, 내가 남편의 사랑을 받지 못하여 하소연하는 소리를 들으시고, 이렇게 또 아들을 주셨구나" 하면서, 아이 이름을 시므온이라고 하였다. 그가 또 임신을 하여 아들을 낳았다. 그는 속으로 "내가 아들을 셋이나 낳았으니, 이제는 남편도 별 수 없이 나에게 단단히 매이겠지" 하면서, 아이 이름을 레위라고 하였다. 그가 또 임신을 하여 아들을 낳았다. 그는 속으로 "이제야말로 내가 주님을 찬양하겠다" 하면서, 아이 이름을 유다라고 하였다. 레아의 출산이 그쳤다(창세기 29:31-35).

사랑의

레가토

눈이 어두운 아버지 이삭을 속여 형 에서에게 돌아갈 축복을 가로챈 야곱은 형의 보복이 두려워 하란에 있는 외가로 피신한다. 그곳 우물가에서 잠깐 다리쉼을 하던 야곱은 양 떼를 몰고 오는 외사촌 라헬을 보는 순간 사랑에 빠진다. 사람 사이의 감정의 흐름에 별로 주목하지 않는 성경이지만, 라헬을 향한 야곱의 사랑에 대해서는 자제력을 잃고 있는 듯 보인다. 창세기는 라헬을 향한 야곱의 낭만적 열정을 여러 번 드러낸다(창세기 19:18, 20, 30). 야곱의 열정에 불을 붙인 것은 라헬의 외모였다.

"레아는 눈매가 부드럽고, 라헬은 몸매가 아름답고 용모도 예뻤다"(창세기 29:17).

레아의 눈매가 '부드러웠다'고 말할 때 사용된 '라콧rakot'이라는 단어는 '매혹적'이라는 뜻과 아울러 '약하다, 흐릿하다' 혹은 '민감하다'는 뜻으로도 사용된다. 여기서 사용된 '라콧'은 아무래도 '흐릿하다'는 뜻으로 사용된 것으로 보아야 할 것이다. 뭔가 불길하다. 라헬을 아내로 맞이하기 위해 야곱은 칠 년을 머슴처럼 일하며 기다렸다. 마침내 기약한 날이 찼고, 라반은 그 고장 사람들을 다 불러놓고 결혼식 잔치를 성대하게 베풀었다. 이윽고 밤이 되자 라반은 라헬 대신 레아를 슬쩍 신방에 들였다. 아침에야 그 사실을 깨달은 야곱이 항의해보지만, 산전수전 다 겪은 라반을 이길 수는 없었다. 그는 "큰 딸을 두고서 작은 딸부터 시집보내는 것은, 이 고장의 법이 아니라"는 말로 야곱의 항의를 일축한다. 야곱은 라반을 위해 칠 년을 더 일해주기로 하고 초례기간 이레가 지난 후 라헬도 아내로 맞아들였다. 성경은 그들의 결혼 생활을 이렇게 정리한다.

"야곱은 레아보다, 라헬을 더 사랑하였다"(창세기 29:30a)

별 것 아닌 것처럼 생각되는 이 한 마디 속에는 짙은 그늘이 드리워 있다. 야곱은 레아도 사랑했다. 다만 라헬을 더 사랑했을 뿐이다. 그러니까 레아도 만족해야 할까? 그렇다면 좋겠지만 현실은 그렇지 못하다. 야곱이 라헬을 더 사랑한다는 사실을 레아는 견딜 수 없었다. 거절당한 것 같은 느낌이 그를 사로잡았다. 편애는 긴장을 낳고, 긴장은 갈등과 비극을 낳는 법. 레아는 사랑의 패자처럼 보인다. 그러나 창세기의 이야기꾼은 아무런 설명도 덧붙이지 않은 채 이렇게 말한다.

"주님께서는, 레아가 남편의 사랑을 받지 못하는 것을 보시고, 레아의 태를 열어 주셨다. 라헬은 임신을 하지 못하였으나 레아는 마침내 임신을 하여 아들을 낳았다"(창29:31-32a).

하나님은 무시당하고, 소홀히 여겨지고 있다는 생각 때문에 가슴에 멍이 든 여인의 처지를 헤아리셨다. 하나님은 레

사랑의
레가토

아에게 네 아들, 곧 르우벤, 시므온, 레위, 유다를 주셨다. 넷째 아들 유다가 태어나자 레아의 탄식은 '찬양'으로 바뀌었다. 하나님은 지속적인 사랑과 돌봄으로 레아의 가슴에 심겨진 쓴 뿌리를 뽑아냈던 것이다. 이 사랑 이야기는 오늘도 계속되고 있다.

기도

하나님, 가정이나 학교 혹은 사회에서 존중받지 못한다는 느낌이 들 때면 우리는 금세 풀이 죽고 맙니다. 설움과 아픔이 자기 비하의 감정과 중첩될 때 우리는 살아갈 용기를 잃습니다. 그런데 하나님은 마음이 시린 사람의 처지를 누구보다 깊이 헤아리시고, 그에게 새로운 기운을 불어넣으십니다. 우리도 모르는 사이에 우리 속에 깊이 뿌리내린 쓴 뿌리를 제거해주십시오. 옳고 바르게 행함으로 주님의 뜻을 이루게 해주십시오. 아멘.

샨티 세나

평화를 이루는 사람은 복이 있다. 하나님이 그들을 자기의 자녀라고 부르실 것이다. 의를 위하여 박해를 받은 사람은 복이 있다. 하늘 나라가 그들의 것이다. 너희가 나 때문에 모욕을 당하고, 박해를 받고, 터무니없는 말로 온갖 비난을 받으면, 복이 있다. 너희는 기뻐하고 즐거워하여라. 하늘에서 받을 너희의 상이 크기 때문이다. 너희보다 먼저 온 예언자들도 이와 같이 박해를 받았다(마태복음 5:9-12).

"평화를 이루는 사람은 복이 있다. 하나님이 그들을 자기의 자녀라고 부르실 것이다"(마태복음 5:9). 우리가 주목해야할 것은 홀로 자족하는 사람이 아니라 평화를 이루는 사람이 복이 있다는 것이다. 과연 우리는 이 깨진 세상에 평화를 가져올 수 있을까? 할 수 있는 일이 많지 않아 보인다. 하지만 우리는 해야 한다. 그것이 하나님의 자녀들의 소명이기

사랑의
레가토

때문이다. 철학자 칼 야스퍼스^{Karl Jaspers}는 『인간론』에서 "오늘날 절망적으로 '이 세계에 도대체 무엇이 남았는가?'라고 묻는 자가 있다면, 누구에게나 '너는 할 수 있으므로 존재한다'는 대답이 주어진다"라고 말했다. "너는 할 수 있으므로 존재한다." 놀라운 발언이다.

주님은 '의를 위하여 박해를 받은 사람'이 복이 있다고 말씀하신다. 바른 세상, 평화의 세상을 이루기 위해 일하다가 모욕을 당하고, 박해를 받고, 온갖 비난을 받는 사람이야말로 하늘 나라에 속한 사람이라는 것이다. 평화를 이루기 위해 우리는 모든 폭력과 전쟁, 그리고 죽임의 세력을 향해 '아니오'라고 말해야 한다. 그것이 그리스도인들의 거룩한 소명이다. 서로 사랑하라는 주님의 계명이 경우에 따라 실천해야 하는 의무가 아니듯이, 평화를 위해 일하라는 것은 무조건적이고, 타협할 수 없는 소명이다. 헨리 나우웬 신부는 "평화를 만드는 사람이 되지 않고는 오늘날 누구도 그리스도인이 될 수 없다"고 말했다.

그럼 그리스도인의 평화 만들기는 어디서부터 시작되어야 할까? 평화를 이루기 위해서는 평화를 미워하는 이들에게서 빠져나와 평화를 주시는 분에게로 나아가야 한다. 우리의 상처와 아픔이 하나님의 사랑 안에서 치유되고, 공포와 불안과 두려움이 잦아들 때 우리는 비로소 사람들 사이에 평화의 선물을 가져 갈 수 있다. 하나님의 사랑이 우리 속에 부어지지 않고는 평화의 일꾼이 될 수 없다. 자기 자신이 사랑받고 있음을 가슴 깊이 느낀 사람이라야 다른 사람을 진심으로 사랑할 수 있기 때문이다.

비폭력운동을 시작했던 마하트마 간디는 평화를 꿈꾸는 이들이 무력하면 안 된다며 '샨티 세나'를 제안했다. 인도 말로 샨티는 평화이고 세나는 군대이다. 굳이 번역하자면 '평화군平和軍'이다. 그가 이런 조어를 만든 것은 베다 경전에 나오는 한 대목 때문이었다.

"오 불행한 자들이여, 당신들의 말은 군대의 뒷받침이 없구나."

이 구절은 아무리 좋은 말이라도 그것을 실현할 수 있는 힘이 없다면 아무 소용이 없다는 뜻이다. 평화가 정말 우리에게 소중한 것이라면 그것을 이루기 위해서는 비상한 노력이 필요하고, 또 그 일에 헌신하는 이들이 필요하다. 오직 사랑의 동기에 의해 움직이는 평화군인들이 많아질 때 세상의 어둠이 스러질 것이다.

사랑의
레가토

하나님, 이리와 어린 양이 함께 살고, 송아지와 새끼 사자와 살진 짐승이 함께 풀을 뜯는 세상의 꿈은 정녕 어리석은 꿈인지요? 사람은 누구나 한적한 평화를 갈구하지만 세상은 소란하기만 합니다. 하루도 마음 편할 날이 없는 나날입니다. 하지만 힘들다고 하여 맥없이 현실에 순응하고 싶지 않습니다. 오직 사랑 가운데서만 발견되는 기쁨과 평화를 얻기 위해 분투하겠습니다. 주님의 평화가 우리의 몸과 마음을 통해 이 땅에 발현되게 해주십시오. 아멘.

추수의 때는
또 다른 파종의 때

그러는 동안에, 제자들이 예수께, "랍비님, 잡수십시오" 하고 권하였다. 그러나 예수께서는 그들에게 말씀하시기를 "나에게는 너희가 알지 못하는 먹을 양식이 있다" 하셨다. 제자들은 "누가 잡수실 것을 가져다 드렸을까?" 하고 서로 말하였다. 예수께서 그들에게 말씀하셨다. "나의 양식은, 나를 보내신 분의 뜻을 행하고, 그분의 일을 이루는 것이다. 너희는 넉 달이 지나야 추수 때가 된다고 하지 않느냐? 그러나 나는 너희에게 말한다. 눈을 들어서 밭을 보아라. 이미 곡식이 익어서, 거둘 때가 되었다. 추수하는 사람은 품삯을 받으며, 영생에 이르는 열매를 거두어들인다. 그리하면 씨를 뿌리는 사람과 추수하는 사람이 함께 기뻐할 것이다. 그러므로 '한 사람은 심고, 한 사람은 거둔다'는 말이 옳다. 나는 너희를 보내서, 너희가 수고하지 않은 것을 거두게 하였다. 수고는 남들이 하였는데, 너희는 그들의 수고의 결실에 참여하게 된 것이다"(요한복음 4:31-38).

여인은 물동이를 버려두고 동네로 달려갔다. 누군가에게 자기 속에 일어난 그 놀라운 변화를 전하지 않고는 견딜 수 없었기 때문이다. 삶의 의미를 되찾은 이의 기쁨이 그런 것일까? 어리둥절해진 제자들은 그 어색한 상황을 벗어나려고 구해온 음식을 주님께 드리며 "랍비님, 잡수십시오" 하고 권한다. 그러자 예수님은 "나에게는 너희가 알지 못하는 먹을 양식이 있다"고 대답하신다. "누가 잡수실 것을 가져다 드렸을까?" 수군거리는 제자들에게 주님은 말씀하신다.

"나의 양식은, 나를 보내신 분의 뜻을 행하고, 그분의 일을 이루는 것이다"(요한복음 4:34).

예수님은 당신을 이 세상에 보내신 분의 뜻을 행하는 것을 양식으로 삼고 사셨다. 예수님은 마치 물이 만나는 모든 식물과 동물을 이롭게 하며 아래로 흘러가듯이 모든 사람들 속에 생기를 불어넣으셨다. 생명의 보람은 누군가의 가슴에 기쁨을 주는 데 있다. 인간이 누릴 수 있는 가장 큰 행복은 누군가의 요구에 응답할 때이다. 풍요의 시대를 살아가면서도 우리 영혼이 파리해진 것은 마땅히 먹어야 할 보람이라는 양식을 먹지 못해서이다. 요구 받았으나 응답하지 못하는 무능, 바로 그것이 타락이다.

예수님은 바로 지금이야말로 추수의 때라고 말씀하신다. 지금 여기서의 삶에 충실해야 한다는 뜻일 것이다. 바울 사도는 고린도교회에 보내는 편지에서 "보십시오, 지금이야 말로 은혜의 때요, 지금이야말로 구원의 날입니다"(고린도후 서 6:2b)라고 말했다. 생명을 풍성하게 하는 추수의 날은 내일이 아니라 바로 오늘이다. 배고픈 사람을 먹여야 할 때도 지금이고, 강도만난 이웃에게 다가서야 할 때도 바로 지금이고, 신음하는 피조세계를 돌보는 일도 바로 지금 해야 할 일이다. 이것이 바로 주님이 말씀하시는 추수이다.

그런데 한 가지, 추수할 때 잊지 말아야 할 것이 있다. 오늘 우리가 거두는 것, 누리는 것은 거의 다 이전에 다른 사람이 심은 것이라는 사실 말이다.

"수고는 남들이 하였는데, 너희는 그들의 수고의 결실에 참여하게 된 것이다"(요한복음 4:38b).

인생의 성숙은 이걸 아느냐 모르느냐에 달려 있다. 고마움을 알 때 인생은 기쁨이다. 우리가 먹는 음식, 우리가 입은 옷, 우리가 사는 집… 어느 하나 우리가 만든 것이 없다. 우리가 누리고 사는 풍요로움과 자유는 앞선 세대의 헌신과 숭고한 희생 덕분이다. 심은 이가 따로 있고 거두는 이가 따로 있다는 말씀이 옳다. 이제 우리가 해야 할 일은 뒤에 오는 이들을 위해 생명과 평화의 씨, 아름다움의 씨를 심는 것이 아닐까?

사랑의
레가토

하나님, "사람이 빵으로만 살 것이 아니라, 하나님의 입에서 나오는 모든 말씀으로 살 것이다" 하신 주님의 말씀이 새록새록 다가오는 나날입니다. 먹을 것과 입을 것이 넉넉한 시대이지만 마음의 헛헛함은 좀처럼 사라지지 않습니다. 삶의 보람이야말로 우리가 섭취해야 할 일용할 양식입니다. 욕망을 중심에 놓고 살면 이웃을 복되게 할 수 없습니다. 사랑이 우리를 이끌어가는 힘이 되기를 소망합니다. 삶이 빚임을 잊지 않게 해주시고, 그 빚을 갚는 마음으로 오늘과 내일을 살아가는 우리가 되게 해주십시오. 아멘.

예수는 연약하고 상처 입은 이들 앞에서는 한없이 친절하고 겸손하지만 자기 의에 사로잡혀 안하무인인 사람들, 사람들의 영혼을 노략질하는 종교인들에 대해서는 폭풍처럼 분노를 터뜨리는 분이셨다. 위선과 탐욕과 절제를 모르는 권력 앞에 분노할 줄 모르는 사람, 사회적 루저들에 대한 연민을 느끼지 않는 사람은 그리스도인이라 할 수 없다.

Monday ～～～～

Tuesday ～～～～

Wednesday ～～～～

사랑의
레가토

Thursday ～～～～

Friday ～～～～

Saturday ～～～～

Sunday ～～～～

가치의 우열이 없는 나라

주 하나님, 영원히 다스려 주십시오. 주님의 보좌는 세세토록 있습니다. 어찌하여 주님께서는 우리를 전혀 생각하지 않으시며, 어찌하여 우리를 이렇게 오래 버려두십니까? 주님, 우리를 주님께로 돌이켜 주십시오. 우리가 주님께로 돌아가겠습니다. 우리의 날을 다시 새롭게 하셔서, 옛날과 같게 하여 주십시오. 주님께서 우리를 아주 버리셨습니까? 우리에게서 진노를 풀지 않으시렵니까?(예레미야애가 5:19-22)

나라가 망한 후에 부른 예레미야 애가는 탄식으로만 그치지 않는다. 더 이상 낮아질 수 없을 만큼 철저히 낮아진 자리에서 예언자는 문득 희망을 발견한다. 그것은 인간의 경험과 의지에 바탕을 둔 희망이 아니라, 하나님에게서 비롯된 희망이다. "주님의 한결같은 사랑이 다함이 없고 그 긍휼이 끝이 없기 때문"(예레미야애가 3:22)이다. 여기서 말하는 한결같은 사랑은 하나님의 언약에 바탕을 둔 사랑, 곧 헤세드^{hesed}이다. 사람은 신실함이 없을지라도 하나님은 언약에 신실하신 분이시다. 그 사랑에 대한 기억이 새로운 희망의 뿌리이다. 하나님은 떨기나무를 감싸는 불길로 자신을 드러내셨지만 나무를 재로 만들지는 않으셨다.

미국의 마더 테레사라고 일컬어지는 도로시 데이는 젊은 날 불의한 사회 현실에 침묵하는 교회에 분노해 신앙을 버렸다. 하지만 아무리 하나님으로부터 멀어지려고 해도 하나님을 향한 어떤 이끌림조차 뿌리칠 수는 없었다. 그러던 어느 날 그는 극작가인 유진 오닐이 낭송하는 프랜시스 톰슨의 시 〈하늘의 사냥개^{the hound of heaven}〉를 듣고 주님께로 돌아왔다. 물론 이 시에서 사냥개는 하나님의 은유이다. 사냥개가 사냥감을 포기하는 법이 없는 것처럼 하나님도 그러하시다. 밤낮 없이 도망치고 또 도망쳐도 하나님은 서두르지도 않고 흐트러짐도 없는 발걸음으로 우리를 찾아오신다. 우리 삶에 고통이 없을 수는 없다. 하지만 우리에게는 여전히 희망이 남아 있다. 그리스도인들이 갖고 있는 판도라의 상자에는 하나님의 숨결이라는 희망이 담겨 있다.

폐허가 된 조국산천을 바라보며 낙심하고, 동족들의 곤고하고 비참한 삶을 보며 눈물짓던 예언자는 변함없는 사랑을 베푸시는 주님께 기도하지 않을 수 없었다. 주님께서 친히 그 백성을 다스려 달라고. 주님이 다스리는 세상은 모두가 귀히 여김을 받는 세상이다. 권정생 선생은 모두가 귀히 여김을 받는 나라가 하나님 나라라고 말한다.

"하나님 나라는 절대 하나 되는 나라가 아닙니다. 하나님 나라는 일만 송이 꽃이 각각 그 빛깔과 모양이 다른 꽃들이 만발하여 조화를 이루는 나라입니다. 꽃의 크기가 다르고 모양이 다르고 빛깔이 달라도 그 가치만은 우열이 없는 나라입니다"(이오덕/권정생, 『살구꽃 봉오리를 보니 눈물이 납니다』, 206쪽). 폭력이 일상이 된 세상, 인정의 사막, 전장으로 변한 세상에서도 끝끝내 이런 세상의 꿈을 버릴 수 없는 것은 그것이 우리의 꿈인 동시에 하나님의 꿈이기 때문이다.

하나님. 영원한 우방도 없고 영원한 적도 없다는 말이 실감나는 나날입니다. 이익이라는 가치가 의라는 가치를 압도하는 형국입니다. 욕망의 전장에서 살아가는 당신의 백성들을 불쌍히 여겨주십시오. '뜻이 하늘에서 이룬 것같이 땅에서도 이루어지이다.' 역사의 주인이 하나님이심을 잊지 않게 해주시고, 하나님의 마음에서부터 시작된 사랑의 동심원이 물결처럼 번져나가 마침내 온 세상이 주님의 마음으로 통일되는 세상의 꿈을 잃지 않게 해주십시오. 아멘.

사랑의
레가토

너는 묻혀서
참나무가 되리라

주님께서 내 장기를 창조하시고, 내 모태에서 나를 짜 맞추셨습니다. 내가 이렇게 빚어진 것이 오묘하고 주님께서 하신 일이 놀라워, 이 모든 일로 내가 주님께 감사를 드립니다. 내 영혼은 이 사실을 너무도 잘 압니다. 은밀한 곳에서 나를 지으셨고, 땅 속 깊은 곳 같은 저 모태에서 나를 조립하셨으니 내 뼈 하나하나도, 주님 앞에서는 숨길 수 없습니다. 나의 형질이 갖추어지기도 전부터, 주님께서는 나를 보고 계셨으며, 나에게 정하여진 날들이 아직 시작되기도 전에 이미 주님의 책에 다 기록되었습니다. 하나님, 주님의 생각이 어찌 그리도 심오한지요? 그 수가 어찌 그렇게도 많은지요? 내가 세려고 하면 모래보다 더 많습니다. 깨어나 보면 나는 여전히 주님과 함께 있습니다(시편 139:13-18).

박노해 시인은 〈도토리 두 알〉이라는 시에서 재미있는 이야기를 들려준다. 그는 산길에서 도토리 두 알을 주웠다. 한 알은 작고 보잘 것 없었고, 또 한 알은 크고 윤이 났다. 시인은 손바닥에 놓인 도토리 두 알을 바라보다가 문득 묻는다. "너희도 필사적으로 경쟁했는가/내가 더 크고 더 빛나는 존재라고/땅바닥에 떨어질 때까지 싸웠는가." 시인은 크고 윤나는 도토리가 되는 것은 청설모나 멧돼지에게나 중요한 일이 아니냐면서 "삶에서 훨씬 더 중요한 건 참나무가 되는 것"이라고 말한다. 시인은 작고 보잘 것 없는 도토리를 멀리 빈숲으로 힘껏 던지며 마치 격려하듯 말한다. "울지 마라, 너는 묻혀서 참나무가 되리니."

도토리의 보람은 참나무가 되는 데 있다. 우리는 언젠가 생명의 주인이신 분 앞에 서게 될 것이다. 그때 우리가 들어야 할 말은 이 한 마디이다.

"잘했다! 착하고 신실한 종아. 네가 적은 일에 신실하였으니, 이제 내가 많은 일을 네게 맡기겠다. 와서, 주인과 함께 기쁨을 누려라"(마태복음 25:21).

중요한 것은 남보다 앞서는 것이 아니라, 자기답게 사는 것이다. 우리가 느끼는 불행의식의 태반은 남과의 비교에서 나온다. '타인은 내게 있어 지옥'이라 했던 사르트르의 말이 가리키는 바도 이런 것이 아닐까?

시편 139편의 시인은 우리가 어디에 있더라도 주님은 그

곳에 이미 계신다고 말한다. 하늘로 올라가더라도 그곳에 계시고, 스올에 자리를 펴도 거기도 계시고, 동녘 너머로 날아가거나 바다 끝 서쪽으로 가서 머물러도 거기서도 주님의 손이 인도하시고 붙들어 주신다는 것이다. 주님의 현존이 느껴지지 않을 때도 있지만 주님은 언제나 우리보다 한 발 앞서 그 자리에 가 계신다. 이런 근원적 확신 속에 머물면서 자기가 세상에 '있다'는 사실에 놀라고, 주님께서 '하신' 일에 놀라는 사람이 참 사람이다. 어느 철학자는 "우리에게 부족한 것은 믿고자 하는 의지가 아니라 놀라고자 하는 의지"라고 말했다. 생각해보니 그렇다.

시인들은 평범한 언어를 시적 구조 속에 재배치함을 통해 일상의 한 순간을 빛나는 순간으로 빚어낸다. 시적 언어에 담기는 순간 평범한 일 혹은 평범한 사물은 우리 삶을 밝히는 등불이 된다. 예수님도 시인이셨다. 예수님은 지천으로 널려 있어 아무도 주목하지 않는 것들 속에서 하늘을 보았다. 공중에 나는 새 한 마리, 들에 핀 꽃 한 송이 속에서도 하나님의 숨결을 느끼셨다. 주님이 우리에게 주시고자 한 선물 가운데 가장 소중한 것이 '놀람'이 아닐까 생각한다. 놀람을 잃어버리는 순간 삶의 무게는 갑절이 되어 우리를 짓누른다.

하나님. 날마다 닥쳐오는 생의 과제를 푸는 데 골몰하느라 우리는 하늘을 잊고 살았습니다. 가슴이 답답하고 마음은 무겁기만 합니다. 천진한 미소를 잃은 지 이미 오랜 시간이 흘렀습니다. 권태와 불안이 스멀스멀 우리의 일상을 괴롭힙니다. 히브리의 한 시인은 우리가 이 세상에 있다는 사실에 놀라고, 주님이 하신 일에 감탄하고 있습니다. 시인의 그 마음을 우리에게도 허락하여 주십시오. 우리에게 허락된 지금 이 시간이야말로 영원이 돌입하는 순간임을 잊지 않게 해주십시오. 아멘.

7월 31일

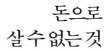

돈으로
살 수 없는 것

시몬은 사도들이 손을 얹어서 성령을 받게 하는 것을 보고, 그들에게 돈을 내고서, 말하기를 "내가 손을 얹는 사람마다, 성령을 받도록 내게도 그런 권능을 주십시오." 하니, 베드로가 그에게 말하였다. "그대가 하나님의 선물을 돈으로 사려고 생각하였으니, 그대는 그 돈과 함께 망할 것이오. 그대는 하나님이 보시기에 마음이 바르지 못하니, 우리의 일에 그대가 차지할 자리도 몫도 없소. 그러므로 그대는 이 악한 생각을 회개하고, 주님께 기도하시오. 그러면 행여나 그대는 그대 마음속의 나쁜 생각을 용서받을 수 있을지도 모르오. 내가 보니, 그대는 악의가 가득하며, 불의에 얽매여 있소." 시몬이 대답하였다. "여러분들이 말한 것이 조금도 내게 미치지 않도록, 나를 위하여 주님께 기도해 주십시오." 이렇게 베드로와 요한은 주님의 말씀을 증언하여 말한 뒤에, 예루살렘으로 돌아가는 길에, 사마리아 사람의 여러 마을에 복음을 전하였다(사도행전 8:18-25).

박해를 인해 흩어진 사람들 가운데 집사 빌립은 사마리아에 가서 복음을 전했다. 그를 통해 많은 기적이 일어났다. 그 성에 있던 마술사 시몬은 성령을 통해 나타나는 이 놀라운 사건을 목격하고는 넋이 나갔다. 그는 빌립을 경이의 눈으로 바라보았다. 할 수만 있다면 자기도 그런 능력을 갖고 싶었던 것이다. 사마리아 사람들이 복음을 받아들였다는 소식을 듣고 베드로와 요한이 그곳에 와서 사람들에게 손을 얹고 기도하니 성령이 임했다. 시몬은 사도들에게 돈을 건네며 "내가 손을 얹는 사람마다 성령을 받도록 내게도 그런 권능을 주십시오." 하고 청했다.

그는 하나님에 대해서, 예수 그리스도에 대해서, 성령에 대해서 아무 것도 모르는 철부지에 지나지 않는다. 그래서 자기에게 가장 가치 있다고 생각하는 돈을 가져온 것이다. 그 철부지를 향한 베드로의 질책은 자못 준엄하다.

"그대가 하나님의 선물을 돈으로 사려고 생각하였으니, 그대는 그 돈과 함께 망할 것이오. 그대는 하나님이 보시기에 마음이 바르지 못하니, 우리의 일에 그대가 차지할 자리도 몫도 없소"(사도행전 8:20-21).

시몬의 영혼을 내리치는 베드로의 채찍질이 혹독하다. 마치 얼음을 깨는 도끼 같다. 이렇게까지 반응을 해야 하나 싶기도 하지만, 그럴 수밖에 없다. 그래야 한다. 그릇된 정신을 바로잡기 위해서는 강한 충격이 필요한 법이다.

돈은 어느 시대에나 매력적이다. 현실의 행복을 보장해주는 것처럼 보이기 때문이다. 생텍쥐페리는 『어린왕자』에서 정말 소중한 것은 가게에서 살 수 없다고 말했다. 정말 소중한 것은 시간을 들일 때 얻어지기 때문이다. 돈이 지배하는 세상은 사람들의 삶과 관계를 피상적으로 만든다. 돈을 중심으로 돌아가는 세상에서 사람들은 다 숨이 가쁘다. 사회학자인 게오르크 짐멜Georg Simmel 1858-1918은 돈에 대해 이렇게 말한다.

"돈은 사물의 모든 다양성을 균등한 척도로 재고, 모든 질적 차이를 양적 차이로 표현하며, 무미건조하고 무관심한 태도로 모든 가치의 공통분모임을 자처함으로써 아주 가공할 만한 평준화 기계가 된다. 돈은 이로써 사물의 핵심과 고유성, 특별한 가치, 비교 불가능성을 가차 없이 없애버린다"(『짐멜의 문화론』 중에서).

돈이 지배하는 세상이 왜 문제인지를 잘 지적해주고 있다. 하나님이 창조하신 세상은 다양성을 특색으로 한다. 하나님의 세상에서 불필요한 것, 무가치한 것은 없다. 저마다 있어야 할 자리에 있어 조화로운 세상을 이룬다. 하지만 돈은 모든 사물을 균등한 척도로 잰다. 질적인 차이를 양적인 차이로 환산함으로써 그 고유한 아름다움이나 가치를 지워

버린다. 돈이 지배하는 세상은 폭력 세상이다. 그리스도인은 돈보다 더 소중한 가치가 있음을 삶으로 증언해야 한다.

기도

하나님, 마술사 시몬은 악인이 아니라 약자입니다. 사람들의 존경을 받고 싶어 하면서도 그는 진리에 대해서는 청맹과니에 불과했습니다. 믿음의 세계에 발을 들여놓기는 했지만 그는 자기를 부정하는 데 이르지 못했습니다. 그에게 신앙은 다만 자기 확장을 위한 도구였을 뿐입니다. 시몬의 모습에서 우리들의 모습을 봅니다. 가장 귀한 것은 돈으로 살 수 있는 것이 아니라, 하나님의 선물임을 잊지 않게 해주십시오. 아멘.

사랑의
레가토

하나님, 그물에 걸리지 않는 바람처럼 자유롭게 살고 싶습니다. 그러나 불안과 두려움이 늘 우리 옷자락을 붙잡고 놓아주질 않습니다. 사도는 '이 시대의 풍조를 본받지 말라'고 말하지만, 우리는 의지와 무관하게 세상에 길들여진 채 살아갑니다. 욕망이 이끄는 대로 나부끼다보니 우리 삶은 그리스도의 향기가 아닌 악취를 풍길 때가 많습니다. 이 부끄러운 악순환에서 벗어나 그리스도의 개선 행렬에 동참하고 싶습니다. 주님의 맑은 영을 우리 속에 채워주십시오. 아멘.

8월

'아멘'이 된 사람

하나님의 모든 약속은 그리스도 안에서 '예'가 됩니다. 그러므로, 그리스도로 말미암아, 우리는 "아멘" 하면서 하나님께 영광을 돌리는 것입니다. 우리를 여러분과 함께 그리스도 안에 튼튼히 서게 하시고, 또 우리에게 사명을 맡기신 분은, 하나님이십니다. 하나님께서는 또한 우리를 자기의 것이라는 표로 인을 치시고, 그 보증으로 우리 마음에 성령을 주셨습니다(고린도후서 1:20-22).

예수의 삶을 한마디로 요약하면 하나님의 뜻에 대한 '아멘'이다. 어떤 경우에도 '아니오' 한 적이 없다. 라오디게아 교회에 보내는 편지에서 성령은 예수님을 '아멘이신 분'(요한계시록 3:14)이라고 말한다. 이 강력한 단어 앞에서 우리 삶을 돌아보지 않을 수 없다. '아멘'이라는 말을 우리는 그저 '그렇게 되기를 바랍니다'라는 뜻으로 새긴다. 하지만 그 말 속에는 '나는 신뢰한다', '나는 굳건해졌다'는 뜻도 있다. 신뢰 없이는 '아멘' 할 수 없다. 진심으로 '아멘' 하는 순간 우리 정신은 굳건해진다. 예수님이 만일 하나님의 권위에 눌려 '아멘' 하셨다면 자존감에 큰 상처를 입으셨을 것이다. 하지만 예수님은 하나님에 대한 깊은 신뢰와 일치와 사랑 안에서 '아멘' 하셨다. '아멘' 함으로 예수님은 하나님에 대한 신뢰를 표현했고, 하나님은 예수님을 굳건하게 만드셨다. 이런 되먹임의 관계를 일러 끌레르보의 베르나르도 성인은 '입맞춤'이라고 표현했다. 아멘은 하늘과 땅의 입맞춤이고 포옹이다.

디트리히 본회퍼는 "믿는 사람만이 순종할 수 있고, 순종하는 사람만이 믿을 수 있다"고 말했다. 우리는 신앙이 먼저고 순종은 그 다음이라 생각할 때가 많다. 하지만 신앙은 오직 순종의 행위 안에서만 자신의 참됨을 입증한다. 순종은 아주 구체적인 명령을 수행하는 것이다. 내면에서 들려오는 소리 또는 말씀을 통해 들려오는 소리에 순종하여 이웃들에게 다가가 그들의 말에 귀를 기울이고, 벗이 되어주고, 고통을 덜어주고, 부당한 대우를 받는 사람들의 편에 설 때 우리는 비로소 믿음의 사람으로 거듭나게 된다. 우리 믿음이 지지부진을 면치 못하는 것은 한사코 고통의 자리를 피하려 하기 때문이다. 예수님은 고통의 자리로 부르시는 하나님의 부름에 늘 '아멘'으로 응답하셨다.

주님은 우리들의 삶도 하나님의 뜻에 대한 아멘이 되기를 원하신다. 믿음의 사람은 직립한 사람이다. 오직 주님 앞에서만 무릎을 꿇을 뿐 세상의 어떤 권세 앞에서도 허리를 곧게 펴고 일어서는 사람 말이다. 작고한 시인 김남주는 〈자유에 대하여〉라는 시에서 이렇게 노래한다.

"자유 좀 주세요 자유 좀 주세요/강자 앞에 허리 굽히고 애걸복걸하며/동냥 따위는 하지 않을 것이다/적어도 직립의 인간인 나는."

작은 풀뿌리에 걸려도 자꾸만 비틀거리는 우리가 이런 오연한 고백을 할 수 있으려면 어떻게 해야 할까? 성령께서 우리 속에 자꾸 생기를 불어넣어주셔야 한다. 성령은 우리를 일어서게 하는 힘이다. 봄이 되어 초목이 깨어나듯 성령은 우리 속에 잠들어 있던 참 사람을 일깨우는 힘이다. 그 힘을 덧입을 때 우리는 비로소 '아멘'의 사람이 될 수 있다.

사랑의
레가토

하나님. 조각가 자코메티는 '직립하는 인간이 아름답다'고 말했습니다. 우리를 자꾸 끌어내리는 세상의 중력에서 벗어나 하늘을 향하는 사람이 되고 싶습니다. 하나님의 마음을 기준음 삼아 우리 마음을 조율하며 살게 해주십시오. 우리를 부자유하게 하는 일체의 것들에 대해 '아니오'라고 말하게 해주시고. 힘겹더라도 하나님의 뜻에 대해 '아멘' 하며 살게 해주십시오. 빈들에 마른 풀 같이 시든 우리 마음에 성령의 신바람을 채워주십시오. 아멘.

8월 2일

죄는 곧 부자유

> 그러므로 동포 여러분, 바로 이 예수로 말미암아 여러분에게 죄
> 용서가 선포된다는 것을 알아야 합니다. 여러분이 모세의 율법
> 으로는 의롭게 될 수 없던 그 모든 일에서 풀려납니다. 믿는 사
> 람은 누구나 다 예수 안에서 의롭게 됩니다(사도행전 13:38-39).

성경에서 죄를 뜻하는 단어로 자주 등장하는 것은 '하마르
티아hamartia'이다. 이 단어의 동사형인 '하마르타노'는 호메
로스 이후에 '과녁을 빗나가다', '잃어버리다'라는 뜻으로
쓰였다. 그러니까 죄는 과녁에 적중하지 못하는 삶, 혹은 마
땅히 걸어야 할 길에서 벗어난 삶을 가리킨다. 우리가 인생
을 걸고 겨눠야 할 과녁이 대체 무엇일까? 성경은 그것을
두 가지로 요약한다. 하나는 마음과 목숨과 뜻과 힘을 다하
여 하나님을 사랑하는 것이고, 다른 하나는 이웃을 자기 몸
처럼 사랑하는 것이다. 그게 바로 우리 인생의 과녁이다. 그

사랑의
레가토

과녁에서 빗나가는 게 죄라면 죄인 아닌 사람이 없다. 하나님을 사랑하되 적당히 사랑하면 안 된다. 혼신의 힘을 다해야 한다. 하지만 우리는 그렇게 하나님을 사랑하지 않는다. 이웃 사랑도 마찬가지이다. 한 끼만 굶어도 어쩔 줄 모르는 우리가 굶주린 사람을 보아도 무덤덤하게 지낸다.

한자로 '죄罪'라는 단어가 참 재미있다. 그물 망 부에 잘못을 뜻하는 아닐 비非 자가 결합되어 있다. 망은 갇혀서 답답한 상태 곧 부자유한 상태를 상징한다. 죄는 우리를 부자유하게 만든다. 죄의 거미줄 위에서 몸을 뒤챌수록 부자유는 더욱 심화된다. 법적인 죄를 범하면 감옥에 갇히게 되지만, 과녁을 빗나가는 죄를 범하면 자기 속에 갇힌 사람이 된다. 갇힌 상태이니 사랑을 할 수 없다. 사랑은 자유를 전제로 하니 말이다. 누군가를 돕기 위해 몸을 굽힐 수도 없다. 죄의 지배를 받을 때 우리는 사랑에 무기력한 사람이 된다.

존 웨슬리는 우리가 은혜로부터 멀어져 죄로 향하는 과정을 상세하게 그린 바 있다. 1) 먼저 유혹이 일어난다. 그것은 이 세상으로부터 오는 것일 수도 있고, 육체나 악마로부터 오는 것일 수도 있다. 2) 하나님의 영이 그에게 죄가 가까이에 있다고 경고하면서 더 열심히 깨어서 기도하라고 명하신다. 3) 그럼에도 불구하고 우리는 즐거움을 약속하는 유혹에 어느 정도 양보한다. 4) 성령은 깊이 슬퍼하신다. 우리 믿음은 약해지고 하나님에 대한 사랑은 차가워진다. 5) 성령은 더욱 날카롭게 경고한다. "이것이 길이다. 이 안에서 걸으라." 6) 하나님의 음성에서 돌이켜 유혹자의 음성에 귀를 기울인다. 7) 마침내 악한 욕구가 영혼 속에 퍼져서 믿음과 사랑이 사라진다. 그러면 그는 죄의 포박에 확고히 매이게 된다(『웨슬리 설교전집2』, 설교 19, 〈하나님께로부터 난 자의 특권〉, 45쪽 참고). 어김없는 우리 현실이다.

예수와 만난 이들은 오랫동안 그들을 얽어매고 있던 속박에서 풀려남을 느꼈다. "모세의 율법으로는 의롭게 될 수 없던 그 모든 일에서 풀려납니다. 믿는 사람은 누구나 다 예수 안에서 의롭게 됩니다"(사도행전 13:39). 예수로부터 멀어지는 순간 우리는 또 다시 부자유 속으로 곤두박질치고, 과녁을 빗나간 삶을 살 수밖에 없다. 예수여, 우리를 인도하소서!

사랑의
레가토

하나님, 주님은 '나는 나를 보내신 분의 뜻을 행하기 위해서 왔다'고 하셨지만, 우리는 보내신 분이 누구인지, 또 무엇을 하라고 보내셨는지 깨닫지도 분별하지도 못한 채 살고 있습니다. 지향이 분명치 않기에 삶은 가리산지리산 어지럽기만 합니다. 하나님의 음성보다 달콤한 유혹자의 음성에 귀를 기울일 때가 많습니다. 넓어 보이던 길이 문득 끊어지고 아득한 심연이 입을 벌리고 있음을 깨달을 때 우리는 비로소 주님께 부르짖습니다. 아둔한 우리를 불쌍히 여겨주십시오. 너무 늦기 전에 주님의 마음을 향해 돌아서게 해주십시오. 아멘.

토기장이 집에서

그 때에 주님께서 나에게 이렇게 말씀하셨다. "이스라엘 백성아, 내가 이 토기장이와 같이 너희를 다룰 수가 없겠느냐? 나 주의 말이다. 이스라엘 백성아, 진흙이 토기장이의 손 안에 있듯이, 너희도 내 손 안에 있다. 내가 어떤 민족이나 나라의 뿌리를 뽑아내거나, 그들을 부수거나 멸망시키겠다고 말을 하였더라도, 그 민족이 내가 경고한 죄악에서 돌이키기만 하면 나는 그들에게 내리려고 생각한 재앙을 거둔다. 그러나 내가 어떤 민족이나 나라를 세우고 싶겠다고 말을 하였더라도, 그 백성이 나의 말을 순종하지 않고, 내가 보기에 악한 일을 하기만 하면, 나는 그들에게 내리기로 약속한 복을 거둔다"(예레미야 18:5-10).

예레미야는 자기 직무로부터 달아날 생각은 없었지만 좀 지쳤다. 그 때 하나님이 그에게 토기장이의 집으로 가라고 명하신다. 예레미야는 토기장이의 집에 가서 그가 그릇을 빚는 모양을 유심히 지켜본다. 토기장이는 좋은 흙을 떠다가 체로 거르고, 물을 뿌려 질흙으로 만들고, 그것을 물레 위에 올려놓고, 아주 조심스러운 손길로 질흙에 형상을 부여했다. 그런데 토기장이는 그릇을 빚다가 잘 되지 않으면 흙을 뭉개서 다른 그릇을 빚곤 했다. 토기장이가 마음에 그린 형상과 질료인 질흙이 절묘한 조화를 이룰 때 그릇 하나가 완성되었다.

이윽고 하나님의 말씀이 임한다. "이스라엘 백성아, 내가 이 토기장이와 같이 너희를 다룰 수가 없겠느냐? 나 주의 말이다. 이스라엘 백성아, 진흙이 토기장이의 손 안에 있듯이, 너희도 내 손 안에 있다"(예레미야 18:6).

선택받은 백성이라는 자부심에 안주하지 말라는 것이다. 하나님이 누군가를 택하시는 까닭은 그가 그럴 만한 자격이 있기 때문이 아니다. 선택은 철저히 하나님의 자유이다. 다만 우리가 아는 것은 하나님이 누군가를 부르시는 까닭은 그에게 맡기실 일이 있기 때문이다.

하나님은 아브라함을 불러 '땅에 사는 모든 민족에게 복을 전하라'고 하셨다. 하나님은 이스라엘을 불러 '제사장 나라', '거룩한 백성'이 되라고 하셨다. 예수님은 우리를 불러 '하나님 나라의 복음을 전하라'고 하셨다. 하나님의 부르심을 받은 사람들은 이 음란하고 악한 세대에서 새로운 삶의 가능성을 열어 보이는 그루터기가 되어야 한다. 신영복 선생은 『감옥으로부터의 사색』에서 가을에 사서 징역살이하던 방에 걸어두었던 마늘을 이듬해 봄에 껍질을 벗기다가 느낀 것을 적었다.

"마늘 한 통 여섯 쪽의 겨울을 넘긴 모습이 가지가지입니다. 썩어 문드러져 냄새나는 놈, 저 하나만 썩는 게 아니라 옆의 쪽까지 썩게 하는 놈이 있으며, 새들새들 시들었지만 썩기만은 완강히 거부하고 그나마 매운 맛을 간신히 지키고 있는 놈도 있으며, 폭삭 없어져버린 놈이 있는가 하면 반대로 마늘 본연의 생김새와 매운 맛을 생생하게 간직하고 있는 놈도 있습니다. 그러나 그 중에서도 우리를 가장 흐뭇하게 하는 것은 그 속에 싹을 키우고 있는 놈입니다. 교도소의 천장 구석에 매달려 그 긴 겨울을 겪으면서도 새싹을 키운 그 생명의 강인함에 놀라지 않을 수 없습니다. 초록빛 새싹을 입에 물고 있는 작은 마늘 한 쪽, 거기에 담긴 봄은 결코 작은 것이 아닙니다"(신영복, 『감옥으로부터의 사색』, 365쪽).

그 혹독한 겨울 추위를 견디고 기어이 싹을 틔우고 마는 마늘 이야기는 오늘 우리의 삶이 어떠해야 하는지를 보여주는 상징처럼 여겨진다. 작은 마늘 쪽에 담긴 봄처럼, 이 엄혹한 세상에 성도들은 봄소식이 되어야 한다. "진흙이 토기장이의 손에 있듯이, 너희도 내 손 안에 있다." 두려운 말씀

사랑의
레가토

이다. 아무리 하나님의 선택받은 백성이라 해도 썩어 문드러지면, 그래서 주변까지도 썩게 하면 하나님은 그를 버리실 것이다.

기도

하나님, 에덴 이후 시대를 살아가는 인간은 만족을 모릅니다. 마음에 깃드는 공허함을 채우기 위해 동분서주합니다. 그러나 그 분주한 발걸음이 우리를 인도하는 곳은 또 다른 공허 혹은 혼돈일 뿐입니다. 그럴 때마다 우리는 누군가를 원망합니다. 원망할 대상이 없으면 하나님께 눈을 흘기기도 합니다. 하나님, 우리에게 주신 삶의 분깃을 소중히 여기면서 기뻐하며 살게 해주십시오. 우리를 빚어주신 주님의 뜻에 합당한 삶을 살도록 인도하여 주십시오. 아멘.

시험하지 말라

8월 4일

그때에 악마는 예수를 그 거룩한 도성으로 데리고 가서, 성전 꼭대기에 세우고 말하였다. "네가 하나님의 아들이거든, 여기에서 뛰어내려 보아라. 성경에 기록하기를 '하나님이 너를 위하여 자기 천사들에게 명하실 것이다' 그리고 '그들이 손으로 너를 떠받쳐서, 너의 발이 돌에 부딪치지 않게 할 것이다' 하였다." 예수께서 악마에게 말씀하셨다. "또 성경에 기록하기를 '주 너의 하나님을 시험하지 말아라' 하였다"(마태복음 4:5-7).

악마는 예수님을 거룩한 도성으로 데려가서 성전 꼭대기에 세우고는 말한다. "네가 하나님의 아들이거든, 여기에서 뛰어내려 보아라." 그러면서 악마는 성경을 인용한다. "하나님이 너를 위하여 자기 천사들에게 명하실 것이다." "그들이 손으로 너를 떠받쳐서, 너의 발이 돌에 부딪치지 않게 할 것이다." 악마는 어디에서나 활동한다. 거룩한 도성과 성전을

사랑의
레가토

무시로 넘나들고 성경에 대한 지식도 해박하다.

도스또예프스키의 『까라마조프 씨네 형제들』에 나오는 대심문관은 '인간은 기적이 없는 한 무력한 존재'이기에 하나님보다는 기적을 구하는 존재라고 말한다. 인간은 생사의 갈림길에서 혹은 본질적이고 고통스러운 정신적 의혹의 순간에 자유로운 결정을 하는 존재로 창조되지 않았다는 것이다. 기적의 거부는 인간에 대한 예수님의 신뢰와 사랑이지만 그것은 인간에 대한 과대평가에 기반하고 있을 뿐이다. 악마는 그래서 예수님께 말한다. "인간을 덜 존중하고 그에게 더 적은 것을 요구하면 그의 부담이 줄어들 테니, 더욱 사랑에 다가가는 길이 될 거요." 정말 그런가?

많은 사람들이 기적을 구한다. 절박하기 때문이다. 살다 보면 지푸라기라도 잡는 심정이 될 때가 많다. 나와 내 가족이 처한 곤경에서 벗어날 수만 있다면 무슨 일이라도 할 수 있겠다고 생각한다. 거짓 종교는 바로 그런 마음을 파고들어 곤고한 이들의 삶의 기반을 뒤흔들곤 한다. 하나님의 음성을 들었다고 말하고, 환상을 보았다고 말하며 사람들의 허우룩한 마음을 사로잡는다. 그 덫에 걸리는 순간 일상은 권태로 가득 찬 공간으로 변하고, 늘 상 만나는 사람들은 진리를 알지 못하는 가련한 사람으로 보인다.

자극적인 맛에 길들여진 혀는 담담한 맛을 즐기지 못한

다. 더 큰 자극을 구하고 그 맛을 소비하는 동안 몸은 망가진다. 영혼 또한 마찬가지이다. 사람이 물 위를 걷는 것만이 신비가 아니라 지금 대지를 굳게 딛고 걸을 수 있다는 사실이 신비임을 알 때, 불치병에 걸렸던 사람이 벌떡 일어나는 것만이 기적이 아니라 그가 자기 병을 통해 이웃의 아픔에 깊이 공감할 줄 아는 사람이 되는 것도 기적이다.

예수님은 악마의 공교한 말에 넘어가지 않으셨다. 교언영색은 달콤하지만 그 속에 비수가 숨겨져 있게 마련이다. 그래서 악마를 꾸짖으신다.

"또 성경에 기록하기를 '주 너의 하나님을 시험하지 말아라' 하였다"(마태복음 5:7).

이 한 마디면 족하다. 믿음은 하나님의 부력을 신뢰하는 것이다. 몸에 힘을 빼고 물에 몸을 맡길 때 물이 우리를 두둥실 떠받쳐주는 것처럼, 이해할 수 없다 해도 우리보다 우리를 더 사랑하시는 하나님의 사랑의 품에 우리를 맡길 때 삶은 든든해진다. 설사 원하는 결과를 얻지 못한다 해도 낙심할 것 없다. 어떤 경우에도 하나님의 자비하심 바깥으로 추락할 수는 없으니 말이다.

사랑의
레가토

기도

하나님. 삶이 뜻대로 풀리지 않고, 세상사 답답할 때면 뭔가 기적적인 일이 벌어져 삶이 일신되었으면 하고 바랄 때가 있습니다. 부질없는 꿈인 줄 알지만 자꾸 그런 생각에 사로잡히는 것은 삶이 부실하기 때문입니다. 우리에게 주어진 일상의 삶이 기적임을 우리는 종종 잊고 삽니다. 일상 속에 깃든 영원을 보는 눈이 감겼기 때문입니다. 우리 눈을 열어주십시오. 세상에 가득 차 있는 하나님의 암호를 해독하는 기쁨을 한껏 누리며 살게 해주십시오. 아멘.

하나님을
모욕하는 사람들

> 가난한 사람을 억압하는 것은 그를 지으신 분을 모욕하는 것이
> 지만, 궁핍한 사람에게 은혜를 베푸는 것은 그를 지으신 분을
> 공경하는 것이다.(잠언 14:31).

시인 최승호는 일찍이 "끙끙 앓는 하나님, 누구보다 당신
이 불쌍합니다"라고 탄식했다. 인간의 탐욕이 지배하는 세
상에서 시인은 하나님의 신음소리를 들었던 것이다. 거리로
내몰린 사람들의 아픔을 함께 아파하시는 하나님, 인간대접
받지 못하고 조롱당하는 이들의 시커멓게 타버린 가슴을 고
스란히 품어 안으시는 하나님, 신음하는 피조물의 탄식소리
에 가슴이 타는 하나님의 마음을 알아차리지 못한다면 우리
는 아직 믿음의 세계에 들어섰다 할 수 없다.

하버드 대학 교수인 새러 로이Sara Roy의 글을 보며 가슴
이 아팠다. 그는 나찌의 수용소에서 생환한 아버지의 팔에

새겨진 푸른색 번호를 보며 자란 사람이다. 어릴 때부터 나라 없이 떠도는 이들의 설움에 대해 귀에 못이 박히도록 들었다. 여러 해 전 그는 팔레스타인 땅을 찾았다. 학자로서 '점령'의 현실이 점령지 사람들의 경제생활, 일상생활, 의식에 미치는 영향을 탐구하기 위해서였다. 그곳에서 그는 자기 삶에 대한 통제권을 갖지 못한 이들의 비참한 현실을 목격했다. 어느 날 일단의 이스라엘 군인들이 나이 지긋한 팔레스타인 사람을 조롱하는 현장을 보았다. 이스라엘 군인들이 3-4살 쯤 된 손자와 함께 당나귀를 끌고 지나가던 노인을 불러 세웠다. 군인들은 당나귀에 실린 짐을 검사한 후 당나귀의 입을 벌려보며 말했다. "이봐, 이 당나귀 이가 왜 누래? 날마다 닦아주지 않나보지?" 노인은 당황했고 아이는 겁에 질렸다. 노인이 침묵하자 군인들은 큰 소리로 대답하라고 윽박질렀다. 다른 군인들은 야비한 웃음을 지은 채 옆에 서 있었다. 아이는 울음을 터뜨렸고 노인은 굴욕을 당하면서도 가만히 서 있었다. 사람들이 모여 들었다. 군인은 노인에게 당나귀 뒤에 서게 한 후 당나귀 엉덩이에 입을 맞추라고 지시했다. 노인은 거절했지만 군인의 강압에 못 이겨 마침내 고개를 숙이고는 당나귀 엉덩이에 입을 맞췄다. 아이는 발작적인 울음을 터뜨렸다. 그 광경을 보며 군인들은 웃으며 사라졌다. 그 노인과 둘러선 사람들에게 모욕을 주려던 그들의 목적이 달성되었기 때문이었다(Sara Roy, Journal of Palestine Studies, Vol 32, No. 1, Autumn 2002, Issue 125).

새러 로이의 글을 읽으면서 떠오른 말씀이 있다. "가난한 사람을 억압하는 것은 그를 지으신 분을 모욕하는 것이지만, 궁핍한 사람에게 은혜를 베푸는 것은 그를 지으신 분을 공경하는 것이다"(잠언 14:31). 힘 있는 자들에 의해 자행되는 이런 모욕과 폭력이 일상인 세상이다. 이런 세상에서 하나님의 가슴은 멍이 들었다. 하나님의 그 멍을 풀어드리기 위해 노력하지 않으면서 하나님을 아버지라고 부를 수 있을까? 그럴 수 없다. 하나님을 창조주로 믿는 사람들, 하나님을 역사의 섭리자로 믿는 사람들은 동료 인간들의 고통을 덜어주기 위해 쉬지 않고 힘써야 한다.

기도

하나님, 세상에는 모욕을 당하는 이들이 참 많습니다. 난민이 되어 세상을 떠도는 사람들. 자기 땅에서 쫓겨난 사람들. 갑질하는 이들 앞에서도 변변히 자기를 지켜낼 수 없는 을들의 비애가 어둠이 되어 이 세상을 뒤덮고 있습니다. 가난한 사람을 억압하는 것은 그를 지으신 분을 모욕하는 것이라는 말씀을 명심하고 살겠습니다. 가진 것 없고, 배운 것 없다 하여 비존재 취급을 받는 사람이 하나 없는 세상을 이루기 위해 노력하겠습니다. 주님, 우리의 힘이 되어 주십시오. 아멘.

오늘을 충실하게

형제자매 여러분, 여러분 가운데에 믿지 않는 악한 마음을 품고서, 살아 계신 하나님을 떠나는 사람이 아무도 없도록, 여러분은 조심하십시오. '오늘'이라고 하는 그날그날, 서로 권면하여, 아무도 죄의 유혹에 빠져 완고하게 되지 않도록 하십시오. 우리가 처음 믿을 때에 가졌던 확신을 끝까지 가지고 있으면, 우리는 그리스도께서 주시는 구원을 함께 누리는 사람이 될 것입니다(히브리서 3:12-14).

잘 산다는 것은 오늘을 충실히 살아가는 것이다. 인생은 오늘의 점철點綴이다. 우리에게 주어진 시간은 오늘 뿐이다. 어제도 내일도 우리의 것이 아니다. 어제는 지나갔고 내일은 오지 않았으니 말이다. 그런데도 우리는 이미 지나가 버려 되돌릴 수 없는 시간의 기억에 사로잡힌 채 살거나, 아직 오지도 않은 시간을 내다보며 미리 불안해한다. 행복은 늘 저

편 어딘가에 있다고 생각하며 오늘을 헛되이 흘려보낸다.

"앉은 자리가/꽃자리니라//네가 시방/가시방석처럼 여기는//너의 앉은/그 자리가//바로/꽃자리니라"(구상, 〈꽃자리〉).

사실 삶이 너무 힘들면 이런 이야기가 다 한가로운 사람의 말처럼 여겨지는 게 사실이다. 하지만 우리가 선 자리가 하나님의 은총이 유입되는 자리임을 자각한다면 상황은 달라진다. 성경은 불안과 초조감에 사로잡힌 채 살다가 하나님을 떠나는 사람이 없도록 조심하라며 이렇게 가르친다.

"'오늘'이라고 하는 그날그날, 서로 권면하여, 아무도 죄의 유혹에 **빠져** 완고하게 되지 않도록 하십시오"(히브리서 3:13).

사람은 누구나 불안 속에서 살아간다. 그 때문에 하나님은 불안의 해독제로 공동체를 주셨다. 신앙 공동체는 우리가 세상 물결에 휩쓸려 넘어지지 않도록 지탱해주는 버팀목이다. 새로운 세상을 꿈꾸는 사람, 믿음대로 살기 위해 애쓰다가 어려움을 겪는 사람이 나 말고도 또 있다는 사실을 인식할 때 우리 속에는 든든한 기둥이 들어선다. 내가 넘어져도 다가와 일으켜 세워줄 사람이 있다는 것처럼 든든한 일이 또 있을까? 무거운 짐을 지고 비틀거릴 때도 선뜻 다가와 짐을 대신 져 줄 사람이 있다는 사실을 알면 우리는 용기를 낼 수 있다. 죄의 유혹에 흔들릴 때면 다가와 부드럽게

사랑의
레가토

혹은 준엄하게 꾸짖어 바른 길 가도록 해 줄 사람이 있는 이는 행복하다.

우리는 지금 곁에 있는 이들의 가슴에 봄 햇살로 다가가는 사람들인가, 아니면 겨울 삭풍처럼 다가가는 사람들인가? 사람들의 마음이 선을 향해 나아가도록 이끄는 사람인가, 악을 향해 나아가도록 유인하는 사람인가? 성도는 이웃들 속에 잠든 생명을 깨우는 '봄 햇살'과 같은 사람이 되어야 한다. 우리가 할 수 있을까? "우리가 처음 믿을 때에 가졌던 확신을 끝까지 가지고 있으면, 우리는 그리스도께서 주시는 구원을 함께 누리는 사람이 될 것입니다"(히브리서 3:14). 인내하는 믿음이 절실하다.

하나님, 우리는 오늘이라는 시간을 충실히 누리지 못합니다. 행복은 늘 저만치에 있는 것처럼 느끼기 때문입니다. '시방 앉은 자리가 꽃자리'라는 시인의 고백은 삶의 곤고함을 모르는 이의 한가한 노래처럼 들리는 게 사실입니다. 하지만 생각해보면 지금을 가장 귀히 여기지 않는다면 우리는 늘 불만과 불안 속에서 살 수밖에 없습니다. 주님의 시간을 분별하는 지혜를 허락하여 주십시오. 인생의 모든 때를 아름답게 하시는 하나님의 섭리에 삶을 맡긴 채, 즐겁게 사랑하고, 성실하게 일하며 살게 해주십시오. 아멘.

흙가슴으로

다른 죄수 두 사람도 예수와 함께 처형장으로 끌려갔다. 그들은 해골이라 하는 곳에 이르러서, 거기서 예수를 십자가에 달고, 그 죄수들도 그렇게 하였는데, 한 사람은 그의 오른쪽에, 한 사람은 그의 왼쪽에 달았다. [그 때에 예수께서 말씀하셨다. "아버지, 저 사람들을 용서하여 주십시오. 저 사람들은 자기네가 무슨 일을 하는지를 알지 못합니다."] 그들은 제비를 뽑아서, 예수의 옷을 나누어 가졌다(누가복음 23:32-34).

예수님이 십자가에 달리시던 시간, 세상은 흑암과 절망이 지배하는 것처럼 보였다. 정의와 진리와 사랑과 선이 잦아들고, 악마의 입가에 미소가 떠오르는 것 같은 시간이었다. 골고다 언덕에서 군인들이 예수님의 손과 발에 쾅쾅 쳐 못을 박을 때 하나님의 선하심을 믿고 사는 사람들, 진실과 정의가 승리한다고 확신하는 사람들의 가슴에도 대못이 박혔다. 십자가에 달리신 예수님을 한껏 조롱하던 이들은 강자의 편에 서서 자신의 용렬함과 비겁함을 숨기려 했다. 그 어둠의 시간, 야만의 시간에도 주님은 당신께 맡겨진 일을 계속하셨다.

"아버지, 저 사람들을 용서하여 주십시오. 저 사람들은 자기네가 무슨 일을 하는지를 알지 못합니다"(누가복음 23:34).

죽음의 문턱에서도 예수님의 사랑은 그치지 않았다. 주님은 세상의 폭력과 미움과 비겁함과 무지함을 사랑으로 감싸 안으셨다.

이 대목을 묵상할 때면 신동엽의 시 〈껍데기는 가라〉의 마지막 연이 떠오른다. "껍데기는 가라/한라에서 백두까지/향기로운 흙가슴만 남고/그 모든 쇠붙이는 가라." 시인은 한반도에서 모든 전쟁 무기들이 사라지는 세상을 꿈꾸고 있다. 절절한 평화의 염원을 담고 있는 '흙가슴'이라는 표현이 이채롭다. 세상의 모든 것을 품에 안아 기어이 정화시키고야 마는 흙을 닮은 마음이 바로 흙가슴일 것이다. 어느 날 외국 기자가 장일순 선생을 찾아와 물었다.

"혁명을 어떻게 생각하십니까?" "혁명이란 따뜻하게 보듬어 안는 것이라오." "그런 혁명도 다 있습니까?" "혁명은 새로운 삶과 변화가 전제가 되어야 하지 않겠소? 새로운 삶이란 폭력으로 상대를 없애는 게 아니고, 닭이 병아리를 까

내듯이 자신의 마음을 다 바쳐 하는 노력 속에서 비롯되는 것이잖아요? 새로운 삶은 보듬어 안는 정성이 없이는 안 되지요"(최성현 엮음,『좁쌀 한 알』, 156-7쪽 요약).

우리는 야만의 시대에 대해 분노해야 하지만, 사람들을 네 편 내 편으로 가르고, 누군가를 적으로 규정하는 일은 피해야 한다. 그것은 예수의 길이 아니다. 불의에 치열하게 저항하면서 정의를 추구해야 하지만, 미움과 증오로는 세상을 바꿀 수 없다. 주님은 하늘 군대를 동원하여 원수를 없애기보다는 당신의 몸으로 세상의 어둠을 받아들여 빛으로 바꾸는 길을 택하셨다.

바로 이것이 예수의 혁명이다. 어리석어 보이고, 너무나 더딘 것처럼 보인다. 하지만 그 길이야 말로 생명의 길이고 평화의 길이다. 마하트마 간디의 말이 떠오른다. "자기의 몸을 신에게 바친 사람은 인간을 두려워하지 않는다." "조금이라도 신을 믿는 사람은 결코 희망을 잃지 않는다. 진리가 최종적인 승리를 거두리라는 것을 믿기 때문이다." 십자가에 달리신 분은 바로 이 사실을 몸으로 증언하셨다.

사랑의
레가토

하나님, 누군가를 용서하는 일은 꼭 필요한 일이면서도 참 어렵습니다. 상처 입은 마음은 좀처럼 열리지 않기 때문입니다. 몸과 마음에 새겨진 모욕과 수치의 기억을 우리는 적대감으로 바꾸어 마음에 쟁여두곤 합니다. 그런데 주님은 어떻게 당신을 조롱하고 박해하는 무리를 용서하실 수 있었나요? 그 마음을 얻어 보려 노력하지만 우리는 여전히 가해와 피해의 이분법 속에서 벗어나지 못하고 있습니다. 우리를 불쌍히 여기셔서 더 큰 세상과 잇댄 채 살도록 이끌어 주십시오. 아멘.

힘 있는 자들에 의해 자행되는 모욕과 폭력이 일상인 세상에서 하나님의 가슴은 멍이 들었다. 하나님의 그 멍을 풀어드리기 위해 노력하지 않으면서 하나님을 아버지라고 부를 수 있을까? 그럴 수 없다. 하나님을 창조주로 믿는 사람들은 동료 인간들의 고통을 덜어주기 위해 쉬지 않고 힘써야 한다.

Monday ~~~~~

Tuesday ~~~~~

Wednesday ~~~~~

사랑의
레가토

Thursday ~~~~~

Friday ~~~~~

Saturday ~~~~~

Sunday ~~~~~

냄새 혹은 향기

그러나 그리스도의 개선 행렬에 언제나 우리를 참가시키시고, 그리스도를 아는 지식의 향기를 어디에서나 우리를 통하여 풍기게 하시는 하나님께 감사를 드립니다. 우리는, 구원을 얻는 사람들 가운데서나, 멸망을 당하는 사람들 가운데서나, 하나님께 바치는 그리스도의 향기입니다. 그러나 멸망을 당하는 사람들에게는 죽음에 이르게 하는 죽음의 냄새가 되고, 구원을 얻는 사람들에게는 생명에 이르게 하는 생명의 향기가 됩니다. 이런 일을 누가 감당할 수 있겠습니까? 우리는, 저 많은 사람들처럼 하나님의 말씀을 팔아서 먹고 살아가는 장사꾼이 아닙니다. 우리는, 하나님께서 보내신 일꾼답게, 진실한 마음으로 일하는 사람들입니다. 우리는 하나님이 보시는 앞에서, 그리스도 안에서 말하는 것입니다(고린도후서 2:14-17).

바울은 드로아에서 복음을 전하면서도 마음은 고린도에 가 있었다. 신생교회의 위기가 그 교회를 무너뜨리지 않을까 염려가 되었기 때문이다. 그는 불안한 마음을 품고 마케도니아로 선교의 현장을 옮겼다. 좀 더 가까운 곳에서 소식을 듣고 싶었기 때문일 것이다. 시간이 얼마나 경과했는지는 알 수 없지만 불안해하던 바울의 어조가 급격히 바뀐다.

"그러나 그리스도의 개선 행렬에 언제나 우리를 참가시키시고, 그리스도를 아는 지식의 향기를 어디에서나 우리를 통하여 풍기게 하시는 하나님께 감사를 드립니다"(고린도후서 2:14).

바울은 왜 여기서 굳이 '개선 행렬'이라는 수상쩍은 단어를 사용하는 것일까? 개선 행진은 로마의 군사주의와 깊이 연루된 것이다. 로마는 이역에서 벌어진 전투에서 대승을 거두거나, 5천 명 이상의 적을 죽이거나, 새로운 땅을 정복해 황제에게 귀속시킨 장군에게 개선 행진을 허락했다. 그는 호위대의 경호를 받으며 금빛 마차를 타고 로마의 주도로를 행진했다. 그의 부대가 획득한 전리품과 포로들이 행렬을 뒤따랐다. 사제들은 행렬을 뒤따르며 향을 피워 신들의 가호를 빌었다. 개선 행진은 원형경기장인 키르쿠스 막시무스(Circus Maximus, '큰 원'을 뜻함)까지 이어졌다. 그곳에서 포로들은 잔인하게 죽임을 당하기도 했다. 이처럼 로마의 개선행렬에는 피의 냄새가 난다. 억눌린 울음소리가 섞여 있다. 사제들이 피우는 향기는 잔인한 폭력을 숨기는 역겨운 냄새였다.

그런데 어쩌자고 바울은 이런 용어를 가져다 쓰는 것일까? 예수님께서 로마 제국이 지배하던 세상에서 하나님의 나라를 선포했던 것처럼, 바울은 로마의 개선 행렬과 철저히 대비되는 다른 개선 행렬을 드러내려는 것이다. 그리스도로부터 시작된 그 개선 행렬은 비폭력적일 뿐만 아니라, 생명을 풍성하게 하고, 낯설었던 사람들을 벗이 되게 하는 행렬 말이다. 바울은 의도적으로 이 말을 택하여 로마 체제의 비인간성과 폭력성을 드러내는 동시에 자기를 희생함으로 다른 이를 복되게 하는 십자가의 길을 제안한다.

십자가는 멸망당하는 이들에게는 죽음의 냄새stench이다. 그러나 구원을 얻는 이들에게는 생명의 향기aroma이다. 바울은 성도의 삶을 한 마디로 요약한다.

"우리는… 하나님께 바치는 그리스도의 향기입니다"(고린도후서 2:15).

오늘 우리는 어떤 향기를 풍기며 살고 있는지 돌아볼 일이다. 수십 년을 교회에 다녔는데도 우리에게서 그리스도의 향기가 나지 않는다면 우리는 길을 잘못 든 사람이라 말할 수밖에 없다.

사랑의
레가토

하나님. 그물에 걸리지 않는 바람처럼 자유롭게 살고 싶습니다. 그러나 불안과 두려움이 늘 우리 옷자락을 붙잡고 놓아주질 않습니다. 사도는 '이 시대의 풍조를 본받지 말라'고 말하지만. 우리는 의지와 무관하게 세상에 길들여진 채 살아갑니다. 욕망이 이끄는 대로 나부끼다보니 우리 삶은 그리스도의 향기가 아닌 악취를 풍길 때가 많습니다. 이 부끄러운 악순환에서 벗어나 그리스도의 개선 행렬에 동참하고 싶습니다. 주님의 맑은 영을 우리 속에 채워주십시오. 아멘.

호감을 사는 사람들

모든 사람에게 두려운 마음이 생겼다. 사도들을 통하여 놀라운 일과 표징이 많이 일어났던 것이다. 믿는 사람은 모두 함께 지내며, 모든 것을 공동으로 소유하였다. 그들은 재산과 소유물을 팔아서, 모든 사람에게 필요한 대로 나누어주었다. 그리고 날마다 한 마음으로 성전에 열심히 모이고, 집집이 돌아가면서 빵을 떼며, 순전한 마음으로 기쁘게 음식을 먹고, 하나님을 찬양하였다. 그래서 그들은 모든 사람에게서 호감을 샀다. 주님께서는 구원 받는 사람을 날마다 더하여 주셨다(사도행전 2:43-47).

초대교회의 모습을 전하는 사도행전의 이야기는 언제 들어도 놀랍다. 성령 강림절 이후의 교회 공동체는 이 땅에 실현된 천국과 다를 바 없었다. 누가는 사도들을 통해 놀라운 일과 표징이 많이 일어났다고 전하지만, 사람들이 사도들의 가르침에 몰두하고, 서로 사귀는 일과 빵을 떼는 일과 기도

사랑의
레가토

에 힘쓰는 그 모습 자체가 기적이 아닐까? 저들의 삶은 사람들이 차이를 넘어 어떻게 일치를 이루며 살 수 있는지를 보여주는 놀라운 표징이다.

초대교회는 사랑, 일치, 거룩함이 온전히 드러나는 교회였다. 낯선 이들이 함께 지내고, 모든 것을 공동으로 소유했다는 것은 모두가 가족이 되었다는 말이다. 재산과 소유물을 팔아서 필요한 사람에게 나누어주었다는 것은 그들을 가르던 사회적 장벽이 무너졌다는 말이다. 우는 사람과 함께 울고, 기뻐하는 사람과 사심 없이 기뻐할 줄 아는 사람이 된다는 것, 참 놀라운 일이다.

오늘의 교회는 어떠한가? 많은 이들이 익명성 속에 머물려고 한다. 한편으로는 누군가와의 친밀한 교제를 소망하지만, 다른 한편으로는 다른 이들과 연루되는 번거로움을 귀찮아한다. 프라이버시를 침해받고 싶지 않기에 서로를 깊이 알려고 하지 않고 또 스스로를 알리려 하지 않는다. 자아의 한계를 벗어나 다른 이들과 소통하기보다는 적당한 거리를 유지하려 한다. 하지만 온전한 사귐을 소홀히 하는 순간, 우리는 삶의 가장 값진 은총을 잃어버릴 수 있다. 낯섦을 극복하기 위해서는 시간을 내서 형제자매들과 함께 생을 경축하는 잔치를 벌일 수 있어야 한다. 초대교회의 아름다움을 찬미하는 것만으로 삶이 달라지지 않는다.

그런 삶을 향해 발걸음을 옮겨야 한다. 한달음에 그 목표에 도달할 수는 없다 해도, 노둣돌 하나를 놓는 마음으로 한 걸음씩 앞으로 나가야 한다. 만나고, 이야기를 나누고, 함께 땀 흘리고, 함께 기도하고, 함께 싸우고, 함께 성찬을 나눌 때 우리는 비로소 하나님 나라가 우리 가운데 임하고 있음을 알게 될 것이다.

초대교회 교인들의 모습은 세상 사람들에게 강한 충격을 주었다. 독점과 지배와 풍요가 아니라 나눔과 섬김과 청빈함이 오히려 삶을 축제로 만든다는 사실을 입증했기 때문이다. 그런 삶의 결과는 무엇인가? 사도행전의 저자 누가는 그것을 간결하면서도 인상적으로 표현하고 있다.

"그래서 그들은 모든 사람에게서 호감을 샀다. 주님께서는 구원 받는 사람을 날마다 더하여 주셨다"(사도행전 2:47) 우리가 살아가는 모습이 우리 정체를 드러내는 징표이다.

사랑의
레가토

하나님, 그리스도인들을 바라보는 세상의 시선이 자못 따갑습니다. 경멸의 언사와 눈빛을 만날 때마다 속이 상합니다. 우리가 참으로 그리스도의 제자로 살았다면 이런 난감한 상황은 벌어지지 않았을 것입니다. 폐허를 딛고 일어서는 사람들처럼 우리에게도 다시 시작할 용기를 허락하여주십시오. 진실과 진정으로 사람들에게 다가서게 도와주시고, 이익이 아니라 의를 검질지게 추구함으로 세상의 복이 되게 해주십시오. 이 싸늘한세상에 봄소식처럼 다가가는 이들이 되게 해주십시오. 아멘.

울타리가 된 사람

박사들이 돌아간 뒤에, 주님의 천사가 꿈에 요셉에게 나타나서 말하였다. "헤롯이 아기를 찾아서 죽이려고 하니, 일어나서, 아기와 그 어머니를 데리고 이집트로 피신하여라. 그리고 내가 너에게 말해 줄 때까지 거기에 있어라." 요셉이 일어나서, 밤 사이에 아기와 그 어머니를 데리고 이집트로 피신하여, 헤롯이 죽을 때까지 거기에 있었다. 이것은 주님께서 예언자를 시켜서 말씀하신 바, "내가 이집트에서 내 아들을 불러냈다" 하신 말씀을 이루시려는 것이었다(마태복음 2:13-15).

요셉은 꿈에 나타난 주님의 천사의 지시에 따라 출산한지 며칠 되지 않은 마리아와 아기 예수를 데리고 먼 길을 떠난다. 생각해보면 기가 막힌 상황이다. 요한계시록은 해산의 진통과 괴로움으로 울고 있는 여인 앞에, 머리 일곱 개와 뿔 열 개가 달린 커다란 붉은 용 한 마리가 기다리고 있는 광경을 그림 언어로 보여준다(요한계시록 12:2-3). 여자가 아기를 낳기만 하면 삼키려고 노리고 있는 용은 신화 속의 동물이 아니다. 그것은 기존 질서를 뿌리로부터 뒤흔들어놓을 수 있는 존재를 없애려고 호시탐탐 노리는 인간의 음습한 욕망과 악의와 권력욕을 상징한다.

아기와 지친 산모 그리고 근심에 싸인 아버지, 이것은 로마의 통치를 받고 있던 나라들이 처한 현실인 동시에, 돈이 주인 노릇하는 세상에서 전전긍긍하고 있는 우리 현실에 대한 절묘한 은유가 아닐까? 로마가 지배하는 세상, 헤롯이 지배하는 세상, 힘이 공의를 억누르는 세상에서 여린 생명은 늘 위기에 처해 있다.

이런 상황에서 우리는 예수님의 아버지 요셉에 주목하지 않을 수 없다. 마리아에 비해 교회사에서 홀대받고 있지만 요셉은 매우 소중한 인물이다. 그는 마리아와 예수의 든든한 울타리이다. 자기를 내세우는 법이 없지만 언제나 하나님의 뜻을 겸허히 수용했다. 라르슈 공동체의 설립자인 장 바니에는 다친 새 한 마리를 손으로 감싸고 있는 그림을 매우 좋아한다며 이렇게 말했다.

"이 손의 주인공은 혹시 새가 떨어질까 봐 손을 많이 벌리지 못하고 있습니다. 또 혹시 새가 짓눌릴까 봐 꽉 쥐지도 못하고 있습니다. 이 손은 보금자리처럼 새를 지탱하고 붙잡아 주며, 따뜻하게 해 주고 안정감을 줍니다. 다친 새는 때가 되면 다시 기운을 차리고 날 수 있을 것입니다"(장 바니에, 『희망의 사람들 라르슈』, 59-60쪽).

바니에는 아버지란 이렇게 새를 감싸고 있는 손과 같다고 말한다. 연약한 자를 붙들어주지만, 소유하거나 강요하지는 않는 손, 참 아름답다. 요셉이 바로 이런 손과 같은 인물이 아닐까?

렘브란트는 〈이집트 피신〉을 주제로 한 그림을 여러 점 그렸다. 그 가운데서도 인상적인 것은 1627년에 그린 작은 작품이다. 짙은 어둠을 뚫고 성 가족이 애굽을 향해 가고 있다. 나귀를 끌며 앞장선 요셉의 옷은 남루하기 이를 데 없고 신발조차 신지 못했다. 너무 다급히 떠나온 때문일까? 아니면 신발을 신을 수 없을 정도로 가난했던 것일까? 그가 메고 있는 가방은 든 것이 별로 없는 듯 엄부렁하다. 요셉은 고개를 돌려 마리아와 아기를 살핀다. 나귀 등에 앉은 여인도 초라해 보인다. 마리아와 아기 예수를 감싸고 있는 천은 투박하다. 마리아는 불안한 기색을 보이고 있다. 먼 길을 걸어왔음을 보여주듯 나귀도 지친 듯 보인다.

렘브란트는 자기 시대의 부랑자들의 신산스런 모습을 염두에 두고 그런 그림을 그렸다고 한다. 그럼에도 불구하고 그림은 전체적으로 안정적인 느낌을 준다. 상황은 절박하지

사랑의
레가토

만, 그들 사이에 흐르고 있는 신뢰와 사랑이 느껴지기 때문일 것이다. 성 가족의 모습은 오늘 우리의 가정을 돌아보게 한다.

기도

하나님, 울타리가 허물어진 집에 사는 것처럼 삶이 스산할 때면 마음 따뜻한 사람들이 사무치게 그립습니다. 저마다 자기 상처를 보듬느라 타인의 상처에 눈길조차 주지 않는 세상이 참 무섭습니다. 그래도 세상에는 조용히 누군가의 울타리가 되어주는 이들이 있습니다. 무심한 듯 건네는 따뜻한 말 한 마디와 눈빛은 우리 속에 잠들어 있던 선의 씨앗을 깨우는 봄비와 같습니다. 그 사랑을 받았으니 이제 우리도 사랑의 전령이 되어 살게 해주십시오. 아멘.

앎과 모름 사이에서

아무도 자기를 속이지 말아야 합니다. 여러분 가운데서 누구든지 이 세상에서 지혜 있는 사람이라고 스스로 생각하거든, 정말로 지혜 있는 사람이 되기 위하여 어리석은 사람이 되어야 합니다. 이 세상의 지혜는 하나님이 보시기에 어리석은 것입니다. 성경에 기록하기를 "하나님께서는 지혜로운 자들을 자기 꾀에 빠지게 하신다" 하였습니다. 또 기록하기를 "주님께서 지혜로운 자들의 생각을 헛된 것으로 아신다" 하였습니다(고린도전서 3:18-20).

바울 사도는 모름지기 믿는 사람이라면 아무도 자기를 속이지 말아야 한다고 말한다. 스스로 지혜 있다고 생각하는 이들을 향해서 정말 지혜 있는 사람이 되기 위해서는 먼저 자신의 어리석음을 자각하는 사람이 되어야 한다고 경고하고 있다. 춘추전국시대의 현인 노자는 아는 것과 모르는 것의 차이를 이렇게 구별했다. "알면서 모르는 것이 최상이요 모르면서 안다 함이 병이다知不知上, 不知知病 지부지상 부지지병"(『도덕경』, 71장).

표현은 조금 어렵지만 뜻은 분명하다. 우리가 아는 것은 마치 거울을 통해 보듯이 어렴풋이 아는 것이지, 속속들이 확실하게 알 수는 없다는 것이다. 아내나 남편은 오랫동안 함께 살았기 때문에 서로 다 아는 것 같지만 실제로는 아는 게 별로 없다. 그렇지 않던가? 인간의 앎이라는 게 다 그렇다. 가까운 사람조차 알지 못하는데 우리가 하나님에 대해 다 안다고 말하는 것처럼 무모한 일이 또 있을까? 모르면서 안다 함이 병이라는 말은 바로 그런 뜻이다.

자기가 부족하다는 사실을 아는 사람은 겸손하게 배울 수 있다. 애플의 창업자인 스티브 잡스가 2005년에 스탠포드 대학의 졸업식 축사에서 졸업생들에게 한 말은 꽤 자주 인용된다. "Stay hungry, Stay foolish." 배고픔에 머물라, 어리석음에 머물라는 뜻이다. 부족한 줄 알아야 뭔가를 바꿔볼 생각을 한다. 바울 서신에서 '어리석다'라고 번역된 헬라어 형용사 모로스moros는 '부적절한 행동, 생각 혹은 말'을 수식할 때 사용하는 단어이다. 어리석은 사람이 되라는 말을 때와 장소를 가리지 못하고 제멋대로 처신하는 사람이 되라는 말로 오독하면 안 된다. 바울 사도는 이 단어를 '십자가'와 관련시킬 때 주로 사용했다.

"그리스도가 십자가에 달리셨다는 것은 유대 사람에게는 거리낌이고, 이방 사람에게는 어리석은 일입니다"(고린도전서 1:23).

"하나님의 어리석음이 사람의 지혜보다 더 지혜롭고, 하나님의 약함이 사람의 강함보다 더 강합니다"(고린도전서 1:25).

하나님의 어리석음이 곧 십자가이다. 그 어리석음이 우리를 구원한다. 십자가를 굳게 붙잡는 일은 세상적으로 보면 어리석기 이를 데 없다. 그러나 그것이 참된 삶의 길이다. 오늘 우리는 그 어리석음을 잃어버렸다. 지나치게 약다. 재는 게 많다. 그래서 무기력한 신자가 되고 말았다. '어리석다'는 뜻의 '모로스^{moros}'는 '정상이 아니다'는 뜻도 함축하고 있다. 이 말에서 유추해 본다면 우리는 지나치게 정상적이다. 이 세대를 본받는 일에 익숙하다. 그래서 경건의 모양은 있으나 경건의 능력은 없다. 사랑에 대해서 말은 하지만 사랑을 몸으로 실천하지는 않는다. 마땅히 가야 할 길은 알지만 모험보다는 안정을 택한다. 십자가의 어리석음을 꼭 붙들어야 한다.

사랑의
레가토

하나님, 빠르게 변화하는 세상에 적응하느라 우리는 늘 허덕입니다. 시간을 들이고 공을 들여 뭔가를 배우고 익히기보다는, 무한량으로 공급되는 정보의 바다에서 그저 허우적거리는 게 우리 일상이 되었습니다. '모름'을 인정하려 하지 않으니 참된 '배움'에 이르지 못합니다. 약삭빠른 사람이 아니라 우직한 사람이 되고 싶습니다. 유불리에 따라 처신을 바꾸는 사람이 아니라, 의와 평화를 위해 한 길 가는 사람이 되고 싶습니다. 그 길에서 벗어나지 않도록 우리를 붙들어 주십시오. 아멘.

희망의 뿌리

> 그때에 주님께서 나에게 말씀하셨다. "사람아, 예루살렘의 주민이 네 모든 친척, 네 혈육, 이스라엘 족속 전체를 두고 하는 말이 '그들은 주님에게서 멀리 떠나 있다. 이 땅은 이제 우리의 소유가 되었다' 한다. 그러므로 너는 그들에게 일러라. '나 주 하나님이 이렇게 말한다. 비록 내가 그들을 멀리 이방 사람들 가운데로 쫓아 버렸고, 여러 나라에 흩어 놓았어도, 그들이 가 있는 여러 나라에서 내가 잠시 그들의 성소가 되어 주겠다' 하여라"(에스겔 11:14-16).

에스겔은 그발 강가에 있던 자기 집에서 놀라운 비전을 본다. 그가 유다 장로들과 함께 앉아 있을 때 하나님의 영이 하늘과 땅 사이로 그를 들어 올려 예루살렘으로 데려갔다. 거기서 그는 성전에서 벌어지고 있는 온갖 역겨운 일들을 다 보았다. 제사장들은 하나님을 원망하면서 우상들을 섬기고 있었다. 지도자라는 사람들은 제 잇속 차리기에 급급했다. 하나님은 그들에게 죽음을 선고하신다. 그 참담한 광경을 보면서 망연하게 서 있던 에스겔은 더 놀라운 광경을 본다. 그룹들 사이에 좌정해 계시던 주님의 영광이 성전을 떠나 성읍 동쪽에 있는 산꼭대기에 머무르는 장면이었다(에스겔 10장). 하나님의 영광이 떠난 성전, 그것이 바로 예수님께서 말씀하신 '강도의 굴혈'이 아니겠는가.

에스겔의 이 대목을 읽을 때마다 소름이 오소소 돋는다. 지금 우리 형편은 어떤가 생각하지 않을 수 없기 때문이다. 이 땅에 주님의 이름으로 모이는 교회는 많지만 하나님의 영이 머물고 계신 교회는 많지 않은 것 같다. 하나님과 함께 아파하고 그분의 손과 발이 되려는 교회가 참 교회이다. 희망의 빛을 찾기 어렵다. 하지만 희망은 언제나 하나님으로부터 비롯된다.

하나님은 이방 땅에 끌려가 죗값을 치르고 있는 백성을 보며 마음 아파하신다. 예루살렘에 남겨진 이들은 포로로 잡혀간 이들의 땅을 차지할 생각에 온통 부풀어 있었지만 하나님은 잡혀간 이들 때문에 마음이 아프셨다. 그래서 말씀하신다.

"비록 내가 그들을 멀리 이방 사람들 가운데로 쫓아버렸고, 여러 나라에 흩어 놓았어도, 그들이 가 있는 여러 나라에서 내가 잠시 그들의 성소가 되어 주겠다"(에스겔 11:16).

성전에서 멀리 떨어진 백성들을 찾아가 스스로 성소가 되어 주시는 하나님! 하나님은 때가 되면 여러 나라에 흩어져 있는 백성들을 모아 이스라엘 땅으로 인도하시겠다고 말씀하신다. 그리고 그들 속에 일치된 마음과 새로운 영을 넣어주시어 기쁜 마음으로 주님의 법도와 율례를 따라 살게 할 것이라 약속하셨다(에스겔 36:26-27).

이 약속은 위태롭기만 한 그들의 삶을 지탱해주는 반석이었다. 종말론적인 희망이 삶에 유입될 때 잿빛 현실은 완전히 다른 빛깔로 바뀌지 않던가. 캄캄한 밤과 같은 세월을 지난다 해도, 주님의 동행하심을 믿는다면 우리는 두려움 없이 어둠을 헤쳐 나갈 수 있다. 길 없는 곳에 길을 내며 걷는 것이 믿음의 행보이다. 희망은 하나님께로부터 온다. 우리는 그 희망을 살아내면 된다.

사랑의
레가토

기도

하나님, 광야에 세워진 회막은 소박했지만 아름다웠습니다. 하나님이 임재하시는 장소였기 때문입니다. 예루살렘에 세워졌던 성전은 애초에는 아름다웠으나 결국은 더러워지고 말았습니다. 권력과 탐욕이 영광의 빛을 가렸기 때문입니다. 하나님의 영광이 떠난 성전은 더 이상 성전이 아닙니다. 오늘 더럽혀진 이 땅의 교회들을 회복시켜 주십시오. 주님의 마음을 품게 하시고, 주님의 손과 발이 되어 세상을 변화시키게 해주십시오. 이제 다시 시작할 용기와 희망을 허락하여 주십시오. 아멘.

공동체를
세우는 사람들

모세가 이스라엘 자손에게 말하였다. "주님께서 유다 지파 사람, 훌의 손자이며 우리의 아들인 브살렐을 지명하여 부르셔서, 그에게 하나님의 영을 가득하게 하시고, 지혜와 총명과 지식과 온갖 기술을 갖추게 하셨습니다. 그래서 그는 여러 가지를 생각해 내어, 그 생각해 낸 것을 금과 은과 놋으로 만들고, 온갖 기술을 발휘하여, 보석을 깎아 물리는 일과, 나무를 조각하는 일을 하게 하셨습니다. 또한 주님께서는 그와 단 지파 사람 아히사막의 아들 오홀리압에게는 남을 가르치는 능력도 주셨습니다. 주님께서는 그들에게 기술을 넘치도록 주시어, 온갖 조각하는 일과 도안하는 일을 할 수 있게 하시고, 청색 실과 자주색 실과 홍색 실과 가는 모시 실로 수를 놓아 짜는 일과 같은 모든 일을 할 수 있게 하시고, 여러 가지를 고안하게 하셨습니다. 그러므로 브살렐과 오홀리압과 기술 있는 모든 사람, 곧 주님께서 지혜와 총명을 주셔서 성소의 제사에 필요한 모든 것을 만

사랑의
레가토

출애굽 공동체를 하나의 공동체로 엮어내는데 가장 중요한 역할을 한 것은 성막 세우기였다. 그것이 그들이 출애굽 이후에 한 가장 창조적인 일이었기 때문이다. 성막을 짓는 데 있어서 아주 중요한 역할을 했던 사람은 브살렐과 오홀리압이다. 그들은 솜씨 좋은 장인匠人들이었다. 성경은 그들의 그 숙련된 솜씨가 하나님이 주신 은사라고 말한다. 하나님은 브살렐을 지명하여 부르신 후 "그에게 하나님의 영을 가득하게 하시고, 지혜와 총명과 지식과 온갖 기술을 갖추게 하셨다"(출애굽기 35:31). 그는 아이디어가 넘치는 사람이었을 뿐만 아니라, 머릿속 생각을 작품으로 만드는 일에도 천부적인 재능을 보였다. 오홀리압에게도 동일한 은사를 주셨는데, 특히 그에게는 '남을 가르치는 능력도 주셨다.' 그는 재능 있는 사람들을 선발하여 성막과 기물을 만드는 데 필요한 기술을 전수해주는 역할을 맡았다.

출애굽기는 여러 차례 그들의 재능이 하나님에게서 비롯된다고 강조한다. 이런 생각은 그리스인들의 생각과는 좀 차이가 있다. 그리스 사상을 이해하기 위해 아주 중요한 단어 가운데 하나가 아레테arete인데, 이 단어는 주로 인간의 탁월함을 가리키는 데 사용하는 말이다. 아레테는 삶의 모든 분야에서 적용됩니다. 건강의 아레테, 아름다움의 아레테, 운동 능력의 아레테, 기술의 아레테를 성취하는 것이 그리스인들의 이상이었다. 기술 혹은 예술을 뜻하는 테크네 techne라는 단어도 중요한 데, 이 단어는 신의 활동에 대비되는 인간의 활동을 뜻하는 말이다. 테크네를 가진 사람은 인간적 자부심을 가져도 괜찮았다.

그런데 히브리인들은 아레테 혹은 테크네가 인간의 탁월함에 기인한 것이 아니라 하나님의 선물이라고 가르친다. 이 두 입장은 어떤 차이가 있는 것일까? 그것이 인간 자신에게서 유래한 탁월함이라면 그렇지 못한 이들보다 우월감을 가져도 좋을 것이다. 하지만 그것이 하나님에게서 온 것이라면 하나님의 뜻에 맞게 사용해야 한다.

바울 사도도 성령께서 주시는 은사의 다양성을 설명하면서, 하나님께서 각자에게 은사를 주신 까닭은 공동체를 세우는 일에 쓰라는 것이라고 말했다(고린도전서 12:7). 그는 은사를 자랑하는 성도들에게 "아무도 자기의 유익을 추구하지 말고, 남의 유익을 추구하십시오"(고린도전서 10:24)라고 단호하게 요구했다.

요즘 들어 많은 사람들이 재능 기부에 동참하고 있다. 자기에게 주어진 재능을 다른 이들의 유익을 위해 활용하려는 이들이 늘고 있다는 사실이 참 고무적이다. 신앙인들도 아름다운 세상을 만들기 위해 각자의 재능을 활용해야 한다. 직장일과는 별개로 돈으로 환산되지 않는 일을 기쁨으로 감당하려는 이들이 늘어날 때 세상은 살만한 곳으로 변할 것이다.

기도

하나님, 세상은 우리가 어떤 사람인가에 주목하기보다는 우리가 가지고 있는 능력에 따라 우리의 가치를 매깁니다. 무능한 사람 취급받지 않으려고 우리는 스스로를 착취하는 일을 서슴지 않습니다. 삶의 여백은 사라지고 남은 것은 피로감뿐입니다. 하나님께서 선물로 주신 모든 재능을 사적 이익을 확보하는 데 사용하기보다는 아름다운 세상을 만드는 일에 활용할 기회와 용기를 허락하여 주십시오. 아멘.

평화 나누기

아무에게도 악을 악으로 갚지 말고, 모든 사람이 선하다고 생각하는 일을 하려고 애쓰십시오. 여러분 쪽에서 할 수 있는 대로 모든 사람과 더불어 화평하게 지내십시오. 사랑하는 여러분, 여러분은 스스로 원수를 갚지 말고, 그 일은 하나님의 진노하심에 맡기십시오. 성경에도 기록하기를 "'원수 갚는 것은 내가 할 일이니, 내가 갚겠다'고 주님께서 말씀하신다" 하였습니다. "네 원수가 주리거든 먹을 것을 주고, 그가 목말라 하거든 마실 것을 주어라. 그렇게 하는 것은, 네가 그의 머리 위에다가 숯불을 쌓는 셈이 될 것이다" 하였습니다. 악에게 지지 말고, 선으로 악을 이기십시오(로마서 12:17-21).

바울 사도는 성도들이 꼭 붙들어야 할 삶의 지침을 간결하게 요약한다. "악에게 지지 말고, 선으로 악을 이기십시오"(로마서 12:21). 어떻게 해야 할까? 먼저 해야 할 일은 기도이다. 기도 가운데 마음으로 용납하기 어려운 이를 데려오라. 마음에도 없는 소리를 하나님께 드리라는 말이 아니다. 솔직하게 마음의 생각을 아뢰라. 왜 그를 용납하기 어려운지를 말이다. 하나님 앞에 그 문제를 내려놓는 순간 치유가 시작된다. 그리고 중요한 것은 그 다음이다. 하나님의 말씀에 오래도록 귀를 기울이여야 한다. 말씀에 귀를 기울인 사람들은 자기 속에 어떤 힘이 유입됨을 느낄 것이다.

또한 선으로 악을 이기기 위해서는 우리에게 괴로움을 주었던 이가 어려움에 처했을 때 도와야 한다. 출애굽기를 읽다보면 율법의 가르침이 매우 현실적이라는 사실에 놀라곤 한다. 율법은 원수의 소나 나귀가 길을 잃고 헤매는 것을 보거든, 반드시 그것을 임자에게 돌려주어야 한다고 규정하고 있다.

"너희가 너희를 미워하는 사람의 나귀가 짐에 눌려서 쓰러진 것을 보거든, 그것을 그대로 내버려 두지 말고, 반드시 임자가 나귀를 일으켜 세우는 것을 도와주어야 한다"(출애굽기 23:4-5).

삶의 곤경이 오히려 원수와 우리 사이를 이어주는 가교 역할을 한다. 어려움을 함께 풀어가는 과정을 통해 사람들은 서로를 더 깊이 이해하게 되고, 그들도 자신과 똑같은 성정을 지닌 사람임을 알게 된다. 교회는 평화를 배우고 익히는 학교가 되어야 한다. 망가진 세상을 고치는 일을 하지 않는다면 교회는 평화의 표징이 될 수 없다. 박노해 시인은 〈평화 나누기〉라는 시에서 평화를 추구하는 이들의 과제를 이렇게 밝힌다.

"일상에서 작은 폭력을 거부하며 사는 것/세상과 타인을 비판하듯 내 안을 잘 들여다보는 것 /현실에 발을 굳게 딛고 마음의 평화를 키우는 것//경쟁하지 말고 각자 다른 역할이 있음을 인정하는 것/일을 더 잘 하는 것만이 아니라 더 좋은 사람이 되는 것/좀 더 친절하고 더 잘 나누며 예의를 지키는 것// 전쟁의 세상에 살지만 전쟁이 내 안에 살지 않는 것/총과 폭탄 앞에서도 온유한 미소를 잃지 않는 것/폭력 앞에 비폭력으로, 그러나 끝까지 저항하는 것/전쟁을 반대하는 전쟁을 하는 것이 아니라/따뜻이 평화의 씨앗을 눈물로 심어 가는 것"

남과 북, 노동자와 사용자, 여당과 야당, 부자와 가난한 사람, 젊은 세대와 기성세대 간의 갈등이 날로 깊어가고 있다. 평화에 대해 말하는 것 자체가 낯선 시대이다. 하지만 평화의 꿈을 포기할 수는 없다. 믿는 이들은 이 폭력이 난무하는 세상 한복판에서 사랑에 근거한 삶이 가능함을 실증하는 이들이 되어야 한다.

사랑의
레가토

하나님. 거친 세상에 지친 히브리의 시인은 "그의 말은 기름보다 더 매끄러우나, 사실은 뽑아 든 비수로구나"(시편 55:21) 하고 탄식했습니다. 그의 마음이 실감이 되는 나날입니다. 한 번 두 번 상처를 입는 일이 반복되면서 우리 마음은 갑각류처럼 굳게 닫혔습니다. 자신을 지키기 위해서라고는 하지만 그 결과는 쓸쓸함입니다. 주님. 선으로 악을 이길 힘을 주십시오. 어떠한 경우에도 평화를 포기하지 않는 굳건한 믿음을 우리 속에 심어 주십시오. 아멘.

캄캄한 밤과 같은 세월을 지난다 해도, 주님의 동행하심을 믿는다면 우리는 두려움 없이 어둠을 헤쳐 나갈 수 있다. 길 없는 곳에 길을 내며 걷는 것이 믿음의 행보이다. 희망은 하나님께로부터 온다. 우리는 그 희망을 살아내면 된다.

Monday ～～～～

Tuesday ～～～～

Wednesday ～～～～

사랑의
레가토

Thursday ～～～～～

Friday ～～～～～

Saturday ～～～～～

Sunday ～～～～～

예언자로 산다는 것

주님, 주님께서 나를 속이셨으므로, 내가 주님께 속았습니다. 주님께서는 나보다 더 강하셔서 나를 이기셨으므로, 내가 조롱거리가 되니, 사람들이 날마다 나를 조롱합니다. 내가 입을 열어 말을 할 때마다 '폭력'을 고발하고 '파멸'을 외치니, 주님의 말씀 때문에, 나는 날마다 치욕과 모욕거리가 됩니다. '이제는 주님을 말하지 않겠다. 다시는 주님의 이름으로 외치지 않겠다'하고 결심하여 보지만, 그 때마다, 주님의 말씀이 나의 심장 속에서 불처럼 타올라 뼛속에까지 타들어 가니, 나는 견디다 못해 그만 항복하고 맙니다. 수많은 사람이 수군거리는 소리를 나는 들었습니다. '예레미야가 겁에 질려 있다. 너희는 그를 고발하여라. 우리도 그를 고발하겠다' 합니다. 나와 친하던 사람들도 모두 내가 넘어지기만을 기다립니다. '혹시 그가 실수를 하기라도 하면, 우리가 그를 덮치고 그에게 보복을 하자' 합니다. 그러나 주님, 주님은 내 옆에 계시는 힘센 용사이십니다. 그러므로 나를 박해하는 사람들이, 힘도 쓰지 못하고 쓰러질 것입니다. 이처럼 그들이 실패해서, 그들은 영원히 잊지 못할 큰 수치를 당할 것입니다(예레미야 20:7-11).

말씀을 선포하는 자들에게 돌아가는 것은 영광과 찬탄이 아니다. 그들은 일상적 삶의 자리에서 멀어질 수밖에 없다. 예레미야는 하나님의 말씀 때문에 자신이 조롱거리가 되었다고 말한다. 입을 열어 말할 때마다 '폭력'과 '파멸'을 외치자, 날마다 치욕과 모욕거리가 되고 말았다는 것이다. 예레미야의 말은 아주 격하다.

"주님, 주님께서 나를 속이셨으므로, 내가 주님께 속았습니다. 주님께서는 나보다 더 강하셔서 나를 이기셨으므로, 내가 조롱거리가 되니…"(예레미야 20:7).

번역이 너무 점잖게 되어 있다. '나를 속이셨다'는 말은 원래 달콤한 말로 자기를 '꾀었다'는 말이고, '나를 이기셨다'는 말은 마치 강간을 하듯 힘으로 자기 의지를 관철시켰다는 뜻이다. 불경스러운 말이 아닐 수 없다. 그만큼 예레미야는 절박하다. 가깝던 사람들이 하나둘 떨어져 나가고, 그가 넘어지기를 기다리는 사람들이 오히려 늘어나는 상황을 누가 흔쾌히 받아들일 수 있겠는가. 그래서 예레미야는 이렇게 다짐한다. "이제는 주님을 말하지 않겠다. 다시는 주님의 이름으로 외치지 않겠다"(예레미야 20:9).

하지만 그런 다짐도 부질없다. 내면에서 솟구치는 어떤 뜨거움 때문에 그는 말을 멈출 수가 없었다. 이미 그는 하나님의 심정에 깊이 공감하는 사람이었던 것이다. 타락한 백성들을 긍휼히 여기시며 새로운 길로 이끄시려는 하나님의 마음을 알기에 그는 차마 입을 다물 수가 없었다. 힘들어서 포기하고 싶지만 차마 포기할 수 없는 길, 그것이 부름 받은 이들의 길이다.

"비겁은 안전한지를 묻는다. 편의주의는 정치적인가를 묻는다. 허영은 인기 있는가를 묻는다. 그러나 양심은 옳은가를 묻는다. 안전하기 때문이 아니라, 정치적이기 때문이 아니라, 인기가 있기 때문이 아니라, 양심이 옳다고 말하기 때문에 일을 해야 할 때가 있다."

마하트마 간디의 이 말은 진리라는 중심을 향해 순례 중인 사람들이 언제든 명심해야 할 말이다. 안전과 편의주의, 허영심이 아니라 양심이 옳다고 말하기 때문에 일을 해야 하는 때, 그때는 분명 실존적인 위기의 순간이다. 하지만 우리 영혼이 고양되는 순간이기도 하다.

마틴 루터는 보름스 제국 의회 앞에 소환되어 그동안 써왔던 모든 주장들을 철회하고 책을 불사르라는 신성로마제국 카를 황제의 명령을 들었을 때 며칠간 생각할 시간을 달

사랑의
레가토

라고 했다. 번민의 시간을 보낸 후 그는 황제의 요구를 거부하며 이렇게 말했다.

"내 양심은 하나님의 말씀에 사로잡혀 있습니다. 나는 아무 것도 철회할 수 없고 또 그럴 생각도 없습니다. 왜냐하면 양심에 반해서 행하는 것은 위험하며, 불가능하기 때문입니다. 하나님이여, 저를 도우소서."

그는 자기 확신과 신념을 위해 죽기로 작정했던 것이다. 백척간두진일보百尺竿頭進一步, 아스라한 장대 끝에서 허공을 향해 몸을 던졌을 때 그는 비로소 하나님의 품에 오롯이 안겼다. 우리는 그 길로 초대를 받은 이들이다.

하나님. 예레미야의 탄식을 들을 때마다 그의 말이 거칠다는 생각이 들면서도 왠지 마음이 시원해지곤 합니다. 적당히 세상과 타협할 생각 없이 하나님의 뜻을 따라 사는 이들은 다 예레미야와 같은 경험을 합니다. 가까운 이들에게조차 등 돌림을 당하기도 하고, 모욕과 상처는 일상이 됩니다. 비록 그런 일을 겪는다 해도 하나님의 말씀을 등지지 않도록 우리를 지켜주십시오. 잠시 동안의 평안을 위해 양심을 저버리는 일이 없도록 우리를 꼭 붙들어 주십시오. 아멘.

당신을
알고 싶습니다

바울이 아레오바고 법정 가운데 서서, 이렇게 말하였다. "아테네 시민 여러분, 내가 보기에, 여러분은 모든 면에서 종교심이 많습니다. 내가 다니면서, 여러분이 예배하는 대상들을 살펴보는 가운데, '알지 못하는 신에게'라고 새긴 제단도 보았습니다. 그러므로 나는 여러분이 알지 못하고 예배하는 그 대상을 여러분에게 알려 드리겠습니다. 우주와 그 안에 있는 모든 것을 창조하신 하나님께서는 하늘과 땅의 주님이시므로, 사람의 손으로 지은 신전에 거하지 않으십니다. 또 하나님께서는, 무슨 부족한 것이라도 있어서 사람의 손으로 섬김을 받으시는 것이 아닙니다. 그분은 모든 사람에게 생명과 호흡과 모든 것을 주시는 분이십니다. 그분은 인류의 모든 족속을 한 혈통으로 만드셔서, 온 땅 위에 살게 하셨으며, 그들이 살 시기와 거주할 지역의 경계를 정해 놓으셨습니다. 이렇게 하신 것은, 사람으로 하여금 하나님을 찾게 하시려는 것입니다. 사람이 하나님을 더듬어 찾

사랑의
레가토

아레오바고에 선 바울은 아테네 사람들에게 복음을 전했다. 그는 아테네 사람들이 매우 종교적이라면서 '알지 못하는 신에게'라고 새긴 제단도 보았다고 말한다. 인간에게 익히 알려지지 않은 신들의 노여움을 살까 무서워 사람들은 미지의 신들의 제단까지 만들어 놓았던 것이다. 사람들은 우리가 보고 경험하는 표면적 질서 너머에 다른 질서가 있다는 사실을 어렴풋이나마 느낀다. 무신론자를 자처했던 프리드리히 니체는 신은 '나를 어쩔 수 없이 끌어당기는 덫'이라고 말했다. 신으로부터 벗어나기가 어렵다는 사실을 그는 그렇게 표현했을 것이다. 그는 〈미지의 신에게〉라는 시에서 이렇게 노래한다.

"당신을 알고 싶습니다, 未知의 당신,/내 心靈 속 깊숙이 파고 든 당신을./내 목숨을 폭풍처럼 정처 없이 떠돌게 하는 당신./알 수 없는 당신, 그러면서 가까운 나의 血緣!/당신을 알고 싶습니다, 몸소 당신을 섬기고 싶습니다."

신에 대해 알고 싶지만, 인식의 벽 앞에서 사람들은 절망한다. 알 수 없다는 사실 때문에 두려움은 더욱 커진다. 그런데 바울 사도는 "나는 여러분이 알지 못하고 예배하는 그

대상을 여러분에게 알려 드리겠습니다"(사도행전 17:23b)라고 말한다. 그는 먼저 하나님을 우주와 그 안에 있는 모든 것을 창조하신 분이라고 말한다. 우리에게는 당연하게 들리지만 아테네인들에게는 그렇지 않았을 것이다. 우리는 만물의 근원arche을 자연 속에서 찾았던 그리스의 자연철학자들을 알고 있다. 탈레스는 '물'이, 데모크리토스는 '원자'가, 피타고라스는 '수'가 만물의 근원이라고 말했다. 이런 논의에 익숙했던 사람들에게 바울은 하나님께서 세상을 창조하셨다고 말한다.

또 바울은 하나님께서는 사람이 손으로 지은 신전에 거하지 않으신다고 말한다. 신전은 신을 만나기 위해 인간이 만들어놓은 상징적인 장소에 지나지 않는다. 또 하나님은 무슨 부족한 것이라도 있어서 사람의 손으로 섬김을 받으시는 분이 아니라고 말한다. 하나님은 사람들이 제물을 바쳐야 노여움을 푸시는 분이 아니라는 말이다. 하나님은 오히려 모든 사람에게 생명과 호흡과 모든 것을 주시는 분이다.

여기서 '받음'과 '줌'이 충격적으로 대비되고 있다. 하나님은 '받으시는 분'이기 이전에 '주시는 분'이시다. 오늘 우리가 누리고 살고 있는 모든 것이 다 하나님께로부터 온 것이다. 이 사실을 자각하지 못하기에 낭비와 파괴가 일어난다. 우리가 살고 있는 이 땅은 하나님이 거주하시는 곳이다.

사랑의
레가토

"사람이 하나님을 더듬어 찾기만 하면, 만날 수 있을 것입니다. 사실, 하나님은 우리 각 사람에게서 멀리 떨어져 계시지 않습니다"(사도행전 17:27).

경외하는 마음을 회복해야 사람다운 삶이 가능하다.

하나님. 바다에 사는 물고기가 바다의 존재를 의식하지 않듯이 우리는 하나님의 세계에 살면서도 하나님을 잊고 살 때가 많습니다. 더듬어 찾기만 하면 만날 수 있음에도 불구하고, 우리는 하나님을 먼 데 계신 분으로 인식할 때가 많습니다. 우리 눈을 열어주십시오. 세상 만물 속에 이미 와 계신 주님을 보게 해주시고, 세상에 있는 모든 것들이 기적임을 알아차리게 해주십시오. 그런 눈이 열릴 때 우리는 영적 빈곤에서 벗어나게 될 것입니다. 지금 우리가 머물고 있는 땅이 주님이 머무시는 곳임을 잊지 않게 해주십시오. 아멘.

매서운 추위를
견딘 후에

형제자매 여러분, 우리는 여러분을 두고 언제나 하나님께 감사를 드릴 수밖에 없습니다. 그렇게 하는 것이 당연한 일이니, 그것은, 여러분의 믿음이 크게 자라고, 여러분 모두가 각자 서로에게 베푸는 사랑이 더욱 풍성해 가고 있기 때문입니다. 그러므로 우리는 온갖 박해와 환난 가운데서도 여러분이 간직한 그 인내와 믿음을 두고서 하나님의 여러 교회에서 여러분을 자랑하고 있습니다. 이 일은 하나님의 공의로운 심판의 표이니, 하나님께서 여러분을 하나님 나라에 합당한 사람이 되게 하시려고 주신 것입니다. 여러분은 참으로 그 나라를 위하여 고난을 당하고 있습니다(데살로니가후서 1:3-5).

바울 사도는 데살로니가 교인들의 믿음이 성장하고 있다는 사실을 상기하며 하나님께 깊은 감사를 드리고 있다. 믿음이 성장하고 있다는 것을 어떻게 알 수 있을까? 하나님의 마음에 깊이 공감하는가를 보면 된다. 하나님은 당신을 잘 믿는 사람도 사랑하시지만 당신의 마음을 알아드리는 이들을 귀히 여기신다. 신앙인의 책무는 일단 하나님이 주신 생명을 아름답게 살아내는 것이다. 그리고 하나님의 마음을 늘 헤아리는 동시에 하나님의 마음이 머물고 있는 자리에 가야 한다.

박종철 고문치사 사건을 다룬 영화 〈남영동 1985〉를 만든 정지영 감독은 벌써 삼십 년 가까이 된 이야기를 굳이 영화로 만드는 까닭이 뭐냐는 기자의 질문에 아주 간결하게 대답했다. "아파하라고." 세상에서 벌어지는 일을 보면서 아파하지 않는다는 것은 우리가 타락한 존재임을 입증한다.

믿음이 자라고 있음을 보여주는 또 다른 징표는 서로를 따뜻하게 대하면서 사랑의 수고를 아끼지 않는 것이다. 인색한 마음은 신앙 성장을 가로막는 걸림돌이다. 예수와의 깊은 일치를 경험할수록 품이 넓은 사람이 된다. 누군가를 배제하고 따돌리기보다는 상대의 연약함까지도 품어 안게 된다. 교황 요한 23세의 편지 가운데 나오는 한 대목이다.

"주님께서는 내 생애를 만족하게 이끌어주셨다. 그것은 내가 오래 전부터 다른 사람들의 결점을 요모조모 따지거나 과거를 들추어내지 않기로 습관을 들였기 때문이다. 나 또한 결점이 있다는 것을 생각하면서 침묵을 지키고 즉시 마음으로부터 우러나오는 용서를 베푼다. 누군가 나를 나쁘게 대하더라도 나는 선으로 대하였다"(피에르파올라 타칼리티 엮음, 『말씀이 나의 두 손에』, 92쪽).

데살로니가 교인들의 믿음은 평안함 속에서 형성된 것이 아니다. 그들은 온갖 박해와 환난을 감내해야 했다. 유대인들의 박해가 있었고, 자기들과 다른 방식으로 살아가는 이들에 대한 질시에서 비롯된 박해도 있었다. 모든 사람들이 형제자매의 우애를 나누는 세상의 꿈은 누릴 것을 다 누리며 살던 기득권자들에게는 대단한 위협이었다. 밑바닥 사람들이 짓눌리고 사는 것을 팔자려니 하고 받아들여야 지배자는 편하다. 그런데 그리스도인들은 그런 세상을 밑바닥부터 뒤흔들었던 것이다. 미움을 받는 것은 당연해 보인다.

하지만 하나님이 그들의 가슴에 심어주신 꿈은 박해와 환난의 광풍조차 끌 수 없었다. 그들은 인내와 믿음으로 그 어려움을 이겨냈다. 어쩌면 그런 박해와 환난이 있었기에 그들의 믿음이 더욱 순수해지고 깊어졌던 것인지도 모르겠다. 서리 내리기 전까지는 탱자에 향기가 깃들지 않는다 한다. 매서운 추위를 견뎌야 향기를 머금을 수 있는 법이다. 오늘 우리 믿음은 어떠한가?

하나님, 굳어진 우리 마음의 지각을 깨뜨려주십시오. 세상에 만연한 아픔을 보면서도 우리는 참 무덤덤하게 지냅니다. 그러는 동안 우리 마음은 묵정밭으로 변했고, 자비와 친절과 온유의 열매를 맺지 못하고 있습니다. 안일한 평안을 구하는 마음으로 인해 우리는 십자가로부터 점점 멀어지고 있습니다. 이제는 이웃의 아픔을 덜어주기 위해 애쓰는 사람이 되고 싶습니다. 주님이 앞서 걸어가신 그 길을 우리도 묵묵히 따르게 해주십시오. 아멘.

낙담의 마귀

내가 너에게 굳세고 용감하라고 명하지 않았느냐! 너는 두려워
하거나 낙담하지 말아라. 네가 어디로 가든지, 너의 주, 나 하나
님이 함께 있겠다(여호수아 1:9).

모세가 세상을 떠나면서 여호수아는 중대한 책무를 떠맡았
다. 요단강을 건너cross over 하나님이 주신 땅으로 백성들을
이끄는 것 말이다. 젊은 시절부터 모세를 모셔왔던 그이지
만, 자신에게 주어진 책임의 무게 때문에 두려웠을 것이다.
요단강은 옛 삶과 새 삶의 경계이다. 하나님은 두려워하는
여호수아를 격려하셨다.

"네가 사는 날 동안 아무도 너의 앞길을 가로막지 못할
것이다. 내가 모세와 함께 하였던 것과 같이 너와 함께 하
며, 너를 떠나지 아니하며, 버리지 아니하겠다"(여호수아 1:5).
  여호수아가 두려움을 이기기 위해 해야 할 일은 늘 율법

을 읽고 그 말씀을 성심껏 실천하는 것이었다.

하나님은 또한 "두려워하거나 낙담하지 말라"고 말씀하신다. 낙담의 사전적 정의는 "바라거나 계획했던 일이 뜻대로 되지 아니하여 실망하고 맥이 풀리는 것"이다. 지도자로서 여호수아가 직면해야 했던 문제가 많았을 것이다. 홀로 결단해야 하는 시간도 있었을 것이고, 사람들의 몰이해로 인해 상처를 받을 때도 있었을 것이다. 성숙하지 않은 대중은 비전보다는 이익에 따라 움직이는 경향이 강하다. 그걸 아시기에 하나님은 여호수아에게 낙담하지 말라고 하신 것이다.

주후 360년 경 로마의 스키타이Scythia에서 태어난 존 카시안John Cassian은 진리를 추구하는 이들은 탐식, 부정, 탐욕, 분, 낙심, 태만, 자만심, 교만이라는 악덕을 떨쳐버려야 한다고 가르친다. 그는 낙담에 맞서야 할 까닭을 이렇게 설명한다.

"낙담의 마귀는 영혼의 영적 관상 능력을 흐리게 하고, 선한 일을 하지 못하게 합니다. 이 마귀는 우리의 영혼을 사로잡아 완전히 어둡게 만들고, 기쁜 마음으로 기도하지 못하게 하고, 꾸준히 성경을 읽어 유익을 얻지 못하게 하고, 형제들을 온유하고 긍휼하게 대하지 못하게 합니다. 그는 온갖 종류의 일에 대한 미움, 심지어 수도 서원 자체에 대한 미움을 주입합니다. 그는 영혼의 유익한 결단을 손상시키고 인내와 끈기를 약하게 만들며, 영혼을 무감각하고 마비되게 하고, 낙심되는 생각들의 속박을 받게 만듭니다"(『필로칼리아 1』, 엄성옥 옮김, 112쪽).

낙담을 이겨내기 위해서 필요한 것은 기도, 하나님 안에 소망을 두기, 성경 묵상, 경건한 사람들과 함께 생활하기 등이다. 낙담의 마귀가 횡행할 때일수록 함께 기운을 북돋워 주는 이들이 필요하다. 주님은 우리에게 지치고 낙심한 이들 곁에 다가가라고 명하신다. 어디에 가든지 함께 있겠다 하신 주님의 손을 잡고 불화와 갈등의 세계를 건너 화해와 사랑의 세계로 나아가야 한다.

기도

하나님. 세상은 우리에게 끊임없이 공포심을 주입합니다. 치열한 경쟁사회에서 한눈을 파는 순간 패배자로 전락할 거라는 생각이 우리를 부자유하게 만듭니다. 경쟁에서 이길 때는 우쭐하지만 패했을 때는 주눅이 들고 맙니다. 패배의 기억은 가슴에 응어리를 만들고, 그 응어리는 돌덩이가 되어 우리를 짓누릅니다. 마땅히 해야 할 일을 하지 못하고, 꿈조차 잃고 맙니다. 우리를 불쌍히 여겨주십시오. 낙담을 떨쳐버리고 '내가 너와 함께 있겠다' 하신 주님의 손을 붙잡고 저 진리의 싸움터에서 용감하게 살게 해주십시오. 아멘.

사랑의
레가토

진짜 반지

열 제자가 이 말을 듣고, 그 두 형제에게 분개하였다. 예수께서는 그들을 곁에 불러 놓고 말씀하셨다. "너희가 아는 대로, 이방 민족들의 통치자들은 백성을 마구 내리누르고, 고관들은 백성에게 세도를 부린다. 그러나 너희끼리는 그렇게 해서는 안 된다. 너희 가운데서 위대하게 되고자 하는 사람은 누구든지 너희를 섬기는 사람이 되어야 하고, 너희 가운데서 으뜸이 되고자 하는 사람은 너희의 종이 되어야 한다. 인자는 섬김을 받으러 온 것이 아니라 섬기러 왔으며, 많은 사람을 위하여 자기 목숨을 몸값으로 치러 주려고 왔다"(마태복음 20:24-28).

예루살렘을 향해 올라가는 길에 야고보와 요한의 어머니가 주님께 나아와 "나의 이 두 아들을 선생님의 나라에서, 하나는 선생님의 오른쪽에, 하나는 선생님의 왼쪽에 앉게 해주십시오"(마태복음 20:21)라고 부탁하자, 다른 제자들은 분개했다. 노골적으로 드러내지는 않았지만 그들이라 하여 자리에 대한 욕심이 전혀 없었다고는 할 수 없을 것이다. 그런데 그런 욕망이 표출되는 것을 보자 그들은 화가 났다.

욕망과 결합하는 순간 신앙의 순수성은 사라진다. 그 욕망 가운데서 가장 위험한 것은 권력욕이 아닐까? 18세기 독일의 극작가이며 철학자였던 고트홀트 E. 레싱(1729-1781)의 작품 『현자 나탄』은 유대교, 기독교, 이슬람이 쟁패를 벌이던 십자군 시대의 예루살렘을 배경으로 한다. 그는 이 희곡을 통해 참 종교를 분별하는 법을 우리에게 일깨워준다.

옛날에 어느 왕에게 소유자로 하여금 신과 인간의 사랑을 받도록 신통력이 부여된 반지가 있었다. 그런데 흥미로운 것은 그 반지는 반지의 신통력에 대해 소유자가 확신할 때만 능력을 발휘한다는 사실이다. 왕에게는 세 아들이 있었는데 하나같이 다 훌륭했기 때문에 왕은 어느 아들에게 그 반지를 물려주어야 할지 고민하지 않을 수 없었다. 왕은 어느 날 세공사를 불러 진짜 반지와 똑같은 반지 두 개를 만들어오라고 부탁했다. 세공사는 정말 진짜와 가짜를 구분할 수 없을 정도로 똑같은 반지를 만들어왔다. 왕은 아들들을 따로 불러 반지를 넘겨주었다. 아버지가 세상을 떠난 후 아들들은 반지가 세 개라는 사실을 알게 되었다. 진위를 두고 다투던 그들은 판결을 내려달라며 재판관에게 나아갔다. 재판관도 고민이 되었다. 그러다가 좋은 생각이 떠올랐다. 재판관은 왕자들을 불러 일렀다.

"이 일은 있는 그대로 받아들이도록 해라. 너희가 각각 반지를 아버지한테서 받았다면, 자기 반지가 진짜라고 확실히 믿어라… 그리고 아버지의 공평하고 편견 없는 사랑을 본받도록 노력하라. 자기 반지에 박힌 보석의 신통력을 현현시키려고 경쟁하라. 온유함과 진정한 화목과 옳은 행동과 신에 대한 진정한 순종으로써 그 신통력을 돕도록 하라"(『현자 나탄』, 128쪽).

우리는 저마다 자기가 진짜 반지를 가졌다고 주장한다. 그것을 증명할 길은 그 반지의 능력을 드러내 보이는 길밖에 없다. 모든 살아있는 것들이 흥겹게 저마다의 생명을 누리는 세상, 모든 사람들이 평화를 누리는 세상을 만들기 위해 노력할 때 우리는 비로소 진짜 반지를 가졌다 할 수 있다.

"너희가 아는 대로, 이방 민족들의 통치자들은 백성을 마구 내리누르고, 고관들은 백성에게 세도를 부린다. 그러나 너희끼리는 그렇게 해서는 안 된다"(마태복음 20:25-26).

"너희끼리는 그렇게 해서는 안 된다." 이 말이 강력하다. 다른 이들을 억압하고 세도를 부리고 거들먹거리는 것은 하나님 나라와 무관하다. 하나님 나라는 지배의 포기, 섬김, 존중, 나눔 속에서 움터 나온다.

하나님, 인간의 뜻은 변화무쌍하기에 종잡을 수 없고, 하나님의 마음은 미묘하여 파악하기 어렵습니다. 중심을 잃지 않으려고 애써보지만, 우리는 조그마한 충격에도 휘뚝거리곤 합니다. 거짓이 참의 가면을 쓰고 나타나고. 어둠이 빛의 천사인양 우리를 속이려 합니다. 참됨은 오직 삶을 통해서만 입증된다는 사실을 잊지 않게 해주십시오. 우리가 믿고 고백하는 것을 삶으로 번역하며 살도록 우리를 이끌어 주십시오. 아멘.

길을 닦으며 기다리라

> 요한은 요단 강 주변 온 지역을 찾아가서, 죄사함을 받게 하는 회개의 세례를 선포하였다. 그것은 이사야의 예언서에 적혀 있는 대로였다. "광야에서 외치는 이의 소리가 있다. 너희는 주님의 길을 예비하고, 그 길을 곧게 하여라. 모든 골짜기는 메우고, 모든 산과 언덕은 평평하게 하고, 굽은 것은 곧게 하고, 험한 길은 평탄하게 해야 할 것이니, 모든 사람이 하나님의 구원을 보게 될 것이다"(누가복음 3:3-6).

세례자 요한은 이사야의 예언을 성취하는 것을 자신의 사명으로 삼았다. 그는 주님의 길을 예비하고 그의 길을 곧게 하라고 외치는 광야의 소리가 되기로 작정했다. 물론 이사야의 예언은 바벨론 포로 생활이 끝나갈 즈음을 시대 배경으로 삼고 있다. 그는 포로생활을 마치고 백성들이 귀환할 때 어려움이 없도록 길을 닦으라는 하늘의 소리를 들었다. 그의 소명은 사람과 사람 사이에 난 깊은 불신과 분열의 골짜기를 메워 화해와 상생의 삶을 가능케 하고, 스스로 큰 체하며 거들먹거리는 이들은 낮추어 겸손하게 만들고, 저마다 제 좋을 대로 살던 삶에서 벗어나 모두가 함께 지향해야 할 세계를 향해 돌아서도록 하고, 가난하고 천대받던 이들조차 존중 받는 평탄한 세상을 만들기 위해 노력하는 것이었다. 주님을 기다리는 이들은 맥을 놓고 기다릴 게 아니라 길을 닦으며 기다려야 한다.

마틴 루터 킹 주니어 목사가 버밍햄의 감옥에 갇혀 있으면서 동료 목사들에게 보낸 편지의 한 대목이 참 인상적이다. 그는 아침에 텍사스의 한 백인 형제로부터 편지 한 통을 받았다면서 그 내용을 소개한다. 그 백인 형제는 때가 되면 유색인종들 모두가 동일한 권리를 누릴 날이 올 텐데 마틴 루터 킹 주니어와 그 지지자들이 너무 서두르는 것 아니냐고 물었다. 그리스도의 가르침이 실현되기까지는 오랜 시간이 걸리는 법이라는 점잖은 충고도 곁들였다. 그런데 마틴 루터 킹은 세상의 모든 문제는 결국 시간이 해결해 줄 것이라고 믿는 것은 이상하고도 비합리적인 주장이라며 이렇게 말한다.

"시간 자체는 중립적인 것입니다. 시간은 파괴적으로 사용될 수 있고 생산적으로 사용될 수도 있습니다. 사악한 의도를 가진 사람들은 선량한 의도를 가진 사람들에 비해서 시간을 훨씬 효율적으로 사용하고 있습니다. 우리 세대는 사악한 사람들의 증오에 찬 언행뿐만 아니라, 선량한 사람들의 겁에 질린 침묵에 대해서도 회개해야 합니다. 인류의 진보는 필연의 수레바퀴가 굴러 가다보면 저절로 이루어지는 것이 아닙니다. 인류의 진보는 기꺼이 신의 협조자가 되고자 하는 사람들의 지칠 줄 모르는 노력을 통해서 이루어지는 것입니다. 이런 노력이 없다면 시간은 사회를 정체시키는 세력의 동맹자가 되고 맙니다. 우리는 옳은 일을 하는 데는 적절한 시기가 따로 없다는 확신을 가지고 시간을 창조적으로 사용해야 합니다. 지금이야말로 민주주의의 약속을 실현해야 할 때입니다. 지금이야말로 국가정책을 인종불평등의 모래밭에서 인간의 존엄성이라는 단단한 바위 위로 끌어 올려야 할 때입니다"(클레이본 카슨 엮음, 『마틴 루터 킹 자서전: 나에게는 꿈이 있습니다』, 251-252쪽).

선한 뜻을 가진 사람들은 이제 침묵을 깨뜨려야 한다. 우리가 살고 싶은 세상에 대해 말해야 한다. 거기에 도달하기 위해 해야 할 일이 무엇인지를 찾아야 한다. 그리고 역사를 새롭게 하시려는 하나님의 일에 동참해야 한다. 어쩌면 이것이 진정한 의미의 참회인지도 모르겠다.

하나님. 좋은 세상은 저절로 오는 것이 아니라 그 세상을 꿈꾸고, 그 세상을 이루기 위해 땀 흘리는 이들을 통해 오는 것임을 믿습니다. 주님 오실 길을 닦는 것을 자신의 사명으로 삼았던 세례자 요한처럼 우리도 새로운 세상의 밑돌을 놓는 사람들이 되게 해주십시오. 바로 지금 여기에 임하는 하나님 나라를 온 힘을 다해 맞아들이게 해주시고, 역사를 총괄갱신하려는 주님의 일에 기꺼이 헌신하게 해주십시오. 아멘.

우리는
그의 영광을 보았다

> 그 말씀은 육신이 되어 우리 가운데 사셨다. 우리는 그의 영광
> 을 보았다. 그것은 아버지께서 주신, 외아들의 영광이었다. 그
> 는 은혜와 진리가 충만하였다(요한복음 1:14).

바다 저 멀리 환하게 밝혀진 불빛이 어떤 그리움을 상기시
킬 때가 있다. 그러나 그 불빛이 실은 오징어잡이 배에 밝혀
진 집어등集魚燈임을 알면 생각이 달라진다. 집어등의 유혹을
이기지 못하는 오징어들의 운명은 죽음이다. 도시의 휘황
한 불빛은 우리가 누구인지를 잊게 만들곤 한다. 현대인들
은 '돈'과 '출세'라는 집어등 앞에 몰려들어 복닥인다. 돈이
면 뭐든 할 수 있을 것 같지만, 사실 돈이 주인 노릇하는 세
상은 위험한 세상이다. 돈을 매개로 하는 관계가 얼마나 허
약한지는 우리 모두 잘 알고 있다. 이해관계로 맺어진 관계
는 이해관계가 해소되는 순간 끝난다.

지금 우리에게 필요한 것은 참 빛이다. 요한은 예수님이 야말로 '참 빛'이라고 말한다. 그 빛은 세상에 와서 모든 사람을 밝게 비추고 또 포근하게 감쌌다. 하지만 어둠이 장악하고 있던 세상은 그를 맞아들이지 않았다. 휘황한 전깃불을 끄지 않으면 달빛과 별빛을 즐길 수 없는 것처럼, 거짓 빛에 사로잡힌 이들은 참 빛과 만나기 어렵다. 바울 사도는 그것을 세상의 신이 믿지 않는 자들의 마음을 어둡게 하여서, 그리스도의 빛을 보지 못하게 했다(고린도후서 4:4)는 말로 요약한다.

요한은 육신이 되어 우리 가운데 사신 분의 영광을 보았다고 말한다. 영광은 한 존재의 깊은 곳에서부터 솟아나오는 빛이다. 그것은 말로 설명하기 어렵다. 성경은 모세가 하나님을 만나고 내려왔을 때 그의 몸에서 광채가 났다고 말한다. 물고기 잡이 이적을 체험한 베드로가 주님 앞에 엎드려 "주님, 나에게서 떠나 주십시오. 나는 죄인입니다"(누가복음 5:8)라고 고백했던 것도 어떤 압도적인 기운 혹은 범접할 수 없는 빛을 보았기 때문일 것이다.

소란한 도시 한복판에서도 마치 숲속의 빈 터처럼 고요하여 주위 사람들조차 고요함으로 물들이는 사람이 있다. 그와 잠시만 함께 있어도 들끓어 오르던 욕정과 미움과 시새움의 파도가 잔잔해지는 사람, 자아를 온전히 여의고 자기를 전폭적으로 내주는 사람 말이다. 사람들은 그런 이를 통해 하나님을 본다. 요한은 바로 그런 경험을 '우리는 그의 영광을 보았다'는 말로 요약한 것이 아닐까? 요한은 예수님이 은혜와 진리가 충만하였다고 말한다. 충만함이란 넘침이다. 사람은 누구나 자기 속에 가득 찬 것을 밖으로 내놓게 마련이다. 불쑥 불쑥 화를 내는 사람은 자기 속에 화가 가득 차 있기 때문이고, 랄랄라 노래가 나오는 것은 속에 기쁨이 차 있기 때문이다. 사사건건 어깃장 놓는 사람은 속에 불만이 가득 차 있기 때문이다. 예수라는 존재를 가득 채우고도 흘러넘친 것은 은혜와 진리였다.

기도

하나님, 별이 총총한 밤하늘은 우리를 시원의 세계로 인도합니다. 맑고 푸른 하늘은 우리가 잊고 사는 청정한 세계를 그리워하게 합니다. 마음이 깨끗하고 얼굴빛이 환한 사람들을 만나고 싶습니다. 그 얼굴과 만나 순수하고 아름다운 삶을 꿈꾸고 싶습니다. 예수님과 만난 사람들은 그 얼굴에 깃든 영광을 보았습니다. 그 영광의 빛을 받은 이들은 더 이상 속절없이 세상의 인력에 끌려가지 않았습니다. 우리 눈을 여시어 주님의 영광을 보게 해주시고, 주님과의 깊은 일치를 갈망하는 마음을 우리 속에 심어주십시오. 아멘.

초대교회 신앙인들은 박해와 환난이 있었기에 믿음이 더욱 순수해지고 깊어졌던 것인지도 모른다. 서리 내리기 전까지는 탱자에 향기가 깃들지 않는다고 한다. 매서운 추위를 견뎌야 향기를 머금을 수 있는 법이다. 오늘 우리 믿음은 어떠한가?

Monday ~~~~~

Tuesday ~~~~~

Wednesday ~~~~~

사랑의
레가토

Thursday ~~~~~

Friday ~~~~~

Saturday ~~~~~

Sunday ~~~~~

도취를 경계하라

그러므로 여러분은 어떻게 살아가야 할지를 살피십시오. 지혜롭지 못한 사람처럼 살지 말고, 지혜로운 사람답게 살아야 합니다. 세월을 아끼십시오. 때가 악합니다. 그러므로 어리석은 자가 되지 말고, 주님의 뜻이 무엇인지를 깨달으십시오. 술에 취하지 마십시오. 거기에는 방탕이 따릅니다. 성령의 충만함을 받으십시오. 시와 찬미와 신령한 노래로 서로 화답하며, 여러분의 가슴으로 주님께 노래하며, 찬송하십시오. 모든 일에 언제나 우리 주 예수 그리스도의 이름으로 하나님 아버지께 감사를 드리십시오(에베소서 5:15-20).

가장 열심히, 가장 분주하게 교회생활을 하는 이들도 영적인 잠에 빠지기 쉽다. 분별력 없는 열심은 언제나 문제를 일으킨다. "그러므로 여러분은 어떻게 살아가야 할지를 살피십시오"(에베소서 5:15). '살피라'는 단어는 경거망동하지 말라는 말이다. 우리가 영적인 잠에 **빠졌는지**를 알아볼 수 있는 하나의 척도는 지금 누리고 있는 것들을 당연한 것으로 여기는지 여부이다. 세상에 당연한 것은 없다. 지금 우리 곁에 있는 사람들은 당연히 그 자리에 있는 것이 아니다. 하나님이 보내셨기에 그 자리에 있는 것이다. 지금 곁에 있는 이들은 우리에게 사랑을 가르치기 위해 주님께서 보내주신 사람들이다.

우리에게 주어진 시간이 얼마인지는 아무도 모르기에 바울은 '세월을 아끼라'고 신신당부한다. 늘 박해와 죽음의 위협 아래 놓여있던 초대교인들은 이 말을 아주 강력하게 받아들였을 것이다. 우리는 순간순간 주님의 뜻이 무엇인지를 여쭙고 또 여쭈어야 한다. 서양 수도원 운동의 아버지인 베네딕도 성인의 규칙서의 첫 마디는 '들어라obsculta'이다. 하나님을 믿는 이들은 하나님의 말씀을 귀 기울여 들어야 한다. 귀로만 들으면 안 된다. 먼저 머리로 다음에는 온몸으로 들어야 한다. 라틴어로 '순명'을 뜻하는 'oboedientia'는 '듣다'라는 뜻의 'audire'와 어원이 같다. 들음은 순명을 통해 완성되는 것이다.

믿음의 사람들은 도취를 경계해야 한다. "술에 취하지 마십시오. 거기에는 방탕이 따릅니다"(에베소서 5:18). 여기서 말하는 '술'은 좁은 의미로는 알코올음료를 가리키는 말이겠지만, 모든 종류의 '도취'를 일컫는 환유換喩로 보아야 한다. 우리로 하여금 제 정신을 차리지 못하게 하고 우리를 사로잡아 버리는 일체의 것들 곧 술, 쾌락, 마약, 오락, 권력, 소유 등이 바로 변형된 '술'이다.

신앙이란 '깨어남'이다. 지금 우리 삶이 뭔가에 '도취된' 삶인 것을 깨달을 때 자유로운 삶이 시작된다. 자유로운 삶이 생기를 얻으려면 꼭 필요한 것이 있다.

"성령의 충만함을 받으십시오. 시와 찬미와 신령한 노래로 서로 화답하며, 여러분의 가슴으로 주님께 노래하며, 찬송하십시오"(에베소서 5:18b-19).

성령에 충만한 사람은 '예수님의 마음에 사로잡힌 사람'이다. 그는 하나님의 마음으로, 예수님의 마음으로 세상을 본다. 그 눈으로 보면 나와 무관한 것은 아무 것도 없다. 그렇기에 세상의 슬픔이 나의 슬픔이 되고, 세상의 아픔이 나의 아픔이 된다. 성령의 충만함을 받은 이들은 타인을 향해 자기를 개방하며 산다. 자기를 열고 다른 이들을 사랑으로 맞아들일 때 우리는 이전에는 알지 못했던 기쁨을 맛본다. 신앙의 신비이다.

사랑의
레가토

하나님. 누구에게나 삶은 힘겹습니다. 이스라엘의 지혜자는 해 아래 새 것이 없다고 말합니다. 우리가 겪는 일은 한편으로는 진부하면서도 다른 한편으로는 늘 낯섭니다. 모든 순간에 적용되는 보편타당한 정답이 없음을 알기에 우리는 늘 고민하며 길을 모색합니다. 삶이 고달프다는 생각이 들 때마다 우리는 뭔가에 도취함으로 현실을 잊으려 합니다. 그것은 자학일 뿐입니다. 새로운 세상의 꿈에 사로잡혀 살도록 우리 속에 하나님의 영을 불어넣어주십시오. 아멘

인색한 마음을 극복하라

그러자 주인이 그들 가운데 한 사람에게 말하기를 '이보시오, 나는 당신을 부당하게 대한 것이 아니오. 당신은 나와 한 데나리온으로 합의하지 않았소? 당신의 품삯이나 받아 가지고 돌아가시오. 당신에게 주는 것과 꼭 같이 이 마지막 사람에게 주는 것이 내 뜻이오. 내 것을 가지고 내 뜻대로 할 수 없다는 말이오? 내가 후하기 때문에, 그것이 당신 눈에 거슬리오?' 하였다. 이와 같이 꼴찌들이 첫째가 되고, 첫째들이 꼴찌가 될 것이다(마태복음 20:13-16).

지중해 지역에서 포도 수확철은 매우 분주한 시기였다. 단시간 내에 거둬야 했기에 많은 일꾼이 필요했다. 포도원 주인이 인력시장에 가서 사람들을 샀다. 그들은 대개 자기 땅이 없는 사람들, 즉 날품팔이 노동자들이었다. 하루 일을 해야 하루 먹고 살 수 있었기에 그들은 절박했다. 포도 수확철은 그나마 괜찮았다. 포도원 주인은 아침부터 늦은 오후까지 일꾼들을 모집해 자기 포도원으로 들여보냈다. 저녁이 되어 품삯을 지불할 때 상식을 배반하는 일이 벌어졌다. 겨우 한 시간 일한 이와 아침부터 일한 이들에게 동일 임금이 지급되었던 것이다. 아침부터 일한 이들은 부당하다고 느끼고 주인에게 항의한다. 하지만 주인은 그들의 항의를 일축한다.

"당신의 품삯이나 받아 가지고 돌아가시오. 당신에게 주는 것과 꼭 같이 이 마지막 사람에게 주는 것이 내 뜻이오."(마태복음 20:14).

공정하지 않은 것처럼 보인다. 하지만 공정하지 않다는 것이 은혜와 자비의 본질이 아니던가.

렘브란트는 이 비유를 소재로 한 그림 한 점을 남겼다. 창가에 탁자가 놓여 있고 주인은 그 옆에 앉아 있다. 창문을 통해 들어오는 환한 빛이 그의 모습을 비추고 있다. 모자를 쓰고 붉은색 옷을 입은 주인은 벽을 등지고 앉아 있다. 그는 일꾼에게 품삯을 지급하는 중이다. 가슴에 놓여 있는 오른손은 마치 '이게 바로 내 뜻'이라고 말하는 듯하다. 그러나 품삯을 받고 있는 이의 모습은 행복해 보이지 않는다. 더 많은 것을 기대했으나 그 기대가 좌절되었기 때문이다. 그는 찌푸린 얼굴로 주인을 바라본다. 불량하게 내민 팔과 구부정한 자세가 그의 마음의 풍경을 보여주는 듯하다. 그러나 화면의 오른쪽에는 이야기를 나누고 있는 이들이 보인다. 투덜거리고 있는 것인지, 뜻밖의 대접에 감사하는 것인지 알 수 없다. 그런데 그들 뒤에는 거의 상체를 벗다시피 한 사람 하나가 포도주 통을 굴리고 있다. 그는 가장 가련한 처지에 있다가 주인의 호의를 입은 사람임이 분명하다. 그는 주인의 고마운 마음 씀에 보답할 길을 찾다가 포도주 통을 정리하고 있는 것으로 보인다.

주님은 이 비유를 통해 절박한 처지에 몰린 동료들에게 베풀어진 호의를 흔쾌히 받아들이지 못하는 편협한 마음을 폭로하신다. 소외된 이들에게 복지의 혜택이 돌아가는 것을 못마땅하게 여기는 이들이 있다. 맘몬이 지배하는 세상에 사는 동안 우리 마음이 많이 강퍅해졌다. 산술적인 공평함이 아니라 생명이라는 관점에서 사고하고 행동하는 능력이 퇴화되었다. 이런 마음이 우리 사회를 지옥으로 만들고 있다. 누군가에게 주어진 사랑을 사심 없이 함께 기뻐할 줄 아는 마음이 하나님 나라의 마음이다.

하나님, 성경에서 일하라고 부름 받은 것은 사람뿐이었습니다. 하나님이 창조하신 세상을 돌보고 생명을 풍요롭게 하는 것이야말로 하나님의 형상대로 지음 받은 인간의 소명입니다. 우리가 서있는 삶의 자리는 하나님이 우리를 초대하신 하나님의 밭임을 믿습니다. 성심껏 주의 일을 감당하면서 주님의 은총과 자비를 한껏 누리며 살고 싶습니다. 이웃들이 누리는 기쁨과 행복을 진심으로 기뻐하며 살 수 있도록 우리 마음을 넓혀주십시오. 아멘.

부자 젊은이와
삭개오의 차이

삭개오가 일어서서 주님께 말하였다. "주님, 보십시오. 내 소유의 절반을 가난한 사람들에게 주겠습니다. 또 내가 누구에게서 강제로 빼앗은 것이 있으면, 네 배로 하여 갚아 주겠습니다." 예수께서 그에게 말씀하셨다. "오늘 구원이 이 집에 이르렀다. 이 사람도 아브라함의 자손이다. 인자는 잃은 것을 찾아 구원하러 왔다"(누가복음 19:8-10).

예수님을 자기 집에 모신 삭개오는 누구도 예상치 못한 말을 꺼낸다. 자기의 재산 가운데 절반을 가난한 이들을 위해 쓰겠다는 것이었다. 또 자기 지위를 이용해 사람들에게서 강제로 빼앗은 것이 있다면 네 배로 갚겠다는 것이었다. 무시당하지 않으려고 악착같이 벌었던 돈, 그의 마음 가장 깊은 곳에 도사리고 앉아 사실상 그를 지배해왔던 우상이 보좌에서 쫓겨났다. 삭개오의 이야기는 존재론적 변화의 사건을 보여준다. 예수님은 삭개오의 그런 변화를 기뻐하셨다. "오늘 구원이 이 집에 이르렀다. 이 사람도 아브라함의 자손이다. 인자는 잃은 것을 찾아 구원하러 왔다"(누가복음 19:9-10). 삭개오는 비로소 '깨끗하고 정결한 자'라는 자기 이름에 걸맞는 삶을 시작할 수 있게 되었다. 버리고 비우지 않고는 깨끗해 질 수 없다. 삭개오는 예수님과 만나 진리의 세계로 들어섰고, 죄의 결과였던 재산 나눔을 통해 옛 삶을 끝냈다. 사람들에 의해 죄인으로 규정된 채 살아온 그에게 마침내 구원이 이르렀다.

삭개오의 이야기를 제대로 이해하기 위해서는 그와 대조되는 다른 한 인물을 살펴보아야 한다. 그는 바로 전 장(18장)에 등장하는 젊은 부자이다. 그는 신실하고 진지한 사람이었다. 종교적으로도 나무랄 데 없이 살았고, 모두가 부러워할만한 조건을 두루 갖추고 있었다. 어떤 목마름이 그를 이끌었는지 모르겠지만 그는 예수님께 영생에 대해 물었다. 주님은 그를 대견하게 여기시면서도 그를 붙들어 매고 있는 족쇄를 보셨다. 그 족쇄는 재산이었다. 뭔가를 움켜쥐고 있는 손으로는 다른 것을 붙잡을 수 없는 법이다. 놓아야 잡을 수 있고, 버려야 떠날 수 있다. 그래서 예수는 단도직입적으로 재산을 다 팔아 가난한 이들에게 주고 나를 따르라고 말씀하셨다. 하지만 그는 근심하며 예수를 떠나갔다.

예수는 부자가 천국에 들어가는 것보다는 낙타가 바늘귀를 통과하는 것이 더 쉽다고 말씀하셨다. 그 말을 들은 제자들은 놀랐다. 유대인들은 '부유함'을 경건한 사람에게 주시는 하나님의 선물로 이해했기 때문이다. "그렇다면 누가 구원을 얻을 수 있겠습니까?" 예수의 대답은 간명하다. "사람은 할 수 없는 일이라도, 하나님은 하실 수 있다"(누가복음 18:27). 부자 젊은이는 자기를 신뢰했기에 바늘귀를 통과할 수 없었고, 삭개오는 주님을 향해 마음을 열었기에 바늘귀를 통과할 수 있었다. 삭개오야말로 '바늘귀를 통과한 낙타'였던 것이다. 절망의 고치를 짓고 그 속에 칩거하던 삭개오는 예수를 만나 영적으로 비상하는 날개를 얻게 되었다.

기도

하나님, 부자 젊은이는 많은 이들의 부러움의 대상이었습니다. 경제적인 넉넉함 뿐 아니라, 경건생활에도 그는 철저했습니다. 그러나 그는 온전한 믿음의 사람이 될 수 없습니다. 그가 애집하고 있던 '부유함'이 그의 '덫'이 되었기 때문입니다. 삭개오는 모든 사람의 지탄을 받았지만, 그 마음속에 새로운 삶에 대한 갈망이 있었기에, 또 자기 행위에 대한 진정한 돌이킴이 있었기에 그는 영혼의 '덫'을 얻었습니다. 삭개오의 기쁨을 우리도 누리게 해주십시오. 아멘.

사랑의
레가토

깨어 있어라

"그러나 그 날과 그 때는 아무도 모른다. 하늘의 천사들도 모르고, 아들도 모르고, 오직 아버지만 아신다. 조심하고, 깨어 있어라. 그 때가 언제인지를 너희가 모르기 때문이다. 사정은 여행하는 어떤 사람의 경우와 같은데, 그가 집을 떠날 때에, 자기 종들에게 권한을 주어서, 각 사람에게 할 일을 맡기고, 문지기에게는 깨어 있으라고 명령한다. 그러므로 깨어 있어라. 집주인이 언제 올는지, 저녁녘일지, 한밤중일지, 닭이 울 무렵일지, 이른 아침녘일지, 너희가 알지 못하기 때문이다. 주인이 갑자기 와서 너희가 잠자고 있는 것을 보게 되는 일이 없도록 하여라. 내가 너희에게 하는 말은 모든 사람에게 하는 말이다. 깨어 있어라"(마가복음 13:32-37).

하나님의 시간이 언제 도래할 지 아무도 알지 못한다. "조심하고, 깨어 있어라." 깨어 있음은 눈을 뜬다는 말이다. 스스로 본다고 여기지만 실상은 아무 것도 보지 못하는 이들이 있다. 일상 속에 깃든 신비를 보지 못하는 이들이 어찌 하늘의 기미를 알아차릴 수 있겠는가? 볼 눈이 없는 이들일수록 가시적인 것에 집착한다.

이 시대의 그리스도인들에게 절실한 것은 깨어남이다. 볼 눈이 열려야 한다. 빈센트 반 고흐는 자기가 그림을 그리는 목적을 이렇게 설명한다.

"내가 그림을 그리는 목적은 사람들로 하여금, 볼 만한 가치가 있는 것들을, 그러나 모든 사람이 다 알고 있는 것이 아닌 것들을 보게 만들기 위해서입니다"(어빙 스톤,『빈센트, 빈센트, 빈센트 반 고흐』, 최승자 옮김, 205쪽).

어쩌면 이게 그리스도인들의 역할이 아니겠는가. 일상 속에 깃든 신비를 보고, 누군가의 가슴 속에 숨겨진 아름다움을 이끌어내는 이들은 하늘에 속한 사람들이라 할 수 있다.

우리도 가끔은 마음이 화창한 봄날 같아서 누구에게나 너그러워지고, 세상을 두루 아름답게 본다. 그러다가 다음 순간이면 마음이 먹구름 낀 겨울처럼 변해서 모두를 냉랭하게 대하고, 세상을 잿빛으로 바라본다. 그러나 자기 마음의 흔들림을 알아차리고 다시 빛을 향해 고개를 들어야 한다. 어느 날 고흐에게 단단히 화가 난 화가 마우베가 당신은 그림을 한 점도 팔지 못했으니 화가라고 할 수 없다고 말한다.

사랑의
레가토

그 말을 들은 고호는 정색을 하고 말한다.

"그게 화가임을 뜻하는 건가요, 그림을 판다는 게? 나는 화가란 언제나 무엇인가를 찾으면서도 끝끝내 발견하지 못하는 그런 사람들을 뜻한다고 생각했었죠. 나는 그건 '나는 알고 있다, 나는 찾아냈다'와는 정반대되는 것이라고 생각했습니다. 내가 나는 화가이다라고 말할 때, 그건 단지 '나는 무엇인가를 찾고 있고 노력하고 있으며 심혈을 기울여 몰두하고 있다'는 의미일 따름이죠"(어빙 스톤, 앞의 책, 211쪽).

여기서 '화가'를 '성도'로 바꾸어도 별 문제가 없을 것이다. 믿는 이들은 냉랭한 세상에 살면서도 하나님의 뜻을 찾기 위해 애쓰고, 그 일을 이루기 위해 심혈을 기울여야 한다. 가끔은 이해할 수 없는 일들이 벌어지기도 한다. 그래도 영혼의 잠을 자지 않고 깨어서 하나님께 마음을 집중해야 한다. 우리에게 주어진 일들을 하나님이 맡기신 일로 여겨야 한다. 직업 활동만을 말하는 것이 아니다. 우리가 맺고 있는 모든 관계, 시민으로서의 책임을 두루 일컫는 말이다. 십자가를 향해 뚜벅뚜벅 발걸음을 옮기시기 전 주님은 우리에게 '깨어 있으라'고 신신당부하셨다. 소비문화가 사람들의 의식을 온통 사로잡고 있는 이 시대, 만물의 피로함을 이루 말로 다할 수 없다. 깨어서 주님이 맡기신 일을 성심껏 받드는 이들의 인내와 믿음이 필요하다.

하나님. 시절이 악할 때 믿는 이들에게 요구되는 것은 영적인 분별력입니다. 하지만 우리의 기준은 마치 배 위에서 춤을 추는 것처럼 늘 흔들립니다. 이익이 우리 마음을 흔들고, 가까운 이들과의 관계가 우리 눈을 가릴 때가 많습니다. 정신을 차리지 않으면 악한 마귀의 유혹에 넘어갈 수밖에 없습니다. 달콤한 말로 우리를 호리려 하는 마귀를 향해 '사탄아, 물러가라' 외칠 수 있는 담대한 믿음을 허락하여 주십시오. 아멘.

사랑의
레가토

자기 불화를 넘어

아, 나는 비참한 사람입니다. 누가 이 죽음의 몸에서 나를 건져 주겠습니까? 우리 주 예수 그리스도를 통하여 나를 건져 주신 하나님께 감사를 드립니다. 그러니 나 자신은, 마음으로는 하나님의 법을 섬기고, 육신으로는 죄의 법을 섬기고 있습니다(로마서 7:24-25).

오랜 세월 몸과 마음에 밴 버릇은 쉽게 고쳐지지 않는다. 바울은 자기 불화의 쓰라림을 이렇게 고백했다.

"나는 내가 하는 일을 도무지 알 수가 없습니다. 내가 해야겠다고 생각하는 일은 하지 않고, 도리어 해서는 안 되겠다고 생각하는 일을 하고 있으니 말입니다"(로마서 7:15).

자각과 삶의 불일치, 이것은 바울만의 경험이 아니라 우리 모두의 경험이다. 바울은 자기 불화라는 현실을 외면하거나 숨기지 않는다. 그런 의미에서 그는 철저한 사람이다.

그는 자기가 속절없이 죄의 지배를 받고 있다고 고백한다. 자기 육신 속에 선한 것이 깃들여 있지 않다고도 말한다. 선을 행하려는 의지는 있으나, 실행하지 않는 것이 그 증거라는 것이다.

우리 속에는 악한 것에 대한 본능적 끌림도 있지만 하나님의 뜻대로 살고자 하는 지향도 있다. 하지만 우리 속에서 하나님의 뜻은 번번이 패배한다. 하나님의 뜻을 아는 것과 하나님의 뜻대로 사는 것은 다른 문제이다. 하나님의 뜻을 일깨워주는 율법은 우리를 새로운 존재로 만들지 못한다. 바울이 하고 싶은 말은 사실 이것이었다. 이런 깊은 자각이 있었기에 그는 "아, 나는 비참한 사람입니다"(24절)라고 탄식했다. '되고 싶은 나'와 '현실의 나' 사이의 분열 혹은 불화, 예상치 못한 순간에 자기를 사로잡아 버리는 죄를 힘차게 떨쳐버리지 못하는 무능함이 괴로웠기 때문이다. 아우구스티누스는 우리가 왜 무능하게 되었는지를 잘 설명해준다.

"그렇게 된 것은 내 의지가 왜곡되어voluntas perversa 육욕libido이 생겼고, 육욕을 계속 따름으로 버릇consuetudo이 생겼으며, 그 버릇을 저항하지 못해 필연necessitas이 생겼기 때문입니다. 이것들은 쇠사슬의 고리처럼 서로 연결되어-그래서 나는 그것들을 쇠사슬이라고 불렀습니다-나를 노예의 상태에 강하게 붙들어 매어 놓았습니다"(성 어거스틴, 『고백록』,

사랑의
레가토

선한용 역, 254쪽).

의지의 왜곡-〉 육욕-〉 버릇-〉 필연-〉 노예 상태로 이어지는 이 흐름을 어떻게 해야 끊을 수 있을까? 이것을 끊지 못하면 우리는 여전히 죄의 종이 되어 살 수 밖에 없다. 굳게 결심을 해보아도 우리는 마치 자석에 끌리는 쇠붙이 같이 자신도 모르는 사이에 육욕에 이끌려 가곤 한다.

우리 마음을 불편하게 하거나 상처를 입힌 사람을 용납하기까지는 시간이 오래 걸린다. 그래도 애써서 그를 받아들이기로 결심하지만, 그와 대면하는 순간 마음속에 똬리 틀고 있던 화가 불쑥 튀어나와 또 다른 불화를 만들어낼 때가 많다. 감정이 이성에 통합되지 못한 결과이다. 이성과 감정 그리고 의지가 분열되어 있다. 이게 우리의 적나라한 모습이다.

이성으로도 의지로도 통제할 수 없는 삶의 습기習氣, 죄의 지배를 벗어버리고 싶어 절규하던 바울의 어조가 바뀐다. "우리 주 예수 그리스도를 통하여 나를 건져 주신 하나님께 감사를 드립니다"(로마서 7:25a). 일렁이던 바다가 일시에 고요해진 것 같다. 돌풍이 몰아치던 하늘에서 마치 꽃비가 내리는 듯하다. 이 느닷없는 전환 속에 은총의 신비가 있다.

하나님. 인간의 자기 불화는 극복할 수 없는 운명인지요? '되고 싶은 나'와 '현실의 나'의 불일치는 우리 속에 깊은 자괴감을 자아냅니다. 대개는 그게 어쩔 수 없는 현실이라고 체념하고 살지만, 바울은 그 불화를 극복하기 위해 노력했습니다. 하지만 그 불화는 오직 주님의 은총 안에서만 극복될 뿐입니다. 주님의 은총 안에 깊이 잠길 때, 그래서 우리의 옛사람이 녹을 때 우리는 죄의 법에서 놓여나게 됩니다. 그 은총으로 육욕의 노예살이를 하는 우리를 해방시켜 주십시오. 아멘.

내면의 우상숭배

아버지께서 우리를 암흑의 권세에서 건져내셔서, 자기의 사랑하는 아들의 나라로 옮기셨습니다. 우리는 그 아들 안에서 구속 곧 죄 사함을 받았습니다(골로새서 1:13-14).

하나님께서 우리를 '암흑의 권세'에서 건져내셔서, 자기의 사랑하는 아들의 나라로 옮기셨다는 말 속에 신앙의 신비가 다 들어있다. 암흑의 권세는 사람들 위에 군림하고 은인으로 행세하지만 자기들의 권세를 인정하지 않는 이들은 가혹하게 대한다. '자른다', '계약을 해지한다', '구속한다'고 말하며 굴복을 강요하고, 약자들의 희생을 당연한 것으로 여긴다. 약자들은 울며 겨자 먹기 식으로 굴욕을 감수해야 했다. 이게 옛 세계의 풍경이다. 하지만 아들의 나라로 옮겨진 그리스도인들은 이런 세상에 저항해야 한다. 그리스도인들은 우리 생명이 하나님께 속해 있음을 믿기에 비인간이 되기를 강요하는 세상을 향해 당당한 음성으로 '아니오'라고 말할 수 있어야 한다.

하나님을 믿는 이들은 어떤 경우에도 다른 사람을 함부로 대할 수 없다. 저명한 신학자인 랭돈 길키가 일본군에 의해 중국의 한 수용소에 수감되었던 2년 반 동안의 경험을 『산둥 수용소』라는 책으로 엮어냈다. 그 책에서 랭돈은 라인홀드 니버의 말을 인용하여 이렇게 말했다.

"다른 사람을 부당하게 대우하는 것은 내면의 우상숭배(즉 자기 자신이나 자신이 속한 그룹을 숭배하는 것)가 사회적 결과로 드러난 것이다"(랭돈 길키, 『산둥 수용소』, 432쪽).

다른 이들을 함부로 대하는 것이야말로 우상숭배의 결과라는 말에 크게 공감하지 않을 수 없다. 하나님을 믿는다고 고백하면서도 사람을 함부로 대한다면 그는 하나님이 아닌 다른 신을 믿고 있음이 분명하다. 랭돈 길키는 하나님의 완전한 사랑을 경험한 사람의 삶, 곧 구원받은 이의 삶을 이렇게 설명한다.

"구원은 영혼의 내적인 평안이고, 다른 사람과 건강하고 진정한 관계를 맺을 수 있는 능력이며, 주위 세상과 이웃을 향한 창조적인 관심으로 정의될 수 있다"(앞의 책, 436쪽).

다른 이들과 건강하고 진정한 관계를 맺기 위해서는 그를 이해하고 존중하지 않으면 안 된다. 세상이 망가지고, 이

사랑의
레가토

웃이 고통당하고 있는 데도 나와 무관한 것처럼 여기며 산다면 우리는 아직 구원받은 삶의 자리에 들어가지 못했다고 해야 할 것이다. 사적인 영역에서는 아주 경건해 보이는데, 공적인 영역에서는 무책임한 사람들이 많다. 사탄은 그런 이들을 누구보다도 좋아한다. 우리는 그분으로 말미암아, 그분을 위하여 창조된 존재이다. 또한 주님께서 십자가의 피로 이루신 평화를 누리라고, 또 그 평화를 만들라고 초대받은 존재이다.

기도

하나님, 바르고 따뜻한 마음으로 이웃들을 대하는 이들이 그립습니다. 거칠고 사나운 세상에서 사는 동안 우리 마음 곳곳에는 깊은 상처가 새겨졌습니다. 작은 자극에도 비명을 지르는 것은 내면에 새겨진 공포의 기억 때문입니다. 이제는 그 아픔과 상실의 기억에서 벗어나 생을 마음껏 경축하며 살고 싶습니다. 만나는 모든 사람들을 정성을 다해 대하고, 그들과 함께 좋은 세상을 만들기 위해 협력하고 싶습니다. 주님의 영으로 우리를 새롭게 빚어주십시오. 아멘.

생기를 청하다

그때에 그가 내게 말씀하셨다. "사람아, 너는 생기에게 대언하여라. 생기에게 대언하여 이렇게 일러라. '나 주 하나님이 너에게 말한다. 너 생기야, 사방에서부터 불어와서 이 살해당한 사람들에게 불어서 그들이 살아나게 하여라.'" 그래서 내가 명을 받은 대로 대언하였더니, 생기가 그들 속으로 들어갔고, 그래서 그들이 곧 살아나 제 발로 일어나서 서는데, 엄청나게 큰 군대였다(에스겔 37:9-10).

"고마운 사랑아, 샘솟아 올라라/이 가슴 터지며 넘쳐나 흘러라."

가슴이 꽉 막힌 듯 답답할 때면 가끔 떠오르는 노래이다. 늦봄 문익환 목사님이 가사를 쓴 이 노래는 이렇게 계속된다.

"뜨거운 사랑아 치솟아 올라라 누더기 인생을 불질러 버려라/바람아 바람아 불어 오너라 난 너울너울 춤추네 이 얼음 녹이며//사랑은 고마워 사랑은 뜨거워 쓰리고 아파라 피멍든 사랑아/살갗이 찢기어 뼈마디 부서져 이 땅을 물들인 물들인 사랑아." 우리는 이 마음을 잃어버렸다. 자기 이익에 밝밝은 사람들로 인해 이 땅이 보이지 않는 전쟁터로 변하고, 황폐하게 변하고, 음란하게 변하고, 이웃들의 피울음소리가 들려와도, 내 한 몸 간수하기도 어렵다며 나 몰라라 하고 살아간다. 영혼을 잃어버린 좀비처럼 세상을 떠돈다. 행복을 구하지만 늘 불만족을 수확하며 산다.

지금 우리의 현실은 에스겔이 보았던 해골의 골짜기와 다를 바 없다. 풍요를 약속하는 거짓 신들을 따라가느라 하나님을 배신하고, 자기의 사적인 욕망을 이루기 위해 마땅히 돌보아야 할 이웃들을 외면했던 이스라엘은 결국 바벨론에 의해 멸망당하고 말았다. 일부는 포로가 되어 바벨론으로 끌려가고, 일부는 전란을 피해 애굽으로 피신하고, 일부는 옛 땅에 남아 있었다. 그들은 멸망의 책임을 서로에게 떠넘기며 사분오열되었다. 야훼 하나님이 바벨론의 신인 마르둑에게 패배한 것처럼 보였기에 희망도 잃어버렸다. 절망이란 전망이 없는 것(신영복)이라지 않던가.

모두가 이제는 어쩔 도리가 없다고 말할 때 예언자 에스겔은 놀라운 비전을 본다. 주님의 영이 그를 데려간 골짜기에는 메마른 뼈들만 가득했다. 참담한 광경에 말문이 막힌 그에게 하나님이 물으셨다. "사람아, 이 뼈들이 살아날 수 있겠느냐?" 에스겔은 "주 하나님, 주님께서는 아십니다." 하고 대답한다. 그러자 하나님은 그들 속에 생기를 불어넣어, 다시 살아나게 하겠다고 말씀하신다. 에스겔의 가슴에 전율이 흘렀을 것이다. 하나님의 마음에 사로잡힌 그가 목이 터져라 외치는 외침이 마른 뼈들 위에 이슬처럼 내려앉자 놀라운 일이 벌어졌다. 뼈들이 움직이기 시작했다. 마치 다시한 번 살아보자고, 죽음의 그늘을 떨치고 한 번 살아보자고 말하는 것처럼 말이다. 그 뼈들이 서로 이어지고, 뼈들 위에 힘줄이 뻗치고, 살이 오르고, 그 위에 살갗이 덮였다.

하지만 아직 그들은 온전히 일어서지 못했다. 그때 하나님이 에스겔에게 생기에게 대언하라고 명하셨다. 그가 "너 생기야, 사방에서부터 불어와서 이 살해당한 사람들에게 불어서 그들이 살아나게 하여라." 하고 외치자 그들이 살아나 제 발로 일어나서 엄청나게 큰 군대를 이루었다. 아담의 코에 불어넣어졌던 그 바람, 낙심했던 제자들을 휘감았던 그 바람이 불어오자 모든 것이 변했다. 그들은 더 이상 무덤 속에 갇힌 무기력한 시체가 아니었다. 그들은 하나님의 꿈에 사로잡힌 하늘 군대였다. 이 바람이 이 각박한 세상에 불어오기를 고대한다.

사랑의
레가토

하나님, 바람 빠진 타이어로는 먼 길을 갈 수 없습니다. 맥이 빠진 채 욕망의 저잣거리를 방황하는 우리를 불쌍히 여겨주십시오. 마른 뼈들만 버성기는 것 같은 현실이기에 우리는 외로움의 수인이 되었습니다. 다른 이들과 함께 멋진 꿈을 꾸는 일에 무능한 사람이 되었습니다. 해골 골짜기에 불어왔던 생기를 오늘 우리에게도 보내주십시오. 생기 충만한 이들이 어깨를 겯고 하나님의 뜻을 이루기 위해 한 걸음씩 전진하게 해주십시오. 그 목표에 이를 때까지 지치지 않게 해주십시오. 아멘.

믿음의 사람들은 도취를 경계해야 한다. "술에 취하지 마십시오. 거기에는 방탕이 따릅니다"(에베소서 5:18). 우리로 하여금 제 정신을 차리지 못하게 하고 우리를 사로잡아 버리는 일체의 것들 곧 술, 쾌락, 마약, 오락, 권력, 소유 등이 바로 변형된 '술'이다.

Monday ～～～

Tuesday ～～～

Wednesday ～～～～

사랑의
레가토

Thursday ~~~~~~

Friday ~~~~~~

Saturday ~~~~~~

Sunday ~~~~~~

8월 29일

욥이 주님께 대답하였다. 주님께서는 못하시는 일이 없으시다는 것을, 이제 저는 알았습니다. 주님의 계획은 어김없이 이루어진다는 것도, 저는 깨달았습니다. 잘 알지도 못하면서, 감히 주님의 뜻을 흐려 놓으려 한 자가 바로 저입니다. 깨닫지도 못하면서, 함부로 말을 하였습니다. 제가 알기에는, 너무나 신기한 일들이었습니다. 주님께서 말씀하셨습니다. "들어라. 내가 말하겠다. 내가 물을 터이니, 내게 대답하여라" 하셨습니다. 주님이 어떤 분이시라는 것을, 지금까지는 제가 귀로만 들었습니다. 그러나 이제는 제가 제 눈으로 주님을 뵙습니다. 그러므로 저는 제 주장을 거두어들이고, 티끌과 잿더미 위에 앉아서 회개합니다(욥기 42:1-6).

하나님은 폭풍 가운데서 욥에게 질문을 던지시며 대장부답게 허리를 동이고 일어서서 대답해 보라 하셨다. "내가 땅의 기초를 놓을 때에 네가 거기에 있기라도 하였느냐?" 유구무언이다. 그러나 하나님의 질문은 집요하다. 하늘과 땅과 바다에 있는 모든 것들, 모든 생명들에 대해 네가 아는 것이 무엇이냐는 질문에 욥은 아무 것도 대답할 수 없었다. 자연 현상은 물론이고 따오기, 산에 사는 염소, 들사슴, 들나귀, 들소, 타조, 말, 매, 독수리의 생태에 대해서도 욥은 대답하지 못한다. 그는 자기의 무지함을 절감했다. 세상은 우리 이해를 뛰어넘는 신비의 공간이다. 아는 것보다 모르는 것이 더 많다.

'말하는 사람은 알지 못하고, 아는 사람은 말하지 않는다言者不知 知者不言지자부지 지자불언'지 않던가. 욥은 비로소 하나님에 대한 자기의 생각을 내려놓는다. 피조 세계도 다 알지 못하는 데 하물며 창조주의 신비를 누가 다 안다 할 수 있을까? 하나님의 속성이나 행태에 대한 자신의 이해가 잘못된 것일 수도 있다는 사실을 깨달은 욥의 고백은 적실하다.

"주님께서는 못하시는 일이 없으시다는 것을, 이제 저는 알았습니다. 주님의 계획은 어김없이 이루어진다는 것도, 저는 깨달았습니다. 잘 알지도 못하면서, 감히 주님의 뜻을 흐려 놓으려 한 자가 바로 저입니다. 깨닫지도 못하면서, 함부로 말을 하였습니다. 제가 알기에는, 너무나 신기한 일들이었습니다"(욥기 42:2-3).

삶의 터전이 흔들리기 전까지 하나님은 그의 삶의 모든 것이었다. 하지만 교통사고처럼 느닷없이 찾아온 시련은 그의 삶 전체를 뒤바꿔놓았다. 하나님에 대한 믿음도 흔들리고, 하나님의 선하심에 대한 확신도 흔들렸다. 하나님은 졸지에 낯선 분이 되었다. 욥에게 있어 하나님은 임마누엘 칸트가 말했듯이 '도덕적 요청'으로 존재하는 분이었다. 친밀하다고 여겼지만 그분은 귀로만 듣던 하나님이었다.

그러나 고난의 용광로를 거친 후 그는 새로운 인식의 세계로 안내되었다.

"주님이 어떤 분이시라는 것을 지금까지는 제가 귀로만 들었습니다. 그러나 이제는 제가 제 눈으로 주님을 뵙습니다"(욥기 42:5).

사람들의 가르침 혹은 전통에 의지해 알아온 하나님이 낯설어진 자리에서 새로운 인식의 싹이 움터 나왔다. 인간의 생각을 한없이 뛰어넘는 크고 위대하신 하나님, 경외심 없이는 그 앞에 설 수 없는 하나님 말이다. 우리는 하나님의 세계 속에서 숨 쉬고 살 뿐이다.

사랑의
레가토

하나님, 느닷없이 닥쳐오는 견디기 어려운 고난 앞에서는 모든 이론과 신학이 잿빛으로 변합니다. 마음의 중심이 무너지고 나면 세상은 온통 낯선 곳으로 변하고, 삶의 희망은 어디에서도 찾을 길이 없습니다. 그러나 정신을 차리고 고난을 응시하다보면 이전에는 보이지 않던 것들이 보일 때도 있습니다. 하나님의 세계는 무한합니다. 유한한 인간이 그 무한의 세계에 대해 뭐라 말할 수 있겠습니까? 그 넓고 광활한 세계에 그저 안길 따름입니다. 우리 눈을 여시고, 마땅히 보아야 할 것을 보게 해주십시오. 아멘.

모욕조차
품어 안는 사랑

예수께서 거기에서 떠나서, 두로와 시돈 지방으로 가셨다. 마침, 가나안 여자 한 사람이 그 지방에서 나와서 외쳐 말하였다. "다윗의 자손이신 주님, 나를 불쌍히 여겨 주십시오. 내 딸이, 귀신이 들려 괴로워하고 있습니다." 그러나 예수께서는 한 마디도 대답하지 않으셨다. 그 때에 제자들이 다가와서, 예수께 간청하였다. "저 여자가 우리 뒤에서 외치고 있으니, 그를 안심시켜서 떠나보내 주십시오." 예수께서 대답하셨다. "나는 오직 이스라엘 집의 길을 잃은 양들에게 보내심을 받았을 따름이다." 그러나 그 여자는 나아와서, 예수께 무릎을 꿇고 간청하였다. "주님, 나를 도와주십시오." 예수께서 대답하셨다. "자녀들의 빵을 집어서, 개들에게 던져 주는 것은 옳지 않다." 그 여자가 말하였다. "주님, 그렇습니다. 그러나 개들도 주인의 상에서 떨어지는 부스러기는 얻어먹습니다." 그제서야 예수께서 그 여자에게 말씀하셨다. "여자여, 참으로 네 믿음이 크다. 네 소원

대로 되어라." 바로 그 시각에 그 여자의 딸이 나았다(마태복음 15:21-28).

바리새파 사람들과 율법학자들과 논쟁을 벌이신 예수님은 두로와 시돈 지역으로 들어가셨다. 고요함이 필요했던 것일까? 그러나 고요함에 대한 갈망은 성취되지 않았다. 가나안 여자 한 사람이 찾아와 귀신에 들려 괴로워하고 있는 자기 딸을 도와달라고 외쳤던 것이다. 예수님은 짐짓 모른 척하셨다. 절박했던 여인은 더욱 크게 외쳤다. 오죽하면 제자들이 여인을 달래 돌려보내는 게 좋겠다고 하였을까. 무릎을 꿇고 도움을 청하는 여인을 보면서도 주님의 반응은 냉랭하기 이를 데 없다.

"자녀들의 빵을 집어서, 개들에게 던져 주는 것은 옳지 않다"(마태복음 15:26).

뜻밖의 반응이다. 그래서 우리가 먼저 놀란다. 이 말을 하신 분은 우리가 알던 그분이 아닌 것 같다. 누구보다도 가련한 이들을 따뜻하게 배려하고, 그들의 아픔을 마치 자신의 아픔처럼 여기셨던 예수님이 아니신가. 예수님의 반응은 낯설 뿐만 아니라 불친절하고 잔인하기까지 하다. 이 예기치 않은 반응을 두고 신학자들은 예수님을 변호하기 위해 애쓴다. 예수님께서 여인의 믿음을 시험하기 위해 일부러 그런 반응을 보이신 것이라고 말하는 이도 있고, 예수님은 이미 여인의 믿음을 알아보셨지만, 여전히 선민의식에 사로잡힌 제자들을 깨우치기 위해 그런 반응을 보이셨다고 말하는 이들도 있다. 정말 그런 것일까?

여인은 모욕을 당했다. 유대인들이 가장 경멸하는 '개'라고 지칭되었으니 말이다. 이렇게 보면 예수님도 국수주의자처럼 보인다. 예수님의 말씀이 너무 노골적이었기에 지켜보는 이들의 마음에도 어떤 긴장감이 조성되었을 것이다. 고통을 안고 찾아온 여인이 종교와 인종의 장벽에 막힌 것처럼 보인다. 그러나 그런 긴장된 대치를 깨뜨린 것은 여인이었다.

"주님, 그렇습니다. 그러나 개들도 주인의 상에서 떨어지는 부스러기는 얻어먹습니다"(마태복음 15:27).

모욕을 모욕으로 받아들이는 순간 관계는 단절되게 마련이다. 그런데 이 여인의 절박함은 자존심을 훨씬 넘어섰던 것 같다. 여인은 그 모욕적인 말과 상황을 그냥 자기 품으로 부둥켜 안아버린다. 이 여인이 거절에 노여워하지 않을 수 있었던 것은 딸의 고통으로 인해 겪어온 인고의 세월이 준 선물이었을 것이다. 그러자 갑자기 긴장이 해소되면서 자유의 공간이 생겼다. 여인의 말은 예수님께 깊은 인상을 남겼음에 틀림없다.

사랑의
레가토

여인은 이스라엘의 회복이라는 문제에 몰두해 있던 예수님을 구체적인 한 존재, 곧 고통 가운데 살아가는 한 사람에게 주목하도록 만들었다. 고통은 인종, 피부색, 문화, 정치체계, 종교를 뛰어넘어 모든 사람을 하나로 이어주는 인류 공통의 경험이다. 고통이야말로 사람들을 하나로 묶어주는 연대의 끈이다. 여인은 그런 사실을 가리키는 기표로 우리 가운데 서 있다.

하나님, 얼마나 절박했으면 그런 모멸감을 견딜 수 있었을까요? 박두진 시인은 십자가에 달리신 주님을 묵상하면서 "뜨물 같은 치욕을, 불붙는 분노를, 에어내는 비애를, 물새 같은 고독을" 어떻게 견딜 수 있었느냐고 물었습니다. 그렇습니다. 작은 손해에도 분노하고, 작은 모멸감에도 바들바들 떠는 우리들입니다. 가나안 여인은 자존심보다 더 소중한 것이 있음을 보여주었습니다. 그것은 사랑이었습니다. 우리도 그런 사랑을 실천하며 살게 해주십시오. 그 사랑의 빛 안에서 사람과 세상을 보며 살게 해주십시오. 아멘.

우리 가운데
거니시는 주님

너희는, 지난해에 거두어들인 곡식을 미처 다 먹지도 못한 채, 햇곡식을 저장하려고, 해묵은 곡식을 바깥으로 퍼내야만 할 것이다. 너희가 사는 곳에서 나도 같이 살겠다. 나는 너희를 싫어하지 않는다. 나는 너희 사이에서 거닐겠다. 나는 너희의 하나님이 되고, 너희는 나의 백성이 될 것이다. 내가 주 너희의 하나님이다. 나는 너희를 이집트 땅에서 이끌어 내어, 그들의 노예가 되지 않도록 하였다. 또, 나는 너희가 메고 있던 멍에의 가름대를 부수어서, 너희가 얼굴을 들고 다니게 하였다(레위기 26:10-13).

땅의 주인이신 하나님은 규례와 계명을 지키는 이들에게 복을 내리신다. 철 따라 비를 내리시고, 땅은 소출을 내고, 들의 나무들은 열매를 맺는다. 하나님은 해로운 짐승을 없애시고, 세상에서 칼이 설치지 못하게 하신다. 해로운 짐승은 사람을 위협하는 맹수를 뜻하는 말인 동시에 사람들을 억압하고 착취하는 이들을 가리킨다. 이사야는 서로 해치거나 파괴하는 일이 없는 세상을 꿈꿨다. 그 세계는 사자가 소처럼 풀을 먹는 세상이다(이사야 11:7). 우열을 가리고, 힘의 서열을 정하고, 피를 보아야 직성이 풀리는 육식 동물의 세계가 아니라, 모든 존재가 평화롭게 공존하는 초식 동물의 세계이다.

"너희가 사는 곳에서 나도 같이 살겠다. 나는 너희를 싫어하지 않는다. 나는 너희 사이에서 거닐겠다. 나는 너희의 하나님이 되고, 너희는 나의 백성이 될 것이다"(레위기 26:11-12).

하나님은 당신을 경외하는 이들 가운데 거처를 마련하시고, 그들과 함께 거니신다. '거닐다'라고 번역된 히브리어 '할라카halakh'는 적극적으로 개입한다는 뜻이다. 하나님의 이름을 연구한 학자들에 따르면 야훼라는 말 속에는 몇 가지 중층적 의미가 담겨 있다고 한다. 창조자, 보호자, 생명을 북돋는 자라는 뜻이 그것이다. 하나님은 사사건건 간섭하는 자 혹은 감시자가 아니라 생명을 풍성하게 하는 분으로 우리 가운데 머무신다.

하나님은 출애굽 당시에 그러하셨던 것처럼 우리를 얽어매는 '멍에의 가름대'를 부수어서 우리가 얼굴을 들고 다니게 하겠다고 말씀하신다. 우리를 부자유하게 하는 온갖 속박들로부터 놓여나는 길은 하나님과 확고히 접속되는 것이다. 『장자』의 양생주 편에는 '제지현해帝之縣解'라는 말이 나온다. '하나님께 매인 해방'(정호경)이라는 뜻으로 새길 수 있겠다. 하나님의 뜻에 온전히 자신을 맡길 때 일체의 속박에서 자유로워진다는 뜻일 것이다.

우리를 가두고 있는 장벽이 참 많다. 장벽은 늘 타자의 존재를 부정적으로 상상하게 만든다. 두렵기 때문에 사람들은 또 다른 장벽을 세운다. 악순환이다. 장벽을 철폐하는 일이야말로 하나님의 꿈이다. 경계선을 철폐하는 일은 복잡하지 않다. 누군가의 아픔에 깊이 공감하고, 그의 아픔을 덜어주기 위해 몸을 낮추고, 특권이나 기득권을 자꾸 내려놓는 연습이 필요하다.

사탄은 우리 사이를 버름하게 만들어 서로 통하지 못하도록 만든 후 우리를 지배한다. 사탄의 전략은 '나누고 지배하라divide and rule'이다. 그러나 하나님은 우리를 '하나 되게 하시는 분'이시다. 속죄 혹은 구속을 뜻하는 '어토운먼트atonement'를 파자破字해보면 '하나 되게 한다at+one+ment'는 뜻이 된다. 우리는 나뉜 세상을 하나 되게 하시려는 하나님의 꿈에 동참하도록 초대받은 사람들이다.

사랑의
레가토

하나님. 하나님은 하늘에 계시고 우리는 땅에 있다고 생각하며 살았습니다. 그러나 하나님은 우리 가운데 거처를 마련하신다는 말씀이 천둥소리처럼 크게 다가옵니다. 땅의 주인이신 하나님이 이 땅에 머무시는 것은 당연한 일입니다. 우리가 살고 있는 이 땅이 주님의 땅임을 잊지 않게 해주십시오. 그래야 땅과 산과 들과 강을 욕망에 따라 함부로 훼손하지 않을 수 있으니 말입니다. 하나님의 뜻을 따를 때 비로소 자유인이 된다는 사실 또한 잊지 않게 해주십시오. 아멘.